《中国国家创新生态系统研究》丛书编委会

主　编　汤书昆
副主编　褚建勋　徐雁龙
编　委　汤书昆　褚建勋　徐雁龙　李　士
　　　　王　明　方媛媛　李　昂　李林子
　　　　林爱兵　周　全　孙文彬　谢起慧
　　　　洪　进　贺小桐　常　鹤　朱安达

"十三五"国家重点出版物出版规划项目

中国国家创新生态系统研究

中国科技共同体协同创新发展研究

汤书昆

李林子　著

徐雁龙

Research on Collaborative Innovation Development in Chinese Science and Technology Community

中国科学技术大学出版社

内容简介

科技共同体是现当代普遍认同的驱动创新社会构建的主要力量,同时也是创新生态系统演化的原动力。本书立足当前中国创新型国家与创新生态系统建设的宏观战略,梳理从19世纪以来全球性经济-金融危机和重大社会转型带来的科技演化与创新路径演化规律,希望能够刻画当代科技共同体在科技-经济-文化-生态-人口多因素协同创新中新目标定位、使命调整、路径选择和情景研判。为辅助研究中国科技共同体的转型发展,特别构建了包括科技共同体政策影响力、经济影响力、社会影响力三个维度的影响力评价指标体系,以呈现中国科技共同体调整组织行动方式的必要性。

图书在版编目(CIP)数据

中国科技共同体协同创新发展研究/汤书昆,李林子,徐雁龙著.—合肥:中国科学技术大学出版社,2018.8

(中国国家创新生态系统研究)

国家出版基金项目

"十三五"国家重点出版物出版规划项目

ISBN 978-7-312-04546-2

Ⅰ. 中⋯ Ⅱ. ①汤⋯ ②李⋯ ③徐⋯ Ⅲ. 技术革新—研究—中国 Ⅳ. F124.3

中国版本图书馆 CIP 数据核字(2018)第 192856 号

出版	中国科学技术大学出版社 安徽省合肥市金寨路 96 号,230026 http://press.ustc.edu.cn https://zgkxjsdxcbs.tmall.com
印刷	安徽联众印刷有限公司
发行	中国科学技术大学出版社
经销	全国新华书店
开本	710 mm×1000 mm 1/16
印张	20.5
字数	310 千
版次	2018 年 8 月第 1 版
印次	2018 年 8 月第 1 次印刷
印数	1—1000 册
定价	128.00 元

总　序

PREFACE

21世纪初,随着移动网络技术的发展和创新要素的大范围自由流动,在知识创新、技术突破与社会形态跃迁深度融合的情境下,创新生态系统作为一种新理论应运而生,并引起广泛关注。

创新生态系统理论从自然生态系统的视角来认识和解析创新,把创新看作一个由创新主体、创新政策、创新机制与创新文化等要素构成的动态开放系统。这一理论认为创新主体的多样性、开放性是系统保持旺盛生命力的重要基础,是创新持续迸发的基本前提。多样性的创新主体之间的竞争与合作,为创新系统的发展提供了演化的动力,使系统接近或达到最优目标;开放性的创新文化环境,通过与外界进行信息和物质的交换,实现系统的均衡持续发展。这一理论由重点关注创新要素构成的传统创新理论,向关注创新要素之间、系统与环境之间的演进转变,体现了对创新活动规律认识的进一步深化,有助于研究和解析不同国家和地区的创新战略和政策。

从创新生态系统要素来看,我国既有明显的优势,也存在一定的短板。一方面,我国研发经费已经位列世界第二位,科研人员数量已经位列世界第一位,科研基础设施和科研条件持续优化改善,特别是以习近平同志为核心的党中央把创新作为引领发展的第一动力,摆在国家发展全局的核心位置,并对深入实施创新驱动发展战略、深化创新体制机制改革等作出一系列重大部署,提升了创新体系的效能,有效激发了创新活力。另一方面,我国高端顶尖创新人才仍然匮乏,鼓励创新、宽容失败的创新文化氛围尚不浓厚,科技创新支撑高质量发展的有效供给仍显不足。

近年来,中国科学院深入实施"率先行动"计划,不断加强创新文化建设,在科研管理中坚持"规划森林,让树木自由生长",着力为人才成长发展提供"肥沃的土壤"和"充足的阳光"。创新体制机制更加完善,创新队伍结构不断优化,创新人才活力不断迸发,重大创新成果不断涌现,初步形成了充满活力、包容兼蓄、和谐有序、开放互动的创新生态系统。

2012年,国家纳米科学中心与中国科学技术大学的研究团队联合开展了国家创新生态系统研究,于2015年出版了《国家创新生态系统研究报告》。在此基础上,中国科学技术大学又组织编写了《中国国家创新生态系统研究》丛书,建立了一套创新生态系统理论框架、指标体系。丛书共分5册,分别从不同维度刻画了创新生态系统的领域演化与实践路径,归纳了不同国家和地区创新生态实践的多元模型,特别是当代中国创新路径选择的价值与内涵。

希望本丛书的出版,能引发社会各界对我国科技创新事业改革发展的深入思考和研究,推动我国构建适应创新型国家建设和实现科技强国目标需要的创新生态系统。

前　言

FOREWORD

在人类文明演进的历史长河中,科技共同体并非标准配置,这一规模化研究科学技术,并致力于让科技成为重要生产力系统之组织形态的出现是工业革命以后的事,满打满算距今也就 200 年左右。在此之前,探索自然万物以拓展知识系统、实践造物利人以创造工程器物通常是个人或松散小群体的志趣。第一批最经典的代表人物有古希腊的科学通才阿基米德、认为"万物皆数"和发明了勾股定理的毕达哥拉斯、发明了阿拉伯数字的古印度人巴格达,以及在光学与工程几何学方面孜孜以求的墨翟,他们都是业余或半业余的科技工作者。除了生活在公元 3 世纪的巴格达生平细节模糊不清之外,其余三位都是在科学、技术与工程领域影响很大的"大腕",通常会被归入那个时代最优秀的哲学家或思想家行列。从作业方式看,阿基米德基本单干,毕达哥拉斯与墨翟影响了若干弟子门人,但墨家学派纯粹属于师徒制的私塾工匠传习,毕达哥拉斯学派则被定义为"公元前 6 世纪末南意大利一个集政治、学术、宗教三位于一体的组织"。

15~16 世纪的重要代表人物有:被后代公认的东西方最著名的科学家与发明家、出生于佛罗伦萨的达·芬奇(1452~1519),他是个百科全书式的发明大家，但他最为后人所铭记的乃是其有史以来最杰出的画家身份；出生于波兰的伟大"日心说"创立人哥白尼（1473～1543），他以《天体运行论》搅动了当时的世界，但他是个替上帝布道的教堂牧师；出生于中国的古典集成计算方法的集大成者程大位（1533～1606），他以《算法统宗》震惊后代，但他是个长年在外东奔西走做生意的徽州商人。

16世纪前，今天意义上的科学及其支撑形式仍未诞生，自然哲学和工程实现是研究探索的范式。变化的里程碑在于17世纪中期，即1660年英国皇家学会的建立。之后，优秀的自然科学工作者们开始有了政府支持下的独立且正式的组织，这是一个革命性的变化，标志着科学家正式被认定为一种具有行业性质的独立职业工作者。在此前后，按照研究职业生涯规划设计的大学与学院纷纷设立，当然，早期的大学基本上还在自然哲学的统治之下。

主要在大学担任教职的自然科学家伽利略（1564～1642）获得了世界性的发现及声誉；牛顿（1643～1727）在剑桥大学和英国皇家学会发现了影响数个世纪的"三大定律"。

18世纪60年代，工业革命在英格兰地区兴起，大规模工厂化机器生产模式开始全面取代个体工场手工生产模式，工业型的组织化运行体系成为社会发展的主流，大量的分散作业人群快速聚集到工厂中从事流水作业。同时，产业分工进一步细化，工业组织所要求的支撑技术也进一步细分。新建成的大学在自然哲学的笼统大框子里因产业细分需求而开启了学科细分和专业细分，自此科系、专业、研究组、研究所成为基础配置。更进一步，大量受过大学细分系统专门训练的受教育者走向社会，开始向社会供给规模化的专业人才。出于职业交流协作和找到细分行业发展归属的需要，各类

目录

CONTENTS

总序 ……………………………………………………………………（ⅰ）

前言 ……………………………………………………………………（ⅲ）

第 1 章
经济危机与社会转型中科技与经济系统的协同 ……………（1）

1.1 基于长波理论的科技革命与经济发展的耦合关系 ……………（2）
    1.1.1 长波理论与经济周期 ……………………………………（2）
    1.1.2 五次经济长波和科技革命耦合关系的实证分析 ………（6）
1.2 科技共同体面对经济危机的表现与应对措施 …………………（29）
    1.2.1 科技共同体在历次经济危机和社会转型中的演化 ……（29）
    1.2.2 科技共同体成功应对危机的策略和经验案例 …………（36）
1.3 第五次经济长波中科技共同体发展趋势研究 …………………（49）
    1.3.1 第五次经济长波 …………………………………………（49）
    1.3.2 21 世纪初期全球金融危机的影响 ……………………（51）

1.3.3 科技共同体在第五轮经济长波中的表现 …………………………（66）

1.3.4 后经济危机时代科技共同体发展趋势 …………………………（70）

第2章
科技共同体的内涵演化与结构体系研究 …………………………（80）

2.1 科技共同体的概念及其内涵 ……………………………………（80）

2.1.1 科技共同体概念的辨析 …………………………………………（80）

2.1.2 科技共同体内涵的界定 …………………………………………（85）

2.2 科技共同体的演化研究 ……………………………………………（90）

2.2.1 科技共同体的历时性演化过程 …………………………………（90）

2.2.2 科技共同体的研究取向 …………………………………………（95）

2.3 科技共同体的结构与功能 …………………………………………（102）

2.3.1 科技共同体的结构维度 …………………………………………（102）

2.3.2 科技共同体的功能 ………………………………………………（113）

第3章
社会转型及其对科技共同体的需求研究 ……………………（121）

3.1 社会转型的理论研究 ………………………………………………（121）

3.1.1 社会转型相关理论综述 …………………………………………（121）

3.1.2 本研究对社会转型内涵的新认识 ………………………………（132）

3.2 当前视域下的中国社会转型研究 …………………………………（136）

3.2.1 中国社会转型的国际背景探讨 …………………………………（136）

3.2.2 当前视域下中国社会转型的现实与趋势 ………………………（151）

3.3 社会转型引致的社会需求变化分析以及对科技共同体的影响研究 … (173)

    3.3.1 社会转型引致的社会需求的重大变化 …………………… (173)

    3.3.2 社会需求与科技进步的关联性研究 ……………………… (183)

第4章
中国科技共同体协同创新发展研究：影响力分析视角 ………… (206)

4.1 科技共同体政策影响力 …………………………………………… (206)

    4.1.1 科技共同体政策影响力现状 ……………………………… (207)

    4.1.2 科技共同体政策影响力相关研究综述 …………………… (212)

    4.1.3 科技共同体政策影响力评价指标体系的构建 …………… (214)

4.2 科技共同体经济影响力 …………………………………………… (230)

    4.2.1 科技共同体经济影响力现状 ……………………………… (230)

    4.2.2 科技共同体经济影响力相关理论综述 …………………… (234)

    4.2.3 科技共同体经济影响力评价指标体系的构建 …………… (240)

4.3 科技共同体社会影响力 …………………………………………… (255)

    4.3.1 科技共同体社会影响力现状 ……………………………… (255)

    4.3.2 科技共同体社会影响力相关理论综述 …………………… (264)

    4.3.3 科技共同体社会影响力评价指标体系的构建 …………… (268)

第5章
社会发展需求新趋势下的中国科技共同体战略调整研究 ……… (277)

5.1 科技共同体调整组织行动战略服务于经济发展方式的转变 ………… (278)

5.2 科技共同体应对社会发展需求新趋势的战略调整 ………………… (282)

- 5.2.1 科技共同体通过人力资源提升与民生科技服务于包容性增长 ……… (282)
- 5.2.2 科技共同体通过智慧中国理念服务于智慧型发展 ……………… (290)
- 5.2.3 科技共同体通过资源节约与社会、经济发展的储备服务于可持续发展 …………………………………………………………………… (293)
- 5.2.4 科技共同体通过推动科技服务均等化服务于小康社会建设与民生改善 …………………………………………………………………… (298)

5.3 科技共同体积极参与全球化资源布局的战略调整 …………………… (300)

参考文献 …………………………………………………………………… (306)

后记 ………………………………………………………………………… (311)

第1章
经济危机与社会转型中科技与经济系统的协同

"经济永远在繁荣和衰退之间循环,商界及民间对于未来生活总是从乐观的高峰跌落到失望的深渊,又在某种契机下雄心再起。"挪威的拉斯·特维德(Las Tvede)在《逃不过的经济周期》中如是描述。近代工业社会开启后的300余年来,全球范围内发生了近百次大大小小的经济危机,而历史的进程告诉我们,经济危机与社会转型、科技创新总是在人类文明特定发展生态的引导下交织前行的。

距2008年全球性金融与经济危机爆发已有10年,在"后危机"时代,经济危机与社会转型背景下的社会系统和经济系统的协同方式再次被关注。特别是在危机后重振经济及社会发展大转型时期,世界上大多数国家都将科技创新提高到前所未有的高度。

中国经济经过1978年"改革开放"40年令世界惊诧的超高速发展后,已进入"新常态":从高速增长转为中高速增长,经济结构不断优化升级,从要素驱动、投资驱动转向创新与服务驱动。新经济、新技术、新业态,甚至是新的消费模式与生活方式都千丝万缕地影响着社会转型发展的方向。

"以史为鉴,可以知兴替。"本书首先从长周期的历史演化变迁视角出发,梳理历次经济危机与社会转型的演进历程,分析科技共同体在其中的特殊动力作用,探究经济系统、科技系统与社会系统的耦合关系,以及多路力量共同构建创新发展生态新系统的战略跃迁进程。

1.1 基于长波理论的科技革命与经济发展的耦合关系

1.1.1 长波理论与经济周期

近代的世界经济发展进程中,经济繁荣和危机之间的波动与技术创新、科技革命之间存在着较高程度的协同和耦合关系,经济长波理论为我们提供了认识科技革命和经济发展、社会和谐之间关系的一个更多维的认知视角。

1.1.1.1 长波理论的介绍

针对资本主义在发展最初阶段就出现危机和繁荣不断交替主导的现象,19世纪60年代,马克思指出:资本主义固有基本矛盾从缓和到激化,再趋向缓和的规律,必然导致经济危机周期性发生,一般两次危机间隔是7~10年,并将经历危机、萧条、复苏、高涨四个阶段。之后,很多学者都对资本主义再生产的周期问题进行了深入研究。

最早系统地提出长波理论的是俄国经济学家尼·康德拉季耶夫(Nikolai Dimitrievich Kondratiev),他在1925年的《经济生活中的长期波动》一文中,运用主要资本主义国家的时间序列统计资料对经济发展的长波进行了实证研究,认为资本主义经济发展过程中存在着长度为48~60年、平均为50年的长期波动,他将其所研究的1780~1920年资本主义经济波动划分为若干长周期波动。

第一次：长周期波动的上升期从18世纪80年代末或18世纪90年代初，到1810~1817年，下降期从1810~1817年到1844~1851年；

第二次：长周期波动的上升期从1844~1851年到1870~1875年，下降期从1870~1875年到1890~1896年；

第三次：长周期波动的上升期从1890~1896年到1914~1920年，下降期从1914~1920年开始。

尼·康德拉季耶夫利用经济、社会发展史料来佐证其定量研究。在对资本主义发展周期与三次产业革命之间做深入的比较研究之后，他概括了长波发展的五个特征，其中"在长期波动的下降时期，生产和交通运输方面通常有特别多的重要发现和发明完成，但这些发现和发明通常只是在下一个长期上升阶段开始时才能得到大规模应用"这一发现最为重要。经研究，他指出技术变迁是资本主义实现繁荣、衰退、萧条和复苏周期过程的主要动力因素(尼·康德拉季耶夫，1979)。

奥地利经济学家约瑟夫·熊彼特(Joseph A. Schumpeter)等人结合创新理论也对长波理论进行了深入的研究，他在《经济周期》这一著作中，根据经济周期的持续时间不同，对长短不一的经济周期进行了分类归纳，指出在资本主义经济发展过程中主要存在三种类型的周期：

50年左右的长周期，即康德拉季耶夫周期(Kondratiev Cycles)；

10年左右的中周期，即朱格拉周期(Juglar Cycles)；

40个月的短周期，即基钦周期(Kitchin Cycles)。

熊彼特认为，在资本主义经济发展史中，这三类长短不一的周期同时存在。他将这三种类型的周期结合在一起，建立了一种周期互相交织的"多层次"经济周期模型。他认为，技术创新活动是打破经济均衡的主要动力，由于各种技术创新的阶段性(波动性)不同，进入经济活动的时间不同，所起的作用也就不相同,各种创新的相互作用使得经济发展出现不同的波动。50年左右的长波周期源于那些影响巨大的、实现时间漫长的创新活动,即以产业革命为代表的技术创新活动,如铁路的兴建、蒸汽机的广泛应用以及电气、化学工业的兴起等。熊彼特把产业革命看作技术创新活动的大浪潮,认为每一个长周期都包括一次产业革命及其消化和吸收过程。他沿袭康德拉季耶夫的说法,以创新理论为基础,以各个时期的主要技术发明和它们的普及应用以及生产技术的突出发展为标志,将百余年资本主义经济发展过程进一步分为三个长波,如图1.1所示。

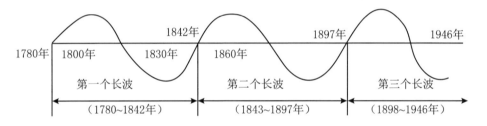

图1.1　三个长波的时间划分

资料来源:熊彼特著作《经济周期》。

美籍德国经济学家门施(G. Mensch)在其代表作《技术的僵局》一书中,继承和发展了熊彼特的"技术创新长波理论"。他认为,技术创新是经济增长和长期波动的主要动因,对112项重要技术创新进行现代统计分析后发现,重大基础性创新的高峰均与经济萧条有着时间上的共振,技术创新与经济繁荣构成"逆相关",经济萧条是激发创新高潮的重要因素,技术创新又为经济发展新高潮奠基。门施发现在资本主义历史发展过程中,基本技术创新在长波的萧条阶段成批出现,即在18世纪60年代、19世纪20年代、19世纪80年代和20世纪30年代都分别出现了大批基本技术创新。

按照门施的说法,创新浪潮发生在1764年、1825年、1886年和1935年前后,这些时期的创新效率和创新转化速度都处于最高点,他将这些时期称为"急剧变化的年代"。门施认为,基本创新中新产品、新技术不断涌现,产生了新的产业部门,从而推动经济进入该周期的上升阶段;在新产业的发展过程中会出现较多的改进型创新,但是当技术创新达到一定的高度后,工业投资达到了高峰,改进型创新或者虚假创新导致经济增长趋于平缓,经济结构重新陷入削弱状态,从而出现"技术的僵局"。因此门施提出:基本技术创新的缺乏是导致经济萧条和危机的主要原因。在这种状况下,只有出现新的基本创新和新的产业部门,经济才能根本好转,也就是说,"只有创新才能克服萧条和危机"。萧条和危机会迫使政府和企业下决心承担进行基本创新的较高风险,在高失业和资本利用不足的压力下,虽然未经试验的和有风险的新思维会遭到反对和保留,但它可能会在某个地方摆脱束缚而得到利用。这一状况会导致基本创新浪潮的出现,它将终止经济在技术僵局下的停滞状态,并将经济引向复苏阶段。因此门施主张萧条和危机"是基本创新的原动力",从而也是经济增长的必要前提。

1.1.1.2 经济长波的不同演化阶段对经济与社会的影响

一个"长波"通常可以分为复苏期(新技术孕育)、繁荣期(技术产业化)、收获期(经济空前繁荣)、衰退/萧条期。上一轮萧条期中积累的经济矛盾,激励生产部门寻求新突破而初露的技术端倪,在复苏期经济稳定的环境下进一步发展,而新技术的投入本身也会促进固定资产投资,反向加快经济的恢复。繁荣期,往往是技术大规模产业化的阶段,新技术对经济的带动作用在这一阶段有以下几类:新技术、新产品创造新的需求和新的产业,例如20世纪末21世纪初开始的互联网技术,新技术、新模式大幅降低成本,令曾经的奢侈品大众化;

20世纪初福特汽车公司发明的"流水线"作业和泰勒的"科学管理"革命,使得小型乘用汽车的生产成本大幅下降,并进入美国百姓家庭。技术革命下的龙头产业会继续带动其他产业的发展,最后辐射到整个经济系统。收获期,通常是在繁荣期基础上出现的经济低通胀、高增长的景气时期,但往往也会出现资产价格泡沫。例如,美国第三次技术革命的收获期(1920~1929)出现了1926年的房地产泡沫和1929年的股市泡沫,美国第四次技术革命的收获期(20世纪60年代末至20世纪70年代初)出现了美国房地产投资信托基金资产规模5年暴增20倍的大泡沫。衰退/萧条期,新技术对经济的积极影响逐渐削弱,生产出现过剩,经济遭遇沉重打击,例如20世纪30年代的大萧条和20世纪70年代的"滞涨"等。

1.1.2　五次经济长波和科技革命耦合关系的实证分析

1.1.2.1　五次经济长波和科技革命的发展简况

自工业革命以来,世界经济大体上经历了五次长波阶段,长波理论很好地概括了经济危机、经济繁荣与科技创新、科技革命之间存在着的直接依存关系。本书通过对历史材料的梳理,并结合已有统计结果,初步探讨经济长波与科技革命的耦合性关联。

1. 19世纪中后期的世界经济危机

1825年7月,英国爆发了第一次周期性生产过剩的经济危机。主要工业国家经过周期性繁荣之后,每隔10年左右,就要发生一次经济危机。1837年、1847年、1857年和1866年发生在英国的生产过剩危机,很快就从不同程度上蔓延到其他资本主义国家。

(1) 1847年的工商业危机

1843~1847年,英国进入了新一轮繁荣。这一轮繁荣的主要成因是冶金和机械制造技术的飞速进步,铁路建设布局的狂热带动,纺织机械制造技术的进步使纺织业成本进一步降低,从而快速扩大了需求,增加了利润。1845年底危机已初露端倪,除国外市场饱和外,对于铁路的投资热潮开始消减。1845年10月股票价格下跌30%~40%,许多公司倒闭。到1847年秋,铁路投机终告破产,经济危机开始了。英国的危机很快传递到法国,法国工业遭受了比英国更严重的冲击,危机更加严重;德国工业由于保护较弱,受英国危机影响更大,法、德两国国内纷纷爆发动乱和革命。美国的冶金业受英国危机影响最严重,但其他产业经济部门受影响的情况比较缓和,从而为美国尽早走出危机铺平了道路。

(2) 1857年的经济危机

这次经济危机波及当时各主要资本主义国家,形成了第一次世界性的资本主义经济危机。1857年经济危机发生前,资本主义各国都经历了经济高涨阶段,这种繁荣是靠金融投机支撑的。最早出现经济危机迹象的是美国和法国,1856年秋,以美国密歇根中央铁路股票价格率先下跌为标志,经济危机由此拉开序幕,货币金融危机随之而起。很快,危机从金融领域冲击到生产领域。由于英国对美国铁路业的巨额投资和两国经济的紧密联系,代表性的资本主义国家普遍发生经济危机。其表现为:初级产品的国际贸易大幅度减少,并且价格猛跌,广大殖民地和附属国一向以出口初级产品为主,经济危机引起的贸易削减、价格下跌,使它们遭受了巨大的损害。

1857年的经济危机,作为第一次席卷资本主义世界的经济危机,其始料未及的结果是催生了资本主义国家统一的再生产周期。自此以后,资本主义国家的经济危机具有明显的同期性,资本主义统一的世界经济体系开始形成,各类国家之间的经济联系和相互影响前所未有地加强了。

(3) 1866年的经济危机

经过1857年的经济危机之后,1866年又发生过一次经济危机。这次危机是在19世纪60年代初期各国经济普遍高涨、铁路建设迅速发展的情况下发生的,并且受到了美国"南北战争"的影响。在危机期间,各国除了工业生产下降、对外贸易衰退之外,金融信贷领域也处于较严重的混乱状态。

(4) 1873年的经济危机

1873年开始的经济危机是19世纪持续时间最长、打击最为沉重的一次经济危机。这次经济危机使资本主义的发展发生了重大的转折,标志着自由资本主义已经发展到顶点,从此开启了向垄断资本主义的过渡。

这次经济危机爆发之前,德国在"普法战争"中击败法国获得了巨额的战争赔款,新增资本促进了德国的投资高潮和投机狂热,从而为经济危机的到来创造了条件。美国铁路建筑过度膨胀,也为经济危机的发生提供了前提。因此,德国和美国最先爆发了经济危机,并很快冲击到英国和法国,立即形成了世界经济危机。这次经济危机持续了大约5年之久,许多国家的工业生产均经历了两次下降,一次是1873~1874年,另一次是1876~1878年。这次经济危机表现出一个新的特点,即重工业已经取代轻工业成为经济周期运动的重心,危机率先从重工业开始,对重工业的打击也最为沉重。

此次经济危机还由于同时出现的世界农业危机而显得更加严重和难以摆脱。农业危机和工业危机相互交织,使资本主义国家在19世纪最后30年里的经济发展速度大大放慢,震荡性的小型经济危机更加频繁。

(5) 1882年、1890年、1900年的经济危机

1882年经济危机的中心主要是在法国和美国,法国经济发展水平因此倒退了5年;1890年经济危机的中心是在德国和美国;1900年经济危机则是

从后起的资本主义国家——俄国开始的。各主要资本主义国家先后确立了金融资本的统治地位，大企业竞相兼并，出现了大型垄断组织。日本这个相对落后的亚洲国家，在危机爆发后也被卷入资本主义周期性的世界经济危机中。这三次相继发生的危机在广度和深度方面都反映出资本主义发展中矛盾的进一步尖锐化。随着垄断资本的不断发展，垄断组织在危机中的影响和作用也日益明显。

2. 20世纪上半叶的世界经济危机

(1) 20世纪初的经济危机

1900年的经济危机虽然非常剧烈，但持续时间短暂。1903年，美国开始爆发全面性的经济危机。1907年3月，美国又爆发了交易所危机，工业生产下降程度比此前的任何一次危机都要严重，失业人数最多时有500万～600万，人数之多前所未有。危机波及世界上许多国家，德、英、法竭力向自己的殖民地倾销商品以缓解危机。一系列危机中的博弈加剧了英、德、法之间的矛盾。

(2) 1929～1933年的超大型世界经济危机

"一战"后的繁荣与乐观似乎是戛然而止的。1929年10月29日被称作"黑色星期二"，整个纽约证券交易所都陷入了股票抛售的狂潮之中，这是美国证券史上最黑暗的一天，是美国历史上影响最大、危害最深的经济事件。这场股灾持续时间长达4年之久，导致美国经历近10年的萧条，影响波及英国、德国、法国、意大利、西班牙等国家，最终演变成西方资本主义世界的经济大危机。

这次大危机不仅在经济上造成巨大损失，还带来了极为惨重的政治后果——法西斯主义兴起和第二次世界大战爆发。罗斯福(Roosevelt)1933年3月4日上台后，着手实施"新政"，建立了一整套以法律为基础的监管构架，这些措施包括政府直接注资、提供银行担保、降息等，开辟了政府直接干预市场的新路径，这是20世纪历史上最大一次政府干预股市的行为。

3. 20世纪70年代之后的世界石油危机

世界经济危机,一般意义上源自资本主义内部矛盾,按照一定的周期循环变化,但是外部条件和一些重大的要素变化也会影响到经济危机的发生和发展。而从1973年开始的石油危机,就是由外在因素人为导致的经济危机。

第一次石油危机发生在1973~1974年,称为"1973年石油危机"。因1973年10月爆发了第四次中东战争,OPEC(Organization of the Petroleum Exporting Countries,石油输出国组织)阿拉伯成员国在当年12月宣布收回原油标价权,大幅度提高原油价格,以打击对手以色列和支持以色列的国家。随后,又宣布石油禁运,暂停出口,造成油价上涨,原油价格从1973年的每桶不到3美元涨到每桶超过13美元,触发了"二战"后最严重的全球经济危机。原油价格的暴涨造成了西方发达国家经济衰退,在危机中,美国工业生产下降了14%,日本下降了20%以上,所有工业化国家经济发展都明显减慢。据统计,美国当年GDP增长下降了4.7%,欧洲GDP增长下降了2.5%,日本则下降了7%。危机后,美国联合部分发达国家组成了国际能源机构,以应对未来可能出现的石油危机。

第二次石油危机发生于1979~1980年,称为"1979年石油危机"。1978年底,作为世界第二大石油出口国伊朗的政局发生剧变,而后爆发"两伊战争",石油产量受到影响,从每天580万桶锐减到100万桶以下,打破了当时全球原油市场的供求关系平衡。油价从1979年开始暴涨,由1979年的每桶15美元左右最高涨到1981年2月的每桶39美元,导致第二次石油危机的出现。

第二次石油危机也引起了西方工业国的经济衰退,研究者估计,美国GDP大概下降了3%。此次危机成为20世纪70年代末西方全面经济衰退的一个主要诱因。第二次石油危机后,世界各国开始了"反危机"的努力,努力减少对石油的过分依赖,开始谋求将发展建立在智力创新、微型芯片和服务创新之上,石油资源的重要性开始了不可逆转的下降。

第三次石油危机发生在1990年,缘起海湾危机,3个月内原油从每桶14美元涨到每桶40美元。但高油价持续时间并不长,与前两次危机相比,对世界经济的影响要小很多。由于国际能源机构启动紧急计划,每天投放市场250万桶的储备原油,使原油价格一天之内暴跌10余美元。加之以沙特阿拉伯为首的OPEC迅速增加产量,很快就稳定了世界石油价格。

几次石油危机具有的共同特征是:都处于每次经济上升循环末期,对面临盛极而衰的全球经济造成重创。历史上的几次石油价格暴涨都是由于OPEC供给骤减,使世界市场坠入供需失调的危机。但石油危机也有其积极作用,一方面,危机引发全球能源市场长远的结构调整,迫使主要石油进口国积极寻找替代性能源,开发节能新技术。飙升的油价促使汽车厂家推出了更多高能效的汽车。另一方面,危机也刺激了非OPEC国家的石油开发,提高了石油产能。目前,OPEC联合体的份额已经从80%降至40%左右,但是由于产品的推陈出新、替代能源的发现还需要相当长时间,因此高油价仍然是经济增长的一大风险。

1.1.2.2 经济危机和经济周期的关系

自英国1825年开始第一次普遍性的工业过剩生产危机后,危机就像潜伏的瘟疫一样,每隔若干年就要在资本主义世界爆发一次,随着资本主义的成长与繁荣,也伴着经济全球化进程,整个世界都被卷入困扰之中。学界的一般共识是:从一次危机爆发到下一次危机开始之间的这个时期,构成资本主义再生产的一个周期,即经济周期,包括危机、萧条、复苏、高涨四个不同的阶段。世界性经济危机同一国危机相比,它的周期进程更不规则。从周期的长度来说,有时表现得较为规则,如"二战"以前的时期,每隔7~8年爆发一次;有时则表现得不规则。英国自1847年经济危机后,资本主义各国都经历了一个7年左右的普遍繁荣期。伴随着1857年、1866年、1873年、1882年、1890年和1900年的数次经济危机(黄茂兴,叶琪,2010),经济中出现了数次繁荣周期。导致这些周期性繁荣的主要原因包括:铁路的狂热布局和生产技术的不断进步、普法战争赔款、美国南北战争、德国和意大利民族统一等一系列重大事件带来的市场拓展以及石油公司迅速发展等因素。

1900年的危机,以后发资本主义国家俄国为策源地,之后各主要国家进入垄断资本主义阶段,确立了金融资本在经济中的统治地位。1900年、1907年的世界经济危机虽然激烈但持续时间短暂,与此相对出现了1900～1905年、1909～1912年两个强劲的经济发展高峰,这是由铁路网的高速发展带动钢铁、电力、化工等重工业起步,农村市场扩大,列强支配世界广大地区的局面形成和资本输出的扩大,大战前巨额的军需采购和军事竞赛等原因造成的。

由于战争中受到抑制的消费需求在战后开始扩大,资本主义国家持续了一年半的经济繁荣,但此后又爆发了1920～1921年的经济危机。之后迎来了1923～1926年、1927～1928年的经济高峰,然而好景不长,1929～1933年爆发了资本主义历史上最严重的经济危机,导致资本主义世界产生持续10年之久的经济萎靡,最终于1937年将整个世界拖入"二战"的深渊。

"二战"结束后的10年间,资本主义世界都处在调整期。1953年之后转向复苏,各主要资本主义国家的重要工业部门,因采用先进技术和投资热潮而成为经济高涨的中心。

整个20世纪60年代到20世纪70年代初,由于冷战加剧的军备竞赛,资本主义国家进入了少有的经济稳定发展阶段,其间虽有零星的萧条,但都无关痛痒。20世纪70年代后半期出现短暂的繁荣之后,1979年末的石油危机将世界推入深谷,经济停滞和通胀并行的现代性特征开始显现;1983～1990年再次出现了少有的繁荣,除了日本和墨西哥等国发生过区域性的金融危机波动之外,西方发达国家体系经济一直回升,直到1997年,亚洲国家也实现了经济腾飞。然而,1997年之后发生的亚洲金融危机,又很意外地使这些国家坠入较持久的萧条期。

20世纪70年代前经济危机表现出来的总体特点是:危机频繁发生,间隔时间相对较短,强度比较小,持续时间不长,周期性和阶段性界限不分明。

20世纪80年代以后的经济危机则相反,不但持续时间长,强度大,同步性也大,危机过后经济增长缓慢且延续时间也特别长。1945年出现的战后复苏以及其后的新技术革命曾带动资本主义世界出现过黄金时期,但自从1974年的世界经济危机后,主要资本主义国家出现普遍的滞胀局面。

资本主义国家生产力的发展使世界市场出现并进一步全球化。科技革命的不断推进,交通事业的突飞猛进,资本及金融深度的融合,使世界经济更加往紧密一体化的方向发展。

2008年最新一轮的美国金融危机迅速演变为全球经济危机,全球经济活动全面萎缩,世界经济进入新一轮的全面衰退期。随着危机愈演愈烈,各国政府救市举措一波接一波,并且进行联手合作,但全球救市的努力在一天蒸发数千亿美元的市值面前显得束手无策。美、欧和亚太股市连续暴跌;南美股市也卷入其中,危机仿佛深不见底。很快,危机开始冲击保险业、能源和制造业。各大银行纷纷告急,信用制度受到严重破坏,这又导致企业资金流动性不足,生产企业资金周转困难。在不断恶化的局势中,大多数国家的货币贬值,资产缩水。危机也波及普通老百姓,使他们的财富缩水,失业率上升,工资下降,购买力减弱,随之而来的是大范围的生产和生活资料需求无力。

1.1.2.3 经济危机的实质及演变特征

最早的经济危机可以追溯到1637年的荷兰郁金香狂热,这是近代金融史上的第一次投资泡沫,但还没有带上典型的资本主义色彩,影响的范围有限。自从1788年英国爆发第一次经济危机以来,全球范围内发生了大大小小近20次经济危机。通过研究梳理,我们认为可以将这些产生原因不同、发生过程各异、爆发领域差别巨大的经济危机划分为两类:一类是在当时科技革命的促使下,生产能力、贸易方式获得巨大变革,从而导致供给过剩进而引发的经济危机,如19世纪末期、1929~1939年和"二战"后的石油危机;另一类是在同一科技水平下,资本主义自由经济的无政府状态盲目投资、盲目生产导致的有效需求不足,进而引发的经济危机,如1957年美、日、英、法、意、德的危机。

"二战"后,发达资本主义国家普遍出现了经济高涨局面,以日本、德国最为突出。然而新兴工业部门广泛采用先进技术,推动了固定资本的投资热潮,钢铁和汽车等工业产品生产的扩大和有支付能力的需求之间矛盾加深,使得商品滞销,库存增大,最终导致危机的爆发。1990年日本爆发了以日本股票、房地产为投机方向的经济危机,结果是股票暴跌,房地产泡沫破裂。1997年,亚太、俄罗斯爆发以房地产普遍过度投资为主要原因的经济危机;1997年7月,泰国宣布放弃固定汇率制,实行浮动汇率制,引发了一场遍及亚太地区的金融风暴,并迅速波及俄罗斯。

实际上,这两种模式并非截然分开的,往往在每个经济危机期间都有交织体现,我们所分析的经济危机模型并不能完全囊括。概括而言,经济危机可以从狭义和广义角度来理解。狭义上,经济危机指的是生产过剩,即社会生产超过了有支付能力的需求;广义上,经济危机不仅表现为生产与需求相脱节,而且涉及信用、债务、能源、贸易等领域的各个层面,使经济发展陷入长期停滞状态。经济危机是生产力发展到一定历史阶段的产物,是引发危机的各因素不断膨胀和普遍化的集中性爆发。就整个发展进程来看,经济危机在时间和空间上的变化,体现了动态的、生态系统型的演化特征。

1. 经济危机具有明显的从传统到现代经济的演化轨迹

传统经济危机或古典经济危机是资本主义制度的产物,它是指资本主义经济发展过程中爆发的周期性社会经济倒退、混乱现象。马克思在《资本论》中指出:"传统经济危机的根源,是资本主义制度的基本矛盾,即社会化大生产与资本主义私有制之间的矛盾。直接表现为个别企业生产的有组织性、有计划性和整个社会生产无政府状态之间的矛盾;表现为一边是资本家财富的积累,一边是广大劳动群众贫困的积累,使资本主义生产有无限扩大的趋势与劳动人民有支付能力的需求相对缩小之间的矛盾,即生产和消费之间的矛盾。这两个矛盾激化,必然引起资本主义经济危机爆发。"传统经济危机的实质是生产相对过剩。危机到来之后,大量商品卖不出去,大部分生产资料被闲置,大批生产企业、商店、银行破产,大量工人失业,生产迅速下降,信用关系失效,整个社会生活陷入混乱。传统经济危机只发生在资本主义国家,且这种危机具有周期性。因此恩格斯十分肯定地说:"在把资本主义生产方式本身炸毁以前不能使矛盾得到解决,所以它就成为周期性的了。"(马克思,恩格斯,1972)

现代经济危机则比传统经济危机所指宽泛得多,它是在经济全球化条件下,对全球都产生影响的经济混乱和倒退现象。无论是资本主义制度还是社会主义制度,哪怕是走"第三条道路"的国家,只要不是游离于经济全球化的行列,都会或多或少地受到经济危机的冲击。现代经济危机的根源是多方面的,并非单一的,有政治、经济、金融和贸易体制等多方面的原因,而且以不确定性的规律出现。

20世纪90年代以来,全球经济一体化进程中的国家不得不逐步放开金融市场,全球资本市场发达,金融领域创新不断,金融衍生品不断增加,虚拟经济以超过实体经济的速度加快发展。这些因素虽促进了各国经济的发展,但也为现代经济危机埋下了伏笔。现代经济危机的实质是全球生产不平衡,但各国的具体表现不尽相同,有的源于生产过剩,有的则是源于消费过度;有的国家虚拟经济发展过旺;有的国家金融开放过度,但体系不健全,监管不到位;有的国家经济严重失衡,银行体系不完善,金融监管缺失,汇率制度僵化等,内生性原因形式多样。

2. 个别国家向全球扩散的趋势

现代社会的经济危机,无论是发达国家还是发展中国家,无论是美洲、亚洲、欧洲还是非洲,各国根据加入全球经济一体化的程度,都受到了经济危机不同程度的冲击,全球化的波动与震荡几乎无一幸免。

3. 周期不断缩短

经济危机的周期缩短,频率加大。"二战"后,各国经济危机包括同步性和非同步性经济危机,大约5年发生一次,而"二战"前大约10年发生一次。同时危机持续时间变短,"二战"前平均约20个月,"二战"后平均约11个月。其中最主要的原因是:随着"二战"后垄断资本主义的发展,政府普遍加大了对经济的干预和预测。每当危机即将爆发时,各国政府就在财政和金融上实行膨胀政策,如增加预算开支、扩建公共工程、增加货币发行量等,人为地激发起新投资需求和消费需求,暂时缓解生产和消费之间的矛盾、生产和市场之间的矛盾;或者,不断寻求技术创新的突破口,进一步扩大创新产业的生产力。

4. 破坏性不断增强

世界经济危机如同看不见的战争,对经济体本身具有巨大的破坏性,最直接的破坏就是造成工业生产大幅下降。例如,1929~1933年的经济危机中,法国工业产量降低了32.9%,大约后退到1911年的水平;德国降低了40.6%,大约后退到1896年的水平;英国降低了23.8%,大约后退到1897年的水平。

1979~1982年经济危机期间,美国工业产量下降了11.9%,企业破产数将近2万家。1990年的经济危机中,英国工业产量下降了7.4%,加拿大下降了7.3%(黄茂兴,叶琪,2010)。

经济危机不仅会破坏经济,更会影响社会稳定,最直接的就是大量企业倒闭导致失业率上升,如1929~1933年的经济危机使32个资本主义国家中失业人数从1929年的590万增加到1932年的2640万;1979~1982年经济危机期间,资本主义国家失业率在10%以上;1997年亚洲金融危机时日本失业率从1990年的2.1%上升到1998年的4.3%;2008年美国金融危机也带来了各国失业率的高涨,英国2009年2~4月的失业率为7.2%,德国2009年6月的失业率为8.3%,法国和俄罗斯2008年第四季度的失业率分别达8.7%和7.1%。失业人口增多又反过来引发社会动荡,工人不满失业和低工资,组织罢工和游行示威;社会犯罪率直线上升。根据英国犯罪调查报告,2008年金融危机期间,公司董事长犯罪案件从上一年度的198起上升到818起,增加了三倍多,社会上信用卡诈骗案件达到280万起,小偷小摸案件上升了25%,商店盗窃案件也上升了10%。

5. 策源地由发达国家转向发展中国家

据统计,从第一次世界经济危机于1857年在英国爆发,到20世纪80年代全球共发生世界性的经济危机16次。它们均起源于当时经济最为发达或较为发达的资本主义工业国家,且大多为当时国际经济的中心。最初的经济危机基本上从英国开始,然后蔓延到主要资本主义国家,但1929~1933年的世界经济危机开始从美国爆发,随即蔓延到德、日、英、法等国,最终席卷整个资本主义世界。20世纪70年代的经济危机同样起源于发达资本主义国家。由于石油危机冲击,自1973年11月开始,意、英、美、日、德、法等国相继步入危机深渊,工业普遍、持续、大幅度地下降,最终酿成了世界性的经济危机。

而1997亚洲金融危机肇始于一个体量很小的新型工业化国家——泰国。1997年7月,泰铢汇率急剧跌落,引发国际货币风潮,迅速波及东南亚国家,然后又飞快扩散到整个东亚地区,以及东亚地区以外的各大陆,包括欧洲、拉丁美洲和非洲的发展中国家或经济转型国家。这场危机波及数十个国家和地区,给这些国家乃至世界经济的发展蒙上了阴影。与传统世界经济危机对照,这场危机引人注目的特点是:它源于发展中国家,并且主要影响正处于发展中的或者转型时期的国家和地区,对经济发达国家和地区经济的影响甚微,与以往的世界经济危机是截然相反的。

1.1.2.4 科技系统与经济系统共同演化的历史和实证研究

1. 科技革命和产业革命

库恩(Kuhn)在《科学革命的结构》一书中,首次提出"科学革命"的概念。库恩认为,科学内部经历范式的危机,从前科学到常规科学,经过科学革命,范式的复杂,会引发新观念、新理论或者新的工具体系的变革,从而最终走向新的发展循环。库恩版的科学革命在科学技术维度上通常指:人类在科学研究和探索中取得的重大理论突破,是对过去陈旧理论的质的变革,从而成为科学发展过程中具有划时代意义的标志。就世界整个发展进程而言,科学革命指的是科学技术因素在历史上的推动性、革命性的作用,尤其是近代以来,科技在推动人类文明进程中的作用不断增强,从而成为社会不断转型的主导力量。

通常情况下,我们习惯将科学与技术连用,称为科技。但是严格说来,科学与技术各有所指,科学革命代表着人类认识世界观念能力的飞跃;技术革命则是新技术传统取代旧技术传统的活动或过程,意味着人类实践能力的飞跃。产业革命则是另外一个维度的概念,通常是指新产业传统取代旧产业传统的活动或过程,意味着人类社会生产方式及经济结构的重大重构。科学革命是技术革命的基础,产业革命是技术革命的直接后果。在不产生歧义的前提下,本书在多数语境中将沿用传统意义上的科技革命概念,即在历史的不同发展阶段,科学理论与应用技术方面带有根本性、全局性影响的重大进步、重要发现与发明等进程。

人类社会的进步一直是伴随着科技革命而实现的。近代以前,人类科学知识匮乏,认识手段落后,科技进步缺乏科学理论的指导,多数情况下直接来源于生产、生活经验的积累,因而技术变革占据着主要地位。火的发现与应用、金属工具代替石器、纸与印刷术的发明与应用等都是这一时期影响人类生活、生产的重大技术革命。近代,尤其是18世纪中叶以来发生的三次重大科技革命,直接加速了人类社会认知和改变世界的进程。

近代以来,人类科学基本理论和范式体现出四次大的变革,一般称为四次科学革命,研究者刘则渊统计了相关数据,把每次科学变革称为科学长波,如表1.1所示。

表1.1 四次科学革命

科学长波	第一次	第二次	第三次	第四次
起讫年代	1543~1740	1740~1783	1783~1895	1895~1950
峰值年代	1660	1760	1875	1920
主导学科	经典力学(包括天文学)	分析力学应用力学	化学生物学电磁学	微观物理学量子力学相对论
科学时代	牛顿力学时代	分析力学时代	电磁理论时代	量子力学时代
以科学家命名的时代	哥白尼时代牛顿时代	拉普拉斯时代	达尔文时代麦克斯韦时代	爱因斯坦时代

技术革命和产业革命有着复杂的联系，一般而言，技术革命是产业革命的基础，技术革命和产业经济复杂的促进与协同作用，直接导致了世界历史上的三次产业革命。

第一次产业革命是以蒸汽机的大规模应用为契机的。以煤为燃料的蒸汽机使生产第一次能够摆脱地理限制，不必再沿河设厂。同时，蒸汽机在轮船、火车上的应用，使商品的销售范围遍及全球。蒸汽机带来的动力革命使手工业产品的交易活动空前繁荣，但因受限于自然经济的封闭性，进而爆发了19世纪前半叶的数次经济危机。

第二次产业革命除在内燃机、电力等动力领域有重大突破外，重化工业的发展使人类生产的规模和产品种类有了翻天覆地的变化。德国、美国、英国等工业化国家的生产能力相对于全球有效消费显得"过剩"了。1857年、1929年的全球性经济危机由此产生。

"二战"后，第三次产业革命来临，航空/航天技术、核能技术、空间技术、半导体技术、微电子技术在几十年内取得巨大突破，全球劳动生产率迅速提高。同时，各类通信技术的飞速发展使得交易信息可以在全球市场瞬间传递，经济活动也不再仅仅限于贸易活动，证券市场于是成为经济活动的重要组成部分，经济危机也更多地表现为全球性的金融危机。

2. 科学、技术和经济的波动转化与协同关联

我们无论是从对经济危机的描述，还是对经济周期的梳理都可以看出，世界范围内的资本经济发展轨迹不是一种均衡平稳的增长模式，更多的则是非均衡的波动状态。长波理论阐释了资本主义经济增长过程中长达45~60年的明显规则性波动的现象。熊彼特在对资本主义经济的周期与三次产业革命中的技术创新之间进行比较研究后，总结为：技术创新是决定资本主义经济实现繁荣、衰退、萧条和复苏周期过程的主要因素。熊彼特之后的经济学家们在创新研究中发现,长周期与工业生产过程中的创新和新产品的引入有很强的关联,据统计,每一个长周期都大致对应着一次技术革命的发展和扩散,从而引发整个经济社会系统的结构性转变。

纵观17世纪第一次科技革命爆发以来的经济史与经济危机周期可以看出,科技革命与经济危机是有内在联系的。经济危机的根源就是缺乏技术创新,每次经济跌入谷底之后,就会激发整个经济和社会系统对新一轮科技革命的渴望。

经济危机出现的深层根源往往是缺乏技术创新,由于经济危机滞后于前一波科技发展,虽然每次长周期中的科技发明在新技术范式得以发展之前就有雏形,但多在下次长周期的上升阶段才能被大规模应用。总之,新主导技术总是在前次长周期的上升期萌发,并在前次长周期的下降期成为主导。

如果把科技革命发展更迭的时间看作一种波动,则科技革命和经济长波会存在一定时间上的耦合性(如表1.2所示)。

表1.2 经济长波时代特征描述提炼

科学、技术、经济波动转化大周期		第一次波动转化	第二次波动转化	第三次波动转化	第四次波动转化	第五次波动转化
周期起讫年代		1540~1645	1740~1895	1780~1945	1895~1995	1950~?
科学	科学革命		Ⅰ 1540~1780	Ⅱ 1755~1895	Ⅲ 1895~1950	Ⅳ 1950~?
	科学长波	Ⅰ 1540~1740	Ⅱ 1740~1780	Ⅲ 1780~1895	Ⅳ 1895~1950	Ⅴ 1950~?
技术	技术革命		Ⅰ 1730~1830	Ⅱ 1830~1930	Ⅲ 1910~1970	Ⅳ 1970~?
	技术长波	Ⅰ 1740~1800	Ⅱ 1800~1850	Ⅲ 1850~1920	Ⅳ 1920~1970	Ⅴ 1970~?
经济	产业革命		Ⅰ 1760~1880	Ⅱ 1880~1940	Ⅲ 1940~1990	Ⅳ 1990~?
	经济长波	Ⅰ 1795~1845	Ⅱ 1845~1895	Ⅲ 1895~1945	Ⅳ 1945~1995	Ⅴ 1995~?

续表

科学、技术、经济波动转化大周期	第一次波动转化	第二次波动转化	第三次波动转化	第四次波动转化	第五次波动转化
经济技术时代	蒸汽时代	钢铁时代	电气时代	电子时代	信息时代
长波技术载体	蒸汽纺织技术 蒸汽动力技术	蒸汽冶金技术 蒸汽运输技术	电气制造技术 汽车制造技术	电子控制技术 石油化工技术	智能信息技术 生物基因技术
企业组织形态	近代工厂制度	近代公司制度	财团垄断组织	现代集团公司	跨国垄断集团
生产关系演变	原始积累资本主义 商业资本主义	自由竞争资本主义 工业资本主义	私人垄断资本主义 金融资本主义	国家垄断资本主义 技术资本主义	国际垄断资本主义 信息资本主义

把科技、经济都视为具有一种周期性演化波动的系统，科技、经济系统通过各自的波动变化，对二者又有复杂的传导作用，每一个长周期均会出现源自一种基础的科学革命（如力学、能源、化学、电磁和电子信息），在这种基础革命的层级上引导产业技术的发展，产生一种或多种廉价且能够普遍获得的核心投入要素，如铁、煤、钢、石油、芯片，这些因素均会引发一系列潜在的新要素组合。在新的阶段，生产核心投入要素的主导部门往往就会成为每轮长周期的产业主导部门。以核心投入要素为基础的新产品就会刺激新产业，如棉纺、蒸汽机、铁路、电力、汽车、计算机等的产业化路径，这些新产业的迅速发展和巨大的市场会推动经济高速增长。新的或改进的交通和信息基础设施又将服务于新产业的需要，并刺激和带动所有经济迅速增长。可见，科技系统对经济系统起支持作用，呈现出科学技术和经济长波沿着历史时间轴向前推进、迭次增长，形成大的经济长波，推动世界经济在危机和繁荣交替过程中不断向前发展的现象。

3. 科技系统和社会系统共同演化的多向传动机制

科技系统和社会经济系统协同发展，通过长波的不断转化，推动世界在危机和繁荣中不断发展。在近代，随着科技的不断发展，科技和经济的结合越来越紧密，历次科技革命引发的经济长波对人类社会都产生了巨大影响，改变了人类社会制度的设置和根本面貌。

（1）推动社会制度的转型

古代的科技发展孕育出四大古老文明，奠定了人类传统社会的主要框架，是古代文明生根发芽的重要推动因素。

近代科技发展引发的两次科技革命，是推动始发于英法的从传统农业社会走向工业社会的根本原因。首次现代化浪潮从英国开始，逐渐向欧美各主要资本主义国家蔓延，并对世界其他地区产生潜在影响。尽管这次现代化的物质与技术基础还很粗放，并且除了英国之外，其他国家的工业经济与农业经济相比还没有绝对优势，但其所开启的工业化潮流呈现出不可逆转的趋势。

第二次科技革命是在电磁学领域的创新产生的以电力为中心的革命。从19世纪中期到20世纪初，在德、美等大国出现了一系列以电力技术为核心的发明和革新。欧洲大国经过这次现代化变革，几乎都发展为以重工业为主导的工业强国。这次现代化浪潮与第一次浪潮相比，速度更快，波及的范围也更广。日、俄紧随其后被卷入现代化进程，此后更多的殖民地、半殖民地国家被强行拉开现代化的帷幕，这些殖民地、半殖民地国家的现代化属于后发的外生型现代化，却从另一方面反映了科技革命对社会转型影响的广泛性（唐龙基，2009）。

"二战"以后，科技革命正在推动发达国家从现代社会走向后现代社会。这次科技革命是现代物理学与各门技术学科综合发展、深度交叉的结果，所取得的突破不只是表现在个别理论和技术上，而是覆盖到各门科学和技术领域，产生了大范围的新技术群。技术的升级及转化为现实生产力的速度如此之迅速,是历次科技革命所无法匹敌的,高新技术对国家各个层面产生了全面渗透和影响,使社会发生了革命性变化。特别是电子计算机和互联网的发明和普及,不仅导致生产的自动化,使社会生产率成倍地提高,同时也使知识、技术、信息等要素在社会生产中作用显著,科技对经济增长的贡献率在现代化发育较好的国家已经达到了60%以上,人类由此步入一个全新的阶段——信息社会与知识社会。

(2) 科技中心和经济中心协同变化

近现代科学发展史揭示了这样一条基本规律:在每一个历史时期,总有一个国家成为世界科学中心,引领世界科学技术发展,但经过近一个世纪后会转移至他国。科学史研究还表明,"如果某个国家的科学成果数占同期世界总数的25%以上,这个国家就可以称为'世界科学中心'。按照这一规律和标准,从16世纪的意大利到20世纪的美国,世界科学中心先后进行了四次大转移"(梁立明,2006)。

近代以来人类历史上第一个科学活动中心出现在意大利(1540~1610年)。以达·芬奇和伽利略为代表的意大利科学家及工程师,继承和发展了古希腊的科学文化,开创了实验科学的传统,使自然科学开始从神学中解放出来。

第二个科学活动中心出现在英国(1660~1730年)。据统计,1660~1730年间,英国共有60余名大师级科学家,占当时全世界科学家总数的36%左右。牛顿的名著《自然哲学的数学原理》出版于1687年,被认为是近代科学臻于成熟的里程碑。

第三个科学活动中心先后及交叉出现在法国和德国。法国科学的全盛时期在百科全书时代和拿破仑一世时期。彼时,法国创办了欧洲最早的一批技术专科学校,建立了国家综合教育体制,由此催生了专职的科学家集群。德国科学的兴盛,是随着近代柏林大学成立开始的,直到第一次世界大战德国失败,绵延一个世纪。德国1873年建立"国立物理研究所",1877年建立"国立化工研究所",1879年建立"国立机械研究所"。德国科学发展虽然起步较晚,但有一支基础扎实、训练严格的科技队伍。

"一战"后,科学活动中心转移到美国,美国成为最强大的资本主义国家,逐渐走上科技全面发展的轨道。"二战"前后,美国又主动吸收了大量受希特勒迫害而被迫流亡的一流犹太裔科学家,如爱因斯坦等人。这些犹太裔科学家到美国后,为美国的科学事业做出了宝贵的贡献。日本科学史专家中山茂在《科学中心的转移》一文中,从语言与信息交流、人才资源的国别等角度,分析了科学中心的迁移规律以及预见性研判(中山茂,容华,1991)。

(3) 国际体系的变化

20世纪中叶以来,西方学者相继研究了国际政治周期性规律问题。乔治·莫德尔斯基(George Modelski)提出了霸权周期理论。他认为,全球政治体系是围绕着世界强国为行使世界领导权而建立起来的,以世界强国为中心所建立的世界政治体系在经历一定时期后都会崩溃、瓦解,取而代之的将是一个以新的世界强国为中心建立起来的世界体系。世界强国的出现及世界领导权的更迭呈现出某种共性的周期现象,一个周期大约是100霸权周期年。构成周期变动的主线是主要强国力量的消长。

莫德尔斯基对自1494年以来500年间的国际冲突与领导权的周期模式进行了分析,指出5个长周期的存在分别为:① 1494~1580年,是葡萄牙称霸的时期;② 1580~1688年,荷兰是最重要的国家;③ 1688~1792年,英国成为世界领导国;④ 1792~1914年,英国再次充当世界领导者;⑤ 1914后,美国成为新的世界霸主。虽然它是针对国际政治周期的,但国际政治长周期主导力量的变化,实际上与经济长周期中国家力量此消彼长具有某种本质上的关联性。

正是因为每轮周期中的核心国家都是在政治、经济和军事等领域中发挥主导作用的国家,所以世界政治大国几乎都是主导着世界经济体系的国家。世界政治体系中的优势地位与世界经济体系中的优势地位是协同的,互为因果,而更为底层的实际上也正是科技共同体与经济共同体协同引领作用的结果。

4. 国际格局与体系的发展演变

从近现代世界历史的发展进程中,可以清晰地看出国际格局与体系的发展演变周期。

(1) 欧洲维也纳体系

19世纪初,法国为了在欧洲建立大陆政治和经济霸权,同英国争夺贸易和殖民地的领先地位,以及兼并新的领土而与以奥、普、俄、英为核心的反法联盟进行了一系列战争。维也纳体系指当时战胜的欧洲封建君主们在召开维也纳会议时,确定的欧洲封建统治秩序和国家体系。在维也纳体系下,大英帝国实力达到顶峰。随后,1848年的欧洲革命沉重打击了欧洲的封建统治,维也纳体系彻底瓦解。

(2) 凡尔赛-华盛顿体系

19世纪末20世纪初,随着西方主要国家向帝国主义过渡,资本主义政治经济发展不平衡凸显,打破了资本主义国家之间的力量平衡,造成了新兴资本主义国家对殖民地瓜分和经济诉求与老牌资本主义国家的利益冲突,形成了同盟国和协约国两大军事集团的对抗,最终酿成第一次世界大战。

"一战"后,英、法等主要战胜国建立了一种新的国际关系秩序,成立了"国联",构筑了"凡尔赛-华盛顿体系"。该体系是英、法、美、日等主要帝国主义国家在全球范围内对"一战"后列强关系的调整和对世界秩序的重新安排,构成了帝国主义国际关系的新格局、新体系。该体系一直持续到"二战"期间。

(3) 雅尔塔体系与美苏两极争霸格局

20世纪30年代,随着资本主义世界性经济危机的蔓延与扩展,以及德、意、日法西斯力量的不断壮大,德、意、日三国相继走上对外侵略扩张的道路并结成轴心国集团,发动战争,想称霸世界。随着战争形势的发展,美、英、苏、中等国形成同盟国集团以对抗法西斯力量,最终以德、意、日法西斯战败而结束。

"二战"削弱了英、法两国的势力,使之成为二等国家,大大改变了世界格局,国际关系体系发生了重大变化,以欧洲为中心的国际关系舞台成为历史,取而代之的是雅尔塔体系以及美苏两极争霸的格局。雅尔塔体系经历了20世纪50年代美苏对峙、20世纪60年代分化组合、20世纪70年代美苏争霸和20世纪80年代对抗缓和的演化,这种格局一直延续到20世纪80年代末90年代初,造成国际局势动荡不安。这种动荡实际上根源于该体系中美、苏两国经济、政治、军事、科技以及周边环境等对比的变化导致的以美、苏两国为首的两大阵营内部剧烈变化。

(4) 世界多极化趋势的发展

20世纪70年代,随着欧共体、日本经济的迅速崛起,美、欧、日经济出现三足鼎立,美国的经济霸权地位动摇。20世纪80年代末90年代初发生了东欧剧变,其后苏联解体,两极格局瓦解。随着俄罗斯经济的恢复与发展、中国改革开放的异军突起,以及一些发展中国家和地区的快速发展和第三世界的崛起,世界格局呈现出一超多强的特征,并且逐渐向着多极化方向发展。

欧洲维也纳体系的崩溃是蒸汽机时代工业资本主义发展、工业资产阶级力量壮大的结果。19世纪60年代至19世纪70年代资产阶级革命、改革应运而生,随着工业革命如火如荼地发展,资本主义世界体系形成,新兴资产阶级战胜了欧洲封建势力。

19世纪末20世纪初,随着第二次科技革命的发展,德国一举超过英、法成为欧洲第一强国,重要原因是其抓住了第二次技术革命引发的化工、电气等新兴产业形成的机会,在较高起点上开始了德国工业化的飞跃。美国虽然很晚才完成南北战争,但是也抓住了这次科技革命的尾巴,成为新工业技术革命的新星,传统的英、法等国却错失良机。正是这种科技、经济发展的不平衡引起的国际力量的变化,造成了凡尔赛-华盛顿体系基本力量的对比,但是该体系由于本身的不公正性和难以协调的先天矛盾,很快便名存实亡。

20世纪中期,由于国际局势相对稳定,世界各国都面临着经济与社会的重建、恢复与发展。20世纪70年代,伴随着第三次科技革命浪潮的推动,各国政府重点扶持和发展电子计算机、半导体器件、汽车、造船、数控机床、化纤、钢铁等产业,日本完成了对西方发达国家的赶超,美、欧、日经济出现三足鼎立的态势。韩国则通过重点发展汽车、钢铁、半导体器件、电子计算机、通信设备、船舶等产业,实现了经济的快速增长。

20世纪80年代末90年代初,东欧剧变,苏联解体,冷战结束。进入20世纪90年代,经济全球化在世界范围内得到迅速发展,世界经济在全球范围内通过各种经济生产方式、经济纽带以及经济组织,在国际市场进行国际分工、国际贸易与交换的基础上有机结合,形成相互联系、相互依赖同时又相互作用、相互竞争的经济统一体。

从上述的近现代世界历史的发展进程中,可以清晰地看出国际格局与体系的发展演变呈现出以下明显的特征:从不稳定、不平衡到相对稳定与平衡,进而又到新的不稳定、不平衡这样一种周而复始、循环不断的格局,这种格局可以认为是科技和社会经济系统的共同演化在国际关系和国际力量对比领域的集中体现。

1.2 科技共同体面对经济危机的表现与应对措施

1.2.1 科技共同体在历次经济危机和社会转型中的演化

1.2.1.1 19世纪中后期

19世纪中后期世界经济危机和社会转型的背景主要表现为工业化的持续发展和扩散,资本主义繁荣与危机交织并存。

发端于18世纪上半叶的英国工业化迅速扩散到西方世界,19世纪之后是资本主义上升发展的时期。其间,自然力的征服、机器的制造、化学在工农业中的应用、铁路的通运、汽船的行驶、电报的发明、人口的急剧增长——这一切所表现出来的生产力是过去所有时代未曾有过,也未曾想过的。

1825年英国第一次发生全国范围内的工业危机,这是资本主义经济史上第一次真正的生产过剩危机。

1857年的危机,在资本主义经济史上第一次真正具有了明显的世界性经济危机的特点。它首发于美国,继发于英国,进而波及从瑞典到意大利,从西班牙到匈牙利的欧洲大陆。危机发生期间,大量商品积压,各主要工业部门生产明显下降,倒退到几年前的水平。继而,在1866年、1873年、1882年和1890年均爆发了世界性的经济危机,其中以1873年的危机范围最广,程度最深,破坏性最大。这次危机加速了资本的积聚和集中。危机后,卡特尔(Cartel)、辛迪加(Syndicate)、托拉斯(Trust)等垄断组织开始发展起来。因此,这次危机是自由竞争资本主义向垄断资本主义过渡的开始。

1882年的危机从美国发展成了世界性的经济危机。此次危机的一个重要特点在于,它是一场与农业危机交织在一起的工业生产过剩的危机。1900年的危机则是资本主义完成向帝国主义过渡的经济标志。危机期间和危机以后,各主要资本主义国家都先后确立了金融资本的统治,垄断成了社会全部经济生活的基础。

科学领域在危机与繁荣交错背景下的社会转型表现,可分为以下几个方面:

科学和工业化的过程更加紧密和主动,经济危机加速了大资本吞食小资本的过程。在频繁的经济危机推动下,资本日渐集中,垄断日益成为整个社会经济生活的基础。自由竞争资本主义开始向垄断资本主义过渡,科学加速融入资本主义生产和市场当中。

科学的管理体制和建制慢慢成熟。19世纪中叶以后,伴随着自由资本主义的发展和国际竞争,以及工业革命带来的严重社会问题,新兴工业国家的社会管理职能有了巨大的发展。伴随着近代资本主义国家完全发展成熟,大学体制、教育体制、科研体制的建立和改革,促使欧洲科学强国此消彼长,政府对科学事业的管理和决策以及科学的运作体系不断改进。

科学作为一种社会价值的评估尺度已明显上升,跃升到社会价值体系中一个受人高度尊重的位置。在生产方式发生变革的同时,社会价值体系也发生了巨大变化,科学研究和科学活动受到前所未有的重视。

19世纪中后期的科技共同体也在这种社会转型的背景下有着相应的调整变化:

从组织层面来看,19世纪科学发展尚处于小科学时代,科学建制的结构十分简单,科学家仿佛生活在象牙塔之中。当时的科学家群体认为科学家只需为科学事业、为求真负责,而无须更多地考虑其他伦理问题,科学研究不够细化和专业化。因而,初期的科技共同体更侧重"科学"层面,以学术性共同体为主。

随着科学的发展,19世纪中后期自然科学的整个面貌与17世纪、18世纪相比有了很大变化,科技共同体的成员不再是业余的科学爱好者,而是具有科学背景与素养的职业科学家。各个学科中的大师横空出世,成为学科发展的划时代人物,他们的学术和方法成为凝聚科学人才的重要资源。新兴自由资本主义国家由于经济危机而做出的一系列改革措施和爆发的革命,对科学的建制化起到了巨大的推动作用。这些改革和创新导致科学活动职业化,使科学从总体上摆脱了业余探索的性质,进入建制化阶段,这个过程首先在德国得到实现,英国、美国及诸多欧洲国家也次第跟进。

从共同体类型和规模来看,随着科学建制化的发展,既出现了属于大学、企业和政府的实验室,也出现了科学集体研究的形式,但从事科学研究的人数和规模还很小,需要的仪器设备尚显简陋,所耗费的资金也不多,科学研究总体上还处于手工工场的水平,科技共同体的类型大多属于地方、学术、有形共同体。由于当时科技共同体规模普遍不大,因此科学研究的任务与规模都比较简单,研究的课题通常是单一的,综合性的课题以及多方面的任务几乎没有,研究工作主要由科学家对研究助手和学生进行亲身指导。因此,科学人员流动的范围和规模都十分有限。

从交流合作方式来看,由于工业化过程的推动,世界体系的形成,科学之间的交流日益紧密。19世纪上半叶欧洲各国学术活动各自为政的现象,到下半叶已不复存在。交通的便捷增进了个人间的交流,科学期刊与学会会议的发展,令所有研究者随时都可以得知最新成果,而科学也就再度国际化了。国际间的壁垒虽然打破了,但知识的分科愈渐专业化,各部门间的隔阂又复增加,科学家之间必须不断地加强沟通交流,否则很容易变得寸步难行。

1.2.1.2　20世纪中期

20世纪20年代,是资本主义国家短暂稳定的时期。各国恢复和发展了在"一战"中遭到破坏的经济,恢复了不完全的金本位制,稳定了货币流通,国际贸易也有了较大增长。这一时期各国进行了大规模的固定资本更新,并通过"产业合理化"使生产迅速扩大,但普通劳动者有支付能力的需求在相对缩小,从而产生了尖锐的矛盾,企业经常开工不足,造成工人失业。但是资本主义各国仍然鼓吹"永久繁荣"理论,盲目继续扩大投资和生产,交易所也掀起了投机的狂热,促使生产和消费的矛盾进一步激化,终于爆发了一场空前严重和深刻的经济危机。

1929年10月下旬,以美国纽约股票市场大崩盘为标志,爆发了一场席卷资本主义世界的生产过剩危机。这场经济和政治大危机很快向欧洲、北美以及日本等主要资本主义国家蔓延,并波及许多殖民地、半殖民地国家和地区,席卷整个资本主义世界。此次危机前后持续4年,整个资本主义世界损失约2500亿美元。长期以来,在资本主义世界经济迅速发展中忽视了经济结构失调的问题,政府没有采取相应措施进行调整,从某种意义上说,这次大危机的恶化是"一战"前后资本主义世界潜在经济问题和自由放任政策恶性发展相结合的产物。

这次大危机持续时间长,危害程度深,渗透领域广,波及除苏联以外的所有国家,是一场影响深远的涉及财政、信贷、外贸、工业和农业的全面危机。它不仅影响生产领域,还波及分配、流通等领域的经济和政治。

经济危机的爆发导致社会各阶层利益结构发生巨大调整,各国政府针对危机产生的问题采取种种措施,调整经济结构,进行技术革命,随之而来的是社会经济和政治结构的转型。从科学领域来看,1929年的世界经济危机引发了战后以电子、航空航天和核能等技术突破为标志的第三次技术革命。"二战"之后,科学技术进入了一个飞跃发展的崭新时期,科学研究对象的复杂性与日俱增,宏观研究更加扩大,微观研究更加精微。

20世纪中叶的科技共同体也在这种社会转型的背景下有着相应的调整变化:

从组织层面来看,19世纪的科学发展处于小科学时代,科学建制的结构比较简单,科学研究多以个人单独研究的形式展开,以后才产生了一系列科学团体和科学组织。随着社会和经济突破式地发展,科学研究向着大科学方面发展。所谓"大科学",是指科学家人数激增,科学文献爆炸式增长,同时出现许多大型的研究项目,由大量科技人员共同参加,投入大量的科研经费,需要大型且昂贵的仪器设备,在管理和组织上极其复杂的一种科学发展面貌。大科学的另一种表现是合作研究突破地域性,科研人员流动非常频繁。

从共同体类型和规模来看,20世纪前科技共同体的表现形式大多是学术型科技共同体、师生共同体、地方共同体。随着工业化发展的进程加快,科学的实用价值问题开始凸显,科技共同体无论是内部的交流还是和外界社会的联系更加频繁、广泛,如何将科学的学术成果转化为具有实际效益的成果成为科学家们开始思考的问题,产生了新型的科技共同体,即工业型科技共同体。工业型科技共同体与学术型科技共同体相比,缺少科学研究的自主性。这种共同体作为社会组织虽然体现着科学研究的观点,并且在内容上依赖于学术型科学,但它是围绕着把科学作为实现具体实用目标的手段这种工具观念,而不是按照科学是一个发现过程的观念来设计的。此外,经济危机造成的影响进一步驱动科技共同体将视野从"纯科学"转向如何利用科学为经济社会发展服务。此种模式下,科学工作者直接被雇佣做具体的研究工作,以期产生社会效益。

从交流合作方式来看,科学研究的过程由力量雄厚的专业机构进行,并且逐步系统化、制度化。科学和技术的进步对社会和经济的影响逐步显现,科技共同体逐渐形成一系列科学外部规范来处理其外部关系。随着科学技术的发展,社会生产力的推进,科技和经济的关系越来越密切,不再是简单的线性决定关系,而是复杂的非线性耦合关系。科技与经济之间具有互为输入输出的耦合相关性,二者相互依存,协同发展。科学研究不再是独立于经济活动之外的智力活动,科技共同体作为科学研究的载体,也越来越多地与社会经济活动发生关系。

从20世纪中叶开始,出现了许多新学科和新领域,大量的交叉学科、边缘学科和横断学科,催生了许多综合性研究课题。要解决这种综合性课题,需要完成多方面的任务,常常涉及多学科的知识和技术;一些研究项目需要大功率和超精密的仪器才能进行,要耗费巨额的资金。同时,由于军事和国际政治的需要,国家对科学的计划和控制越来越强,从而出现了许多巨大的科学工程和研究项目,如各国的航天计划、核研究工程、生物基因工程等。这些因素促使科学事业在规模和结构上都发生了很大变化,自然也影响着科学家的科学活动方式。

科技共同体是承担科技活动的主体,在这种背景下,无论是形态上还是活动内容上都发生了更大的变化:成员的流动性增大,学科间及共同体间的合作增强,与外部环境的联系及与社会经济发展的联动更为紧密,不仅其内部成员相互之间需要进行信息交流,而且和社会系统的其他子系统频繁发生信息互动。科技共同体对于科技知识和信息的传播、储存、输出途径更加便捷高效,从而加快了科技知识向生产力的转换,强化了推动社会经济发展的直接能量。

1.2.1.3　20世纪70年代后

在现代社会,如果没有了能源,一切物质文明体系将会随之瓦解。自"冷战"结束以来,全球面临经济发展与能源紧缺的双重压力。"二战"后,人类对自然资源的消耗成倍增长,人类赖以生存的资源基础遭到了严重的削弱。随着工业的迅速发展、人口的增长和人民生活水平的提高,能源短缺已成为世界性问题,能源安全受到越来越多国家的重视。由于能源分布的"不平衡",国际上各种因资源问题而产生的纠纷越来越多。近几十年来,石油资源和水资源是国家间发生战争和冲突的主要因素。过去的半个世纪中,仅仅由石油引发的冲突就有500多起,发生了三次全球性的石油危机。

20世纪70年代后的科技共同体也在这种社会转型的背景下有着相应的调整变化:

从组织层面来看,随着学科门类的增多、科研难度的增大以及实验设备的复杂化,20世纪70年代后科学技术越来越向群体研究发展,即许多综合性课题必须借助多门学科的理论和方法来协同解决。经常会出现这种现象:一个学科中出现的重大理论问题在该学科内长期得不到解决,而冲破该学科的局限采取多学科联合研究的方式,常常能产生重大突破,从而推动科学技术创新活动转向集体规模,呈现出集群化的特点。

从共同体类型和规模来看,20世纪后期,美国出现了大量的技术联合体。作为一种在不同的企业、研究机构、大学以及政府之间形成的合作研究组织,技术联合体实现了不同学科、不同企业、不同研究机构以及大学的联合,并将基础研究、应用研究和技术开发集成起来,有利于不同专业、不同领域的人员相互补充,在学科间的空白点即交叉学科领域做出创新。

从交流合作方式来看,随着网络信息技术的发展,技术联合体对社会的各个方面都造成了很大影响,也极大地影响着当代科学家的工作方式和方法。目前已经出现了以虚拟网络为基础的"合作实验室",其特征是"没有围墙的研究中心,不同地区的研究者可以相互交流、操作实验设备、共享数据及计算资源,并查询电子图书馆所存储的信息"。新的电子交流媒介进一步促进和扩大了科学的合作与交流,促使一个全新的全球性的科技共同体进一步发展。

从世界范围的科技共同体发展历程来看,其发展规律大多顺应了时代的科学、政治和社会的发展状况:从萌芽时期的医学从业者们的小集会,到"业余爱好型"的思想共同体的兴起;在德国高教改革影响下,发展大学研究,建立基于师生联盟"纯科学"地域性研究集体;随着工业发展和经济需求,应用研究的共同体开始出现,并与大学基础研究共同体数次分合;在战争时代,各层面科技共同体为国家利益而倾力合作;顺应新时代科学技术集群化、爆炸式发展的新趋势,又出现科学建制社会化、科技共同体国际化、多领域跨学科合作等新特点。

1.2.2 科技共同体成功应对危机的策略和经验案例

自20世纪30年代以来,各国开始面对大规模经济倒退的经济危机的挑战,它们利用经济周期所带来的机遇和挑战,通过调整策略,改革社会各领域科技发展过程中出现的问题,使自身平安渡过危机。尤其值得关注的是,在危机过后,得益于危机中科技共同体的努力,本国经济、社会在科技的促进下得到了新的振兴和发展。

概而言之,各国科技共同体应对经济危机比较成功的策略主要体现在以下几个方面。

1.2.2.1 更多依赖国家干预和快速调整发展路径的策略

自20世纪30年代的大萧条与随后的"罗斯福新政"以来,各国基本上都吸取大萧条的教训,自觉或不自觉地遵循凯恩斯主义的信条,国家对经济生活的全面干预已成为社会再生产过程的重要组成部分,是整个资本主义社会经济生活的基础和决定性力量。随着国家对经济生活干预的日益加强,西方国家对科学技术的管理,也从政府给予私人及企业所属科研单位一定的资助,发展到由政府直接出面主持重大的科研项目,兴办国家科研机构和制定为国家经济发展服务的科技战略与政策。国家不仅在宏观上将科技的管理视为其干预与调控经济不可或缺的重要组成部分,而且已成为现实科技发展的组织者、管理者及经费提供者。在这一背景下,科技共同体由单纯的发现与发明兴趣的自由研究,被纳入到产业战略和技术政策的统一规划或法制轨道。其发展与政府的利益更加紧密,在一个国家内,科技共同体更多地服从于国家利益,更多地与国家目标紧密相连,尤其是在国家创新系统及相应的发展战略提出之后,这种结合更加趋于紧密。

为应对经济大萧条,美国在1933年成立了国家科学咨询委员会和国家计划委员会。国家科学咨询委员会的成员涉及众多科技领域,主要研究即将发生的重大问题;国家计划委员会的成立,是基于科技与经济关系的思考,关系到整个国家的前途。1934年,美国国家资源委员会成立,其职能涵盖了国家计划委员会和国家科学咨询委员会。联邦政府以委员会的形式,在科学与技术方面起重要的协调作用,保证经济健康发展。"二战"前,美国拥有9.2万名科学家,其中20%在政府工作,另外80%平均地分配在大学和2200多个工业实验室中。美国所拥有的雄厚科学人力资源基础,成为其参与战争的重要筹码(林风,2005)。

美国卷入"二战"后,政府支持的科学和技术在范围和方向上发生了明显的变化。1940年,美国成立国防研究委员会,其目的在于整合科学与技术资源来提高国防能力,并邀请华盛顿卡内基研究所主席万尼瓦尔·布什(Vannevar Bush)担任委员会的主席。1941年,美国建立科学研究与开发办公室,布什为办公室主任,试图通过改变管理结构以适应新任务的需要。办公室不参与研究,但可通过政策协调大学、工业和政府机构之间的合作关系,利用全国优秀科技人才的群体力量,为结束战争并获胜而努力。科学研究与开发办公室的一个标志性事件是1943年在新墨西哥州建立由加利福尼亚大学管理的洛斯·阿拉莫斯国家实验室(Los Alamos National Laboratory),著名的原子武器和雷达在这里诞生。

此后不久,来自西弗吉尼亚州的克尔格(Eckerg)参议员,提出了一个创立国家基金委的法案。该法案建议由联邦实验室负责把支持科学的公共资金拨付给政府其他机构和大学。这份建议使政府调整了国家技术开发的路线,根据科学发展的方向,针对不同集团的不同性质和特点,引导它们开展研究。1945年7月25日,布什向罗斯福总统提交了一份名为《科学——没有止境的前沿》(Science:The Endless Frontier)的报告。布什的报告强调了基础研究的重要性,论证了政府支持基础研究的正当性,最终促使美国于1950年建立国家科学基金会(National Science Foundation),并提出了技术创新的线性模式,成为美国科技政策的基本范式,这一模式强调科学研究和技术发明是推进技术创新的主要动力。科学研究主要由科技共同体进行,他们往往不考虑知识生产是否具有经济需求;企业家和企业则从科技共同体那里接手科技知识,开发科技知识的商业潜力,并将之转化为新产品或新工艺,并推向市场。

在布什报告发表之后的20多年里,美国政府大力投资基础研究和高等教育,努力为工业创新打造知识资源和人力资源的基础。这一时期是战后经济扩张期,以电子、石油化工、原子能等领域创新为基础的"技术-经济范式"正在形成。布什在报告中明确提出,把大学作为基础研究的主力军。此后,美国基础研究约50%是由大学完成的,美国从事基础研究最重要的机构是200家左右研究型大学。

另一案例来自"停滞20年"时期的日本。20世纪80年代中期,面对始料未及的突发金融危机和国内经济的断崖式下跌困难,日本政府咬紧牙关坚定实施其"高科技大国"的战略既定发展计划。1992年,面对国内经济困难和国际竞争的压力,日本重新制定《科学技术政策大纲》,将信息、电子、软件、半导体、新材料、生命科学、能源、海洋科学、宇宙科学和地球环境等科技领域作为研究开发的重点。日本政府决定成立以首相为部长的高度信息化社会推进部,以加强信息高速公路的建设。1995年,日本通产省又制定出《高度信息化社会的构想》,提出推进信息化社会的具体政策和全面规划。1995年11月,日本政府公布实施《科学技术基本法》,根据此法,1996年6月日本政府又制定了《科学技术基本计划》,从而将发展高技术和高技术产业纳入统一规划和法制轨道,使日本的技术产业化和产业结构科学化进入了一个新阶段。

科技共同体在国家制定的高强度凝聚框架下,不断调整发展方向与策略的结果是:虽然日本在20世纪末各项国际排名指标多有下滑,但其科技的实力一直稳居世界第二,而且进入21世纪以来,日本在代表重大科技发现的诺贝尔自然科学奖的获奖者人数上出现了令世界瞩目的"井喷"。

1.2.2.2 配合关键技术选择实现产业升级转型的策略

随着全球化、一体化的迅速推进,世界范围的市场竞争在不断加剧。尤其是在危机到来的时候,这种竞争更是生死攸关。在世界上大多数国家基本拥有传统的、一般制造业的技术情况下,特别是在技术创新的周期日益缩短的形势下,要突破经济危机的低谷,就需要开发在未来具有竞争力和市场潜力、对国家安定与繁荣、对人民福利的提高能起到至关重要作用的技术。因此,无论是发达国家还是发展中国家,都在狠抓具有长远意义的国家关键技术,并制订国家关键技术计划,科技共同体的研发和改革也迅速围绕这个计划展开。

韩国是加强对技术产业化引导和推动的典型国家,突破危机,成功实现战后崛起,就是得益于关键技术的选择。1961年,韩国开始推行第一个经济发展五年计划,制定了相应的科技发展政策,开发科技资源,经济发展目标由"进口替代"型转为"出口导向"型战略。20世纪70年代先后爆发的两次石油危机,韩国劳动密集型轻工产业模式遇到挑战,产业政策开始向强化工业基础、提高工业资本的有机构成、改善工业结构、提高劳动生产率和出口竞争力转变。

20世纪80年代末90年代初,发达国家的贸易保护主义使韩国劳动密集型产业在国际上失去竞争力,产业结构急需从劳动密集型向技术、知识密集型转变。韩国政府、产业界一致认为技术开发政策将决定韩国的未来。韩国总统卢泰愚于1991年4月发表了科学技术政策宣言,提出到2000年要使韩国科学技术达到"西方七国集团"的水平。1991年8月卢泰愚总统要求科技界、政府研究机构大力推行科学技术导向政策,为2000年进入发达国家行列制定具体的实施方案。韩国从20世纪80年代后期开始卓有成效地开展大规模的技术前瞻工作,其目的是通过增强科技能力来提高韩国的工业竞争力。进入21世纪后,韩国的科技政策方向,从之前的由政府主导调整为由私营部门主导,最初产业界的研发活动比较活跃,但大学和科研院所存在着科技成果转化和技术转移不力的情况。为了解决这个问题,韩国从战略上着力于建立产业、大学和研究院所之间的合作研究机制,通过竞争与合作促进联合科技创新。

1.2.2.3 构建产业、政府、研究机构伙伴关系的策略

现代社会已呈现出科学技术综合化、经济发展集约化和高校办学社会化的三大综合趋势。实际上,这三大趋势近年来正在逐步汇合为一个横向一体化趋势,即高校、科研机构、企业横向联合,共同发展。

对于这种一体化趋势,发达国家早在20世纪中叶就已经从三个方面表

现出来：① 工业部门的科技人员不断增加，企业成为科技人员集中的场所。如日本工业部门的科研人员，在1963年约有16.7万人，到了1973年已超过29万人，占全国科研力量的40%。又如德国1975年生产部门的科研人员占全国科研人员的63%。② 生产研究费用日益增加，成为整个社会科研经费的主要开支。如1962年日本工业研究和开发支出总共为70亿日元，到了1972年已增加到1050亿日元，是1962年的15倍，占全国科研机构经费的一半以上。③ 企业、科研机构和大学的联合日益紧密，教育、科研、生产联合体大量产生。在美国，教育、科研、生产联合体发展最为充分。在美国政府的强力支持下，20世纪50年代初期开始发展以大学为中心的科学工业综合体（其中具有代表性的是大学科学园），具体做法是：在一些著名大学周围集中一批工业企业，由这些企业给学校提供一定的资金支持，企业从学校获得最新科研成果并且进行孵化，发育成熟后即快速投入生产，最著名的是围绕斯坦福大学的硅谷科技园区。

发达工业国家普遍都是通过产业界、学术界和官方的密切结合，制订具有前瞻性、实用性、复合性和较大市场潜力以及能充分推动产业升级的系列关键技术计划。

政府出面协调官产学研联合攻关，集中核心资源加快高技术产业化成效显著。如日本成立了批量半官方中介机构，其主要任务是为企业提供技术咨询和研究成果，资助民间企业发展高技术产业。这些组织的类型有基础研究促进中心、生物技术发展研究机构、新技术事业团、新能源和产业技术开发组织等。从20世纪晚期开始，日本规定，政府对研发电子、软件、生物工程和新材料等高技术产品的产业实行税收优惠政策，并利用特别折旧制度给予补贴。投资期限长、风险大的高技术研发费用一般由政府承担。

再比如美国，自1951年斯坦福大学创立研究园这种产学研融合协作模式以来，至21世纪初，美国已建成遍及全美的科技园区150多个，总数居世界之首。"二战"后,斯坦福大学创建的"斯坦福大学科学园"是美国乃至全球最早的科技工业园,主要研发方向聚焦高新技术产业,领域涉及电子、航空与宇航、制药和化学等。这个科学园管理体制非常有特色,其日常管理和经营政策由大学委托管理委员会制定,园内企业与大学深度融合,如共同举办研讨会、共享科学园的设备等。以斯坦福大学科学园为依托发展起来的硅谷,为美国乃至整个世界科技工业园区的发展树立了典范。

其后发展起来的著名园区如波士顿128号公路科学工业园区,主要涉及电子仪器设备、交通工具和军用设备的科技研发。此后该园区又借助计算机产业和原有的电子产业,形成了高新技术产业综合区。北卡罗来纳州三座城市和三所著名的大学,即达勒姆市的杜克大学、查玻尔希尔市的北卡罗来纳大学查玻尔希尔市分校,以及位于北卡罗来纳州首府罗利市的北卡罗来纳州立大学,形成的北卡三角研究园,集中了科研和生产优势,吸引了像IBM、爱立信、杜邦这样的大公司和美国环境与健康研究所等国家级研究平台落户,以独特的组合方式带动了整个大北卡区域的研究型产业经济发展。

1.2.2.4 激发活力促进企业科技创新的经验

1. 大企业领域强化及区隔聚焦发展经验示例

20世纪中晚期的趋势是:规模5000人以上的产业科技型大公司是美国工业研发的主力,执行了80%的工业研发任务,特别是2.5万人以上的超大型企业,执行了将近40%的工业研发任务(林风,2005)。在20世纪50年代,美国企业所掌握的专利中,约有51%由职工人数为5000人以上的企业占有,大企业的强大创新力特别体现在它对研发经费的投入上。例如1990年,美国电报公司和日本的丰田公司,其研发经费均超过30亿美元,超过中国大陆当年全部企业科研经费的支出总和。这种高强度的开发投入,不仅使它们能够不断地推出创新产品和工艺,而且有力量集成推出重大发明和创新,带动上下游一大批企业的创新活动。例如,自1947年贝尔公司第一个晶体管发明以来,这项重大创新直接导致了以此为基础的收音机、电视、计算机等领域厂家后续大量的发明和创新,引发了具有产业颠覆意义的全球微电子革命。

当然,依托大企业主导创新的发展路径,其风险系数也不低。以典型少数超大国家型企业引领创新的韩国为例,传统韩国经济由为数不多的大企业集团掌握,如三星、大宇、LG、现代等综合产业集团。1997年的亚洲金融危机重创韩国模式,韩国由此意识到,创新资源高度集中并且全向发展的航空母舰式经营方式并不一定是企业生存发展的最佳模式,大财团大企业存在着诸多尾大不掉的问题。为应对危机,韩国改革首先从大企业切入,具体措施为:首先,缩减过剩落后产能,断然关闭财团企业下属55家无法独自生存的企业;其次,利用转换出资手段、减免利息以及提供援助资金等方法,降低财团和大企业的负债率;第三,对五大财团在传统重工业等七个行业进行产业的区隔化重组,确立各自的核心产业。如三星集团整顿了石油化工、铁道车辆等五个部门;现代集团整顿了发电设备、飞机制造等部门。由国家主导以及财团企业实施的大刀阔斧的资源整理,其目标是在各自区隔定位的国家产业领域集中新技术资源展开深度创新利用。

2. 加强中小企业创新活力的经验示例

美国小企业管理局针对20世纪后期的一项研究指出:小企业的人均创新数是大企业的2倍,如1975年日本中小企业从事研究开发的比例是6.1%,1981年增加到15.2%。与大企业相比,中小企业的集成研发能力较弱,资金与资源较为短缺,在技术创新过程中,一般处于不利地位,但是由于企业小而灵活的特点,其在创新活动中越来越比大企业具有前沿自主快速创新实践的优势。

回顾产业创新政策的促进历史,欧美工业化国家在20世纪40~50年代,以支持中小企业创业发展为主;20世纪60~80年代,以实施国家科技计划带动中小企业创新发展的模式较为通行;20世纪80年代后期以来,则倾向于通过政策组合和合作方式的多样化与体系化建设刺激中小企业创业创新。

1980~1985年,美国每年平均新增60万家创业公司或以风险投资为主的中小企业。这类中小企业富有创新、进取和冒险精神,是专门为实现某种新思想和新发明而成立的,为美国的科技产业化发展做出了卓越贡献。在美国工业开发应用的重大科技发明项目中,有40%是这类小公司创造的。美国的大企业普遍重视发挥中小企业的特殊创新作用,通过技术合作、任务外包、资本扭结、产权收购等丰富手段加强与垂直创新型中小企业的合作。大企业在本企业内部建立独立经营的目标型垂直创新小企业一度也相当流行,如IBM到1985年为止建立了11家内部特色创新的小企业。

韩国针对金融危机冲击下超大企业集团在危机中所暴露出的弊端,加强了对陷入困境的中小企业的支持和扶持,在国家政策力量促进下,成立了处于各银行总裁直接控制之下的中小企业工作小组,对韩国中小企业进行清理重组,将中小企业划分为需要重点援助的企业、有条件援助的企业和其他企业三种类型。在此基础上,金融机构针对第一类企业设计并实施了提供新贷款、现有贷款延期偿还、将负债转换为中长期贷款等系列化金融援助计划。韩国政府不仅扩大了对高新技术产业的创新及中小企业研究开发的支援,而且为了调动研究人员的创业积极性,韩国政府还对创新企业优先安排免除兵役,对高技术产业以及中小企业的研究开发提供大量的资金援助的倾斜扶持(王春法,2001)。

为鼓励科技型中小企业的发展,俄罗斯成立了"俄罗斯技术发展和促进科技型小企业发展基金",用各级联邦和地方预算基金及预算外基金对其进行支持。形成并完善国家对创新投资的参与体,对可能形成新的经济部门和门类的创新活动进行扶持,并对风险投资和创新风险保险提供必要的支持(郝韵等,2017)。组建国立莫斯科大学"信息技术"工业创新综合体、"莫斯科电子技术研究所"和"斯维特兰娜"工业创新综合体(圣彼得堡)三个工业创新综合体,吸引了众多的科技型小企业加盟。

1.2.2.5　突破瓶颈促进产业升级的策略

经济增长、波动与产业周期间具有内在一致性。经济短期波动,中观层面表现为产业波动;经济长期增长或衰退,则表现为不同产业发展的更替。经济增减和波动通常都会通过产业层面表现,产业周期及其波动传导将带动经济周期波动,不同产业之间的结构失衡也将引起经济的波动。

不同产业具有不同的波动历时关系,当先导产业先行发展,配套中段产业增长拉动,后向产业部门需求就会逐步回升,产业就这样依次发展,并且在新高度上逐步实现新的均衡。这种新均衡的实现,也是先导产业发展对其他产业和经济总的拉动,亦即经济周期的上升过程。同样,曾经发挥先导作用的产业回落,会对后向产业缩减需求,使后向产业供大于求,产业梯次回落,则会在较低位置上实现新平衡,这种失衡落实到较低位置的新均衡实现过程也是经济的回落过程。面对下行均衡的危机,投资创新科技发展新兴产业不失为明智之举。产业升级的基础资源与动能来源于创新,其逻辑是不断用高科技产业和新兴产业代替传统产业,从而不断推出新的产业增长点。这方面的策略实施如西方国家在吸取1929～1934年大萧条教训之后,努力发展新的技术密集型产业推动新一轮经济的增长。"二战"后,随着电子计算机的发明与应用,产业向技术密集型逐步转变的趋势越发凸显,半导体、通信、计算机等技术密集型产业得到革命性发育和市场化消费,同时也引发了核能、空间技术等产业的迅速发展。1973年的全球能源危机爆发后,随着传统产业部门发展的停滞,这些新兴产业部门发展更为迅速,产业结构开始向节能、省料的高技术密集型方向转变。这些建立在第三次技术革命基础上的产业,开始从新兴部门向主导部门转化,并带来20世纪晚期开始的经济的新一轮强劲发展。

例如,日本"二战"后迅速成为世界发展明星的经济奇迹,核心因素是日本及时推进了主导产业的转型,主导产业呈现出从纺织工业、食品工业向重化工业,再向汽车工业、家用电器工业的迁移过程。可见,工业化的产业升级过程是先导产业不断创新转换的过程,产业转换能力是一国经济发展能力的决定性因素。

1.2.2.6　由强化军事科学—军民转化—强化民用路径演进的经验

科学对社会的作用越来越大,日益与技术和经济发展及军事目标相结合。20世纪80年代之前,美国实行的是国防中心或以国家安全为导向的技术政策,主要依赖军事技术的发展间接拉动产业技术进步和新兴产业发育。在两大阵营"冷战"背景下,这种政策在建立强大的政府研究开发体系、成就军事技术优势的同时,孵化了一大批重要的新兴产业,创造了巨大的商业效益,为美国保持大国地位提供了先导技术基础。从"二战"到"冷战"结束,美国"原子弹研究计划"、"阿波罗登月计划"、大型高能物理实验室等的建立,就是在这种典型国家军事战略的主导下,组织协调多学科科技共同体轴心化发展的典型体现。

"二战"后,美国将很多在战时高度发育成形的军事领域的技术投入民用,掀起了新科技革命的狂潮,带动世界经济持续繁荣发展。

20世纪70年代末80年代初,受金融危机的影响,国际形势发生了微妙的变化,美国与西欧国家(如德、法、英)、日本之间的国际竞争加剧,美国的国际领先地位发生动摇。在上述国家优势产业强有力的挑战性竞争下,美国一系列重要产业纷纷陷入困境,1980年后,国际竞争的挑战更是深入曾经具有绝对优势的美国高技术产业。深受刺激的美国决策层认识到,原有的技术创新模式和国防导向发展模式已不能适应新形势的需要,于是美国政府开始了对技术政策的重大转型。这种深度调整体现在:把联邦政府主导的研究成果向私营企业转移;改变过去反对企业联合的反托拉斯政策;重视政府和企业的合作,把制定和实施国家技术政策作为联邦政府的重要使命。此后,克林顿政府颁布的技术战略主导方案就更清晰地提出了把政府研究开发的方向从国防转向民间,把研究开发的首要命题定为提高就业、保护环境和提高政府机构效率,将原来从事军事研究的国家实验室预算用于工业界兴办的民办企业。不仅在军事技术研究方面缩小了政府投入,而且在研究内容上也从国防向军民两用的操作立场转变。

20世纪90年代,苏联解体后的俄罗斯明确提出发展军民两用技术为国家科技政策的新立场。苏联在1928年执行第一个五年计划时,还是一个落后的农业国。20世纪30年代在西方经济大萧条期间,苏联乘机大量进口先进技术设备,广泛引进西方技术人才,建立了一大批现代化重工业骨干企业。同时,利用西方的技术资源初步建成了军事工业体系。重工业和军事工业的起飞,为苏联崛起成超级大国奠定了基础。

苏联解体后,俄罗斯继承了苏联原来60%的科技资源。俄罗斯摒弃了苏联时期的科技制度框架,根据整体国家战略和科技发展战略,在多个领域进行了彻底的改革。尽管在此过程中俄罗斯遭遇了一连串的经济和金融危机,引发巨大的国内动荡。虽然俄罗斯的经济实力与苏联时期已有相当大的差距,但其科技成果的产出率目前依然令世界高度关注,在若干重要产业领域的总体研发水平仍堪称一流。俄罗斯在科技制度创新方面致力于促进科技与经济的结合,成果产业化,提高应用研究效益,让科技机构更好地适应市场,实现发展循环,并通过加大研发高科技、高竞争力产品的力度,促进技术创新,以高新技术产业带动国家经济的发展。

面对多轮的金融危机和经济泡沫,"二战"后沦为非军事化国家的日本,其科技战略也同样从单纯强调经济效益向关系国计民生和社会福利倾斜。1992年初,日本政府通过了新的国家"科学技术政策大纲",确定了有关今后日本科技发展的一系列基本方针和重点推进的高新技术领域;强调科学技术应以解决地球环境、能源和粮食等国际性课题为主要目标,科学技术应为实现富裕的国民生活服务;要致力于国民保健、生活环境的改善,社会经济基础的改善,疾病防治和保健措施等方面的科技突破;开展生命现象研究,研究高等生物脑功能,生命诞生、成长和死亡规律,生物自身防御功能等项目,实现"人类与地球和谐共存"以及"建立一个富裕的社会"。也就是说,科技进步、高新技术的应用不仅能导致"经济大国"的日本最终成为"科技大国",而且能为实现"生活(品质)大国"的目的服务(王晓林,1996)。

通过适当的策略调整,自"二战"结束后至今这一段十分难得的和平发展期,多个国际领先国家利用经济危机的激荡所带来的政策创新机遇,改革社会各层面科技发展结构中存在的问题,不仅使自身顺利应对金融危机的能力获得长足进步,而且在危机过后,因为危机中激发的科技战略与政策革新努力的惯性,本国的经济、社会在科技新布局与路径规划的促进下得到了持续性的发展。

1.3 第五次经济长波中科技共同体发展趋势研究

1.3.1 第五次经济长波

熊彼特创立的经济周期理论是以创新为基础研究经济周期运动的理论。熊彼特认为,经济周期性波动是创新所引起的旧均衡的破坏和向新均衡的过渡。技术进步的周期性变化导致了经济的长期周期性波动,经济长波经历的时间也内在地与技术进步周期性变化的时间有关。长波周期源于那些影响巨大、实现时间长的创新,即以产业革命为代表的技术创新活动,如铁路的兴建、蒸汽机的广泛应用以及电气化和化学工业的兴起等。

熊彼特以各个时期的主要技术发明及其应用和生产技术的突出发展作为各轮长波的标志,把百余年来资本主义的经济发展过程进一步划分为三轮长波。熊彼特还通过扩展用以解释投资周期的模型(尤格拉周期),将每一轮经济长波区分为繁荣、衰退、萧条和复苏四个阶段。荷兰经济学教授雅各布·范·杜因(Jacob van Douin)在20世纪70年代考察了截至1973年的经济长波,总结了前三波的各个阶段以及第四波的前两个阶段,前三轮长波已基本得到证实。一般认为,第四轮经济长波开始于20世纪中期,持续20多年的高速经济增长后,自1973年发生全球石油危机而进入下降期。关于第四轮经济长波何时结束,第五轮经济长波何时开始,仍然是理论界争论较多的课题。

陈漓高、齐俊妍通过对"二战"以来技术进步与经济波动的考察,总结了第四轮长波的后两个发展阶段,描述了以汽车和电子计算机为主导的第四轮经济长波(1948~1991年),并通过对美国20世纪90年代以来信息技术与经济波动的考察,明确提出当时正在经历的以信息技术创新和信息产业为主导的第五轮经济长波的存在及其第一阶段(繁荣期)具体开始的时间为1991年(陈漓高,齐俊妍,2004)(如表1.3所示)。陈漓高、齐俊妍又进一步指出:尽管经历了2000年网络泡沫的破灭,但按照技术创新的周期性规律,网络泡沫的崩溃对开始于1991年的第五轮世界经济长波上升期的影响是暂时的,世界范围内信息技术创新的外溢效应,将推动长波的上升期一直持续到2011年左右(陈漓高,齐俊妍,2007)。

表1.3 世界经济史上的五轮长波

长波(主导技术创新)	繁荣期	衰退期	萧条期	复苏期
第一轮 (纺织工业和蒸汽机技术)	1782~1802年	1815~1825年	1825~1836年	1836~1845年
第二轮 (钢铁和铁路技术)	1845~1866年	1866~1873年	1873~1883年	1883~1892年
第三轮 (电气和重化工业)	1892~1913年	1920~1929年	1929~1937年	1937~1948年
第四轮 (汽车和电子计算机)	1948~1966年	1966~1973年	1973~1982年	1982~1991年
第五轮 (信息技术)	1991~2009年	2009年~		

基于以上资料,第五轮经济长波大致可以视为从20世纪90年代初开始进入繁荣期,大规模集成电路、芯片技术是第五轮长波中的基本创新。大规模集成电路、微型计算机和互联网的出现,直接产生了多媒体技术、网络数据库技术、网络通信技术,所有这些技术共同组成了信息通信技术的主体。数据显示,上升期刚开始不久的1994~1996年这3年间,美国经济增长中高科技的贡献率为27%,传统产业仅为14%,汽车产业仅为4%。美国连续9年保持4%左

右的经济增长率,失业率接近于零。传统产业中4000万人失业,但是新产业创造了7000万人的就业机会。从20世纪90年代开始,美国信息技术设备和软件投资在20年里持续高速增长,引发新的生产力革命,导致第五轮世界经济长波上升期的延续。一个由信息技术主导世界经济的"信息经济时代"已经到来。

21世纪开始后的数年,以信息和网络技术为中心的技术创新逐渐进入平缓期。第五次产业革命以及长波周期起初以IT产业为主导,经过近20年的持续创新,原有的创新企业不再拥有革新动能型的技术优势,但更高层次的技术创新还没有出现,无法利用原有的技术创新优势获取超额利润。经济增长动力开始衰退,投资和生产进入低潮,第五轮经济长波进入了繁荣期的末端。

2008年美国次贷危机引发的全球性经济危机的爆发和不断深化,导致第五轮长波的上升期似乎进入了结束阶段。从表面来看,美国金融危机引发的全球性经济危机的原因是金融衍生品风险失控,但从深层次来分析,20世纪90年代兴起的信息技术创新及信息产业发展的速度已经放缓。由于信息技术创新的原动力强度不再,信息产业缺乏发展后劲,出现了明显的技术突破带动的僵局,这成为全球性经济危机的主要原因。

1.3.2　21世纪初期全球金融危机的影响

2008年9月15日,雷曼兄弟(Lehman Brothers)申请破产保护。至此,全球金融危机第一枚骨牌倒下,全球经济开始了自20世纪30年代以来最为严重的衰退。伴随着经济虚拟化和金融全球化,这场金融危机迅速蔓延到全世界各个角落,并严重影响到实体经济,发展成为一场大量级的经济危机。

如今,雷曼兄弟破产已经过去10年了,但经济危机的影响并未完全消除,要摆脱这次经济危机的影响,或许世界各国还有很长的路要走。

1.3.2.1 深层原因:新自由主义的衰落与新凯恩斯主义的崛起

新自由主义(Neoliberalism),又称新保守主义或自由市场原教旨主义。新自由主义经济学 20 世纪 70 年代末 80 年代初在英、美等西方国家取代了凯恩斯经济学的主流地位,从那时到 21 世纪初期全球金融危机大约 30 年间,是新自由主义占据统治地位的时代,这个时代在西方被称为"撒切尔-里根时代",又被称为新自由主义"黄金时代"。西方发达国家体系在这个时代祭起的大旗,在英国被称为"撒切尔主义",在美国被称为"里根经济学",后来二者被代之以"华盛顿共识"的新自由主义大旗(吴易风,2010)。

由于 1973 年和 1979 年的两次石油危机以及随后的"高通胀、低增长"现象的持续,很多经济学家认为是凯恩斯主义带来了滞涨效应。因此以米尔顿·弗里德曼(Milton Friedman)为代表的一批经济学家提出新自由主义思想,以玛格丽特·希尔达·撒切尔(Margaret Hilda Thatcher)和罗纳德·威尔逊·里根(Ronald Wilson Reagan)为代表的政权阶级则广泛采用了这一理论,之后"华盛顿共识"也由此诞生。而 20 世纪 90 年代的东欧剧变和苏联解体则似乎是在向这个世界表明,单纯依赖国家宏观调控的经济政策必将导致失败。与之相辅相成的是:在威廉·杰斐逊·克林顿(William Jefferson Clinton)执政时期,得益于科技创新与金融创新的高速发展,美国不仅在经济上保持了十年的增长,同时也以互联网技术的突破成为了全世界科技革命的唯一引领者。

从这一角度来看,尽管 1997 年的亚洲金融危机使同样实行自由经济制度的日本与东南亚各国遭受沉重打击,2003 年的信息产业泡沫破裂甚至导致纳斯达克瘫痪,但美国与这些国家依然一致认为,只要拥有足够的资金储备(特别是储备能够在国际上通用的美元),那么这个国家就能够抵御金融危机的影响。因此,以诺贝尔经济学奖获得者罗伯特·卢卡斯(Robert Lucas)和原美联储主席本·伯南克(Ben Bernanke)为代表的经济学家和决策者都非常乐观地认为,大萧条时代已经过去,经济周期是可以避免的,甚至宏观经济学——这一大萧条的产物,也已经完成其历史使命。

然而,新自由主义所带来的金融衍生品无限制膨胀是亚洲金融危机爆发的一个很重要的原因,而这些问题的根源就在华尔街,并且一直在华尔街存在着。虽然"9·11"事件和伊拉克战争转移了大多数人的注意力,但经济学家很早就提出警告,诺贝尔经济学奖获得者保罗·克鲁格曼(Paul Krugman)和斯蒂格利茨(Stiglitz)就多次强调,政府应该加强经济治理,而不是仅仅依靠印钞票刺激经济。早在2005年,芝加哥大学商学院教授拉格拉迈·拉詹(Raghuram Rajan)就曾向布什政府上书,认为金融衍生品的无限制增长势必会导致全球范围内的金融危机(Rajan,2006)。

但布什政府依然沉浸在华尔街金融体系所带来的梦境中,直到经济危机爆发。

1.3.2.2　21世纪初期全球金融危机形成的机制缺陷探析

2007年4月2日,美国第二大次级抵押贷款公司——新世纪金融公司(New Century Financial Corporation)申请破产保护,这一事件成为次贷危机爆发的开端。随后,这一危机迅速向欧洲蔓延,并延伸到其他行业中。进入2008年,次贷危机愈演愈烈。3月,华尔街第五大投资银行贝尔斯登(Bear Stearns Cos)被贱价卖给摩根大通;9月7日,美国联邦政府宣布接管美国最大的两家住房抵押贷款机构——房利美(Fannie Mae)和房地美(Freddie Mac);9月15日,美国第四大投资银行雷曼兄弟申请破产保护。自此,美国次贷危机正式爆发。

短短一周之内,美林证券(Merrill Lynch)被美国银行收购,全球最大的保险公司AIG被政府接管,高盛(Goldman Sachs)与摩根士丹利(Morgan Stanley)同时变成银行控股公司,全球股市遭遇"黑色星期一"。至此,华尔街五大投行全军覆没,全球性的"金融海啸"正式爆发。此时的华尔街"尸横遍野",每个人都感到自己和所在公司岌岌可危。10月6日,道琼斯指数4年来首次跌破10000点;截至2008年10月24日,有16家美国银行倒闭。

如今,次贷危机爆发已经过去10年了。当回首这段岁月的时候,研究者们自然要发出疑问,这次金融危机爆发的原因在哪儿？如今研究者们基本达成了一个共识:美国爆发金融危机的直接原因是信用膨胀和房地产泡沫。而美国降低利率的货币政策也在其中推动了金融危机的爆发。中国人民银行行长周小川认为,房地产市场、信贷市场、货币市场和证券市场构成了一个有高度顺周期和正反馈特征的经济系统,这个系统倾向于将外部冲击自激放大,因此它具有内在的系统不稳定性和脆弱性,如图1.2所示。

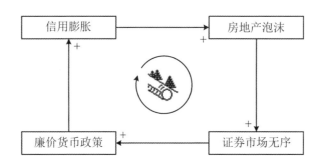

图1.2　金融体系膨胀正反馈模型示意图

本次金融危机爆发的直接导火索是房地产贷款泡沫的破裂,因此2008年华尔街爆发的这次金融危机也被称为次贷危机。"次贷"是次级抵押贷款的简称,是指向信用记录不够好的客户(即缺失收入证明且负债较重的信用不良客户)发放住房按揭贷款。传统商业银行在经营中,若其提供了住房贷款,便会承担信用风险(借款人的违约风险)、市场风险(在贷款期内的利率波动风险)和流动性风险(当银行需要变现时可能承担的损失)。然而,在金融产业的发展过程中,以房利美和房地美的出现和私有化为标志,金融机构的"发起-分销"(Originate and Distribute)模式开始流行起来。由于信贷风险通过证券化市场被转移和分散,贷款发起人风险控制的动力被削弱。华尔街的投资银行发现从抵押担保证券(Mortgage-Backed Security,MBS)产品的承销费和担保费中可以赚取大量的金钱,结果 MBS 市场的结构开始发生转变,贷款机构开始降低授信条件,提供越来越多的贷款给高风险的借款人,次级贷款比例越来越大,从1994年的350亿美元(占总住房抵押贷款的5%),1999年的1600亿美元(占总住房抵押贷款的13%),迅速增长到2006年的6000亿美元(占总住房抵押贷款的20%)。除此之外,贷款机构还提供了风险越来越大的贷款选择和奖励。在2005年美国首次置业者首付款的中位数是2%,在这些买者中43%没有任何首付款,2006年大约45%的次级贷款借款人没有提供完整的收入记录。

此时,政府对金融机构的不合理担保监管的不足,弱化了对金融机构的市场约束,助长了美国的投资银行利用担保债务凭证(Collaterised Debt Obligation)将这些高风险的证券推销出去,而美国此时的廉价货币政策也助长了这个正反馈。从2000年中期到2003年末,为防止经济衰退,美联储将联邦基金利率从6.5%降到1%,造成了流动性过剩和信贷的过于宽松。在此政策的激励下,按揭贷款机构包括商业银行积极地向次级贷款借款人发放高风险贷款,越来越多的人开始贷款买房,房价一路飙升125%(1995~2006年)。

信用评级机构在这一过程中也扮演着重要角色。事实上,评级不过是以历史经验为基础得出的违约概率的指标,它永远不能成为未来的保证。在全球范围内,金融产品的投资管理决策和风险管理措施通常都被要求确保达到主要评级机构所给出的一定水平的评级,然而这样的要求也可能使得从业人员可以搭外部评级的顺风车,只要金融产品满足了门槛评级标准,就无须担心其内在风险。

正反馈具有累积作用,这种作用可以是正向的,也可以是负向的。当负向正反馈出现时,经济的下滑甚至崩溃就在所难免。为抑制由房地产泡沫带来的通货膨胀,从2004年6月30日开始,美联储在两年之内连续17次加息,将利率从1%增加到5.5%。由此带来次级贷款借款人面临沉重的还款压力,而由于信息的缺乏和产品构造的复杂,人们无法对这些产品做出正确的估价,但保债券凭证/住房抵押贷款支持证券(CDOs/MBSs)市场便迅速崩溃了,有些CDOs贬值了40%。房价在2007年开始下降,房价下降和利率上扬导致住房贷款拖欠率和违约率迅速上升,信用市场由此崩溃,商业银行因为持有次级贷款市值大幅缩水,最终导致破产或被收购。图1.3示意出华尔街金融市场崩溃的路径。

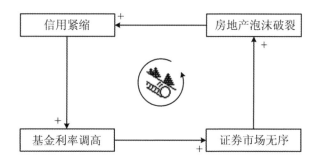

图1.3　金融体系崩溃正反馈模型示意图

在一个过度依赖金融市场的体系中,金融危机会很快转移到实体经济中。2008年第一季度,美国GDP出现了2001年以来的首次下降,而到了第四季度,下降幅度高达5.4%;2008年9月,美国工业生产创下了34年以来的最低点;占美国经济总量约2/3的个人消费开支从2008年9月开始连续数月下降。从失业率上看,自2008年5月美国失业率就开始持续攀升,2008年12月达到了7.2%,2009年2月则高达9.1%(迈克尔·斯宾塞,2010)。居高不下的失业率、中产阶级的低迷、经济的不稳定成为了现今美国经济所面临的三大问题,要想彻底摆脱经济危机的影响,美国还有很长的路要走。

与之相比,曾经肆虐欧洲的主权债务危机也有着类似的起因。首先,欧洲很多国家过度依赖虚拟及半虚拟经济。例如,希腊经济主要依靠旅游业、造船业、文化业和农业,其中旅游业占GDP的20％以上;西班牙的支柱产业主要有房地产业和旅游业;爱尔兰是一个以出口农业为主要产业的国家。因此,当华尔街遭受前所未有的危机之时,这些国家仍然以整个国家作为赌注,面对着来自华尔街的金融海啸。

其次,欧元区的单一货币政策具有先天缺陷。为了降低成本、增加贸易便利性、促进区域经济一体化,从1999年开始,欧元这一新的货币开始在欧洲各国流通。欧元区各国在充分享受统一货币低成本的同时,也丧失了各国货币政策的独立性和主动权。因为欧元区国家实行统一的货币政策,意味着不论经济状况如何,财政状况和进出口形势如何,都将实施"一刀切"的货币政策。在高盛等投资银行的帮助下,希腊等国顺利地被纳入欧元区,这些国家因此享受到近十年的低廉借贷成本,维持了较高的经济增长。

除此之外,欧洲不少国家还存在着自身的制度设计缺陷。其中最为人们所诟病的是高福利、高收入制度——这曾经是欧洲各国引以为豪的政策。从社会福利方面看,欧洲各国建立了包括儿童津贴、病假补助、医疗、教育、住房、失业救济、养老保险、殡葬补助等各类福利制度,涵盖社会生活各个方面。特别是对失业人口的巨额补助,成为拖累政府财政的重要因素(薛敬孝,2009)。

低税收、低利率、高福利、高工资,这些政策导致欧洲很多国家政府收入常年依靠外债,主权债务逐年攀升。主权债务是指一国以自己的主权为担保向外举债,其对象可能是国际货币基金组织、世界银行等国际机构,也可能是其他国家。从加入欧元区开始,欧洲很多国家就已经开始以主权担保放手借外债。面对主权抵押式担保流行的局面,国际投机资本(例如高盛等投资银行)开始乘虚而入,与一些国家签署协议,将一部分外债兑换成欧元,以降低自身财政赤字。这一举动为主权债务危机埋下伏笔。

2008年开始的本轮主权债务危机的起点应该是2008年10月冰岛信用危机。从2008年10月7日起的短短几周时间里,冰岛最大的三家银行——Landsbanki、Kaupthing和Glitnir相继宣布破产,政府无奈将其收归国有。三大银行所拥有的债务总额高达610亿美元,是冰岛年度GDP总额的近12倍。由于无力独自应对金融危机,冰岛政府不得不积极寻求外国援助。2008年10月28日,一项由国际货币基金组织牵头的援助计划出台,总价值达60亿美元。这在一定程度上缓解了冰岛的经济形势。

随后爆发危机的是匈牙利、波兰以及波罗的海三国等东欧国家。截至2009年2月底,东欧国家总债务为1.7万亿美元,其中2009年到期需要再融资的债务约4000亿美元。巨大的外债占这些国家GDP的50%以上,而由于缺乏相应的应对策略,再加上发达经济体为了应对自身金融危机而纷纷撤资,这些曾经的投资热土一时变得人去楼空,处境艰难。尽管这些国家并未加入欧元区,但欧元区国家很快就意识到,这场危机距离它们已经很近。

2008年金融海啸的影响,加速了欧洲国家主权债务危机的进程,其中受灾最严重的当属希腊。2009年10月初,希腊政府预计全年政府财政赤字和公共债务占国内生产总值的比例将分别达到12.7%和113%,远超欧盟《稳定与增长公约》规定的3%和60%的上限,希腊主权债务问题开始发酵。2010年5月5日,希腊首都雅典及其他一些地方数以万计的民众走上街头,抗议政府实施的财政紧缩措施。这是希腊政府公布救助方案以来最大规模的一次抗议活动,此次抗议活动造成至少3人死亡,雅典治安陷入混乱。在希腊北部萨洛尼卡和西部港口城市帕特雷当天也爆发了较大规模的抗议示威活动。

2010年5月10日,经过10多个小时的漫长谈判,欧盟成员国财政部长达成一项总额7500亿欧元的救助机制,以帮助可能陷入债务危机的欧元区成员国,防止希腊债务危机蔓延。这套史上最庞大的救助机制由三部分资金组成:其中4400亿欧元由欧元区国家根据相互间协议提供,为期三年;600亿欧元将以欧盟《里斯本条约》相关条款为基础,由欧盟委员会从金融市场上筹集;此外,国际货币基金组织将提供2500亿欧元。当天,欧洲委员会主席巴罗佐(Jose Manuel Barroso)在布鲁塞尔举行的世界经济论坛"欧盟危机管理"专场会上发言,称欧盟将尽一切努力保护欧元。

随后,爱尔兰、葡萄牙、西班牙等国家的主权债务问题浮出水面。国际三大评级机构对于欧洲各国的评级也随之逐渐下降。2010年6月14日,穆迪公司将希腊主权信用连降四级,由"A3"降至"Ba1",即"垃圾级"。7月13日穆迪将葡萄牙政府债券评级从"Aa2"下调至"A1",评级前景为稳定。此前一天,另一家国际评级巨头标准普尔将英国主权信用评级维持于"AAA"不变,但鉴于英国"新政府开支决策面临的政治挑战",故该国评级前景仍为"负面"。这些国际评级公司的评定,让主权债务问题已经十分严重的欧洲各国进一步雪上加霜。从图1.4可以看出当年欧洲各国主权债务问题的严重性。

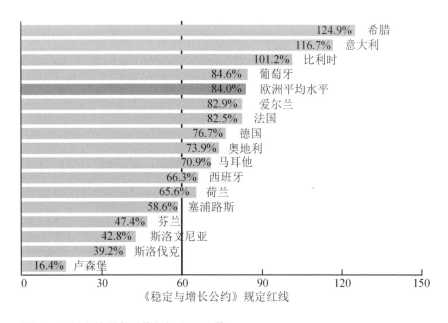

图1.4　2010年欧洲各国债务与GDP比值

1.3.2.3　2008年金融危机中各国的应对措施

为应对经济危机的进一步发展,美联储实施了定量宽松货币政策(Quantitative Easing Monetary Policy),以刺激国内经济。定量宽松,是指利率接近或者达到零的情况下,央行通过购买各种债券,向货币市场注入大量流动性资金的干预方式。与利率杠杆这一"传统手段"不同,定量宽松一般只在极端条件下使用,因此经济学界普遍将之视为"非传统手段"。美联储的这一手段分以下四个步骤实施。

第一步,接管房地产市场。2008年11月25日,美联储宣布,将购买"政府支持企业"房利美、房地美、联邦住房贷款银行与房地产有关的直接债务,除此之外还将购买由"两房"和联邦政府国民抵押贷款协会(Ginnie Mae)所担保的抵押贷款支持证券。这是美联储首次公布将购买机构债和MBS,标志着首轮定量宽松政策的开始。

第二步,扩大定量宽松规模。2009年3月18日,美联储在结束利率会议后宣布,为了向抵押贷款信贷和房地产市场提供更多的支持,联邦公开市场委员会(FOMC)决定再购买高达7500亿美元的机构抵押贷款支持证券和1000亿美元的机构债来扩张美联储的资产负债表。

第三步,缩小规模。2009年11月4日,美联储在结束利率会议后发表的政策声明中宣布,决定购买总计1.25万亿美元的机构抵押贷款支持证券和价值约1750亿美元的机构债。

第四步,定量宽松的结束。2010年3月16日,美联储在结束利率会议后宣布,过去一段时间中美联储一直在执行"采购1.25万亿美元机构抵押贷款支持证券和约1750亿美元机构债"的工作,截至会议结束时,这些工作已接近完成,剩余的采购额度将在2010年3月完成。2010年4月28日,美联储在利率会议后发表的声明中不再提及购买机构抵押贷款支持证券和机构债的问题。

加上2009年3月至当年秋天结束前所购买的3000亿美元较长期国债证券，美联储在首轮定量宽松政策的执行期间共购买了1.725万亿美元资产，这就是说首轮定量宽松总计为金融系统及市场提供了1.725万亿美元流动性资产。

2010年11月4日，美联储宣布启动第二轮定量宽松计划，总计将采购6000亿美元的资产。与此同时，美联储宣布维持0~0.25%的基准利率区间不变。美联储前主席伯南克表示，美联储"将尽一切可能"确保美国经济持续复苏。伯南克还概述了若经济增长放缓，美联储可能采取的措施。他指出："如果被证明有必要，特别是在经济前景显著恶化的情况下，联邦公开市场委员会已做好准备，通过非传统措施来加大货币政策的宽松度。"

定量宽松计划的出台，的确在一定程度上刺激了美国经济的复苏，但这项举措能否真正挽救美国经济，尚需时间的考验。同时，这项措施可能带来的通货膨胀和对其他国家的负面影响，也成为美联储这项举措被人所诟病的原因。

在此基础上，美国又连续推出第三轮、第四轮量化宽松货币政策。后续量化宽松货币政策逐步体现出支持实体经济增长的意图，规模亦不断增长。2014年10月30日，美国联邦公开市场委员会货币政策会议宣布，将在2014年10月末停止资产购买计划，这意味着实施6年的量化宽松货币政策结束。

然而，"量化宽松"虽然宣布结束了，但巨量释放到全球的货币"洪水"如何回收和消化成了后经济危机时代的决策难题。

1.3.2.4　危机趋缓后的发展趋势研判

1."萧条经济学"似乎正在回归

理性人假设，是西方经济学的一个基本理论前提，即人们总是在追求利益最大化。正如亚当·斯密(Adam Smith)在《国富论》中所言:"我们每天所需要的食物和饮料,不是出自屠夫、酿酒师或面包师的恩惠,而是出于他们利己的打算。我们不说唤起他们利他的话,而说唤起他们利己心的话。我们不说自己有需要,而说对他们有利。"亚当·斯密提出了"看不见的手"的假说,即市场机制会调节理性人的利己倾向,从而推动整个社会发展。

在这种经济理论的影响下,欧洲国家的经济政策往往以自由市场经济为主。对于这种资本主义经济体系,马克思做出了批判,他认为,当资本家在自由主义经济体系下竞争时,垄断和生产过剩是一定会发生的。1929年,欧美国家爆发了严重的经济危机,随后带来的是历时漫长的大萧条,新古典主义经济学过于强调自由放任的弊端显现。随着1929年大萧条对自由放任经济学的冲击,新经济思想很快在理论界诞生,其中影响最大的是以凯恩斯为代表的国家干预经济学和以哈耶克为代表的新自由主义经济学。在大萧条之后的最初30年里,凯恩斯的名声远远大于新自由主义经济学者,甚至信奉新自由主义的弗里德曼也说:"今天我们大家都是凯恩斯主义者。"凯恩斯经济学的核心是"反对自由放任,主张国家干预,要求国家扩大政府职能"(凯恩斯,1997)。

大萧条以及凯恩斯经济学催生了"宏观经济学"概念的诞生,凯恩斯主义成为"二战"之后西方资本主义国家干预经济的理论原则。然而20世纪70年代的滞胀令凯恩斯主义者身陷囹圄,哈耶克(Hayek)及其后继者弗里德曼等人的自由主义思想重新成为主流经济学思想,并在西方国家中广泛应用,直至经济危机的爆发。

从资本主义国家的发展历史可以看出,任何一次大规模的经济危机都会带来经济学理论与资本主义经济体系的双重改革。2008年开始的经济危机也不例外。经济学家们意识到,经济学不应该只是美轮美奂的数学模型,而应该是能够让更多人受益的济世之学。资本主义国家也意识到,仅有自由放任、缺乏治理的经济运行模式只会使投机者有机可乘,而不会让失业率降低和贫富差距自动缩小。

从2008年经济危机的爆发、扩张以及主要国家的应对过程可以看出,次贷危机的爆发,使美国人的消费变得比以往更加谨慎,这使长期以来以美国为主导的西方发达国家主要依靠消费拉动经济增长的经济增长方式遭受了巨大挑战。欧洲各国为应对主权债务危机,采取了增加税收、减少补贴等抑制居民消费的措施。原先依靠向发达国家出口而带动经济增长的发展中国家,在经济危机中出口量锐减,本国经济也随之出现明显的下滑。可以预见的是:今后一段时间内,西方发达国家的经济增长方式将逐渐向出口型转变,而发展中国家则更多地向拉动内需的方式转变。

另一方面,当前的世界经济体系存在着严重的漏洞。20世纪90年代以来,经济全球化和新科技革命成为推动世界经济持续快速增长的两大"车轮"。然而,由美国次贷危机引发的国际金融危机暴露出经济全球化和新科技革命发展的另一面,即经济全球化的内在治理矛盾和开放风险与新科技革命"创造性毁灭"对现有世界治理结构的冲击交织,这20多年成为全球经济、金融和货币危机的高发时期。1990年以后,世界范围内先后发生了亚洲金融危机、信息技术产业泡沫破灭、美国次贷危机、国际金融危机、欧洲主权债务危机等。2000年互联网泡沫之后,纳斯达克综合指数和科技股估值指标数次超越了十几年前互联网泡沫时诞生的记录点位,美银美林首席投资策略师迈克尔·哈特尼特(Michael Hartnett)表示:"基于估值、资金流动以及股票和债券之间的关系,有迹象显示,我们处在经济过热的早期阶段。一方面,从互联网泡沫破裂的创伤中恢复还需要花费更漫长的时间,与此同时,国际社会要防止新的危机,并走出这一发展困境,必须推动世界经济治理机制变革。"这不仅是世界性的共识,而且是世界经济治理机制发展的客观趋势。因此,世界各国的经济发展方式转变的另一个重要方面是各国将加强对经济市场国家的监控力度,防止金融体系的投机行为再次对世界经济产生致命影响。

2. 经济危机能否催化重大的科技创新?

2008年的金融与经济危机引发的产业破坏、贸易萎缩、社会动荡和劳工失业无疑令人印象深刻,危机给国际社会带来了很深刻的负面影响。但是,重大危机本身也再一次催生出重大发展路径和战略重心调整,从而形成创新空间与推动创新的核心资源体系被发现或发明。

在后经济危机时代,由于受到国际金融危机后续的惯性冲击和全球气候与能源利用变化等多重压力,世界许多国家确实正在积极探索推动新一轮科技创新和产业发展的路径。以中国为例,预测重大科学创新与技术突破的工作已被提上研究日程,从中国科学院2008年后启动的重要科技领域突破性进展智库型政策研究,到多个科技产业部门与研究平台的战略布局预研,都表达出中国对重大科技发现可能带来的战略机遇和战略转型的高度关注及焦虑。

2004年,中国科学院院长路甬祥对演化进程中的21世纪初世界科技发展趋势给出了三点判断:第一,历史经验表明,全球性经济危机往往催生重大科技创新突破和科技革命;第二,人类生存发展的新需求强烈呼唤科技创新突破和科技革命;第三,从当今世界科技发展的态势看,"科学的沉寂"已有60余年,而技术革命的周期也日渐缩短,一些重要的科学问题和关键核心技术发生革命性突破的先兆已日益显现。

3. 预言:增长的极限——绿色科技革命会发生吗?

1972年,全球未来研究的代表性组织罗马俱乐部的年度主席报告《增长的极限:罗马俱乐部关于人类困境的研究报告》就已经提出,资本与人口的增长势必会导致由于资源消耗和污染带来的"过冲"(Overshoot)。如今40多年过去了,全球经历了石油危机、海湾战争、亚洲金融危机、信息产业泡沫、美国金融危机等多次社会经济动荡,但书中的建议——放慢资本增长的速度依然没有被任何执政者听取并实践。2002年,当这份报告被重新修订时,报告的第一作者——德内拉·梅多斯(Donella Meadows)已经辞世,但修订版的数据表明,尽管世界人口增长已经得到了有效控制,但资本一直在以指数形式甚至超指数形式增长,增长的结果就是世界正在朝着40多年前所预测的那样逼近甚至超过极限。于是,我们看到了臭氧空洞,看到了全球变暖和极冰融化,并担心着世界末日的到来。

因此,在后经济危机时代,赞同和拥抱绿色科技与绿色政治的共同体宣称:世界各国有必要,也有理由去重新审视工业时代高能耗、无节制消费自然资源的发展方式,重新找到一条适合于人类生存与发展的新路子。否则,人类很有可能最终被迫去迎接"过冲",去迎接世界末日。

确实,在本次经济危机之后,世界各国都在加强绿色科技的研发以及产业和政策实践。尽管2009年的哥本哈根世界气候大会未能取得任何具有实质意义的结果,但毫无疑问,围绕《京都议定书》而展开的绿色革命的到来已经成为不争的事实。目前,各主流国家都在加速新能源产业、低碳科技等相关科技的研发与成果转化,绿色科技正在成为全世界关注的热点与焦点。

然而,正如《增长的极限》一书作者所言,如果没有正确的方向,技术与市场都只是"过冲"的工具。因此,对于后危机时代的世界来说,如何在人们的思想中树立低碳、节约的思想,并在政治立场和生活实践中真诚贯彻,是比绿色科技的创新研发更重要的事情。现代印度国家的创始领导人圣雄甘地曾充满忧虑地表示:地球能够满足人的生存,但无法满足人的贪欲。从现在的地球演化数据来看,只要及时制止对资源的掠夺和人工污染的排放,人类生活水平的极限在科技创新的支撑下,还是可以比现在的平均水平上升较多的。但如果对破坏性模式一味纵容,那么这个极限只会越来越低,以至于"过冲"与崩溃会始料未及地提前来临。

1.3.3 科技共同体在第五轮经济长波中的表现

进入20世纪90年代以来,科学技术逐渐发展为庞大的社会建制,研究与发展成为一项重要的社会职业,科学技术活动日趋社会化、规模化和全球化,科技共同体表现出以下鲜活的当代性特征。

1.3.3.1 关注社会发展,关注为民众和社会服务的能力建设

随着科学技术的日新月异,科学在社会发展和人们生活中的作用也越来越大,科技政策咨询已经成为科技共同体工作中最重要的部分之一。一系列原先不被认为是科技共同体本职工作的领域开始变成共同体的核心任务和努力方向。

例如,近20年来,英国皇家学会利用自己独特的优势,充分发挥1000多位院士的聪明才智,在向政府、社会提供独立的、权威的科技政策咨询方面做出了卓有成效的业绩。皇家学会认为,科学技术对英国经济和社会发展至关重要,皇家学会的作用就是要使政府和公众真正认识到科学技术的重要意义。为此,皇家学会把科技政策咨询,特别是对争论性很强的科技问题提出独立见解和咨询意见视为该组织的基石。特别是近年来科学技术的发展出现许多不确定因素,相关风险呈现放大趋势,科技政策咨询比以往任何时候都更加必要和紧迫。皇家学会由于科学建议的独立性而受到社会的广泛认同,加之能够集中众多科学家的聪明才智,皇家学会已经被认为是英国政府决策者们获得科技政策咨询资源的珍贵渠道。

在德国,作为最大的科学研究组织,亥姆霍兹联合会(Helmholtz

Association of German Research Centres)是德国政府着眼于人类社会发展制定科学政策的重要合作伙伴。2009年,亥姆霍兹联合会担任了德国科学组织联盟的协调人和代言人。亥姆霍兹的科学家还受联邦经济技术部的委托,拟定了一份联邦政府有关"可持续发展能源"政策的、广泛分析研究需求的、具有新视角和指导性的文件。

1.3.3.2　开始进入外交领域,成为本国"科技外交"的中坚力量

英国皇家学会和美国科学促进会于2009年6月在伦敦共同举办"科技外交前沿"国际论坛,英国政府首席科学顾问约翰·柏丁顿(John Beddington)和美国国务卿克林顿的科学顾问尼娜·费多罗夫(Nina Fedoroff)参与了研讨,并且交流了对科技外交的看法。2008年2月14日,美国国家科学理事会作为国家科学基金会的决策机构,发表了名为《国际科学与工程伙伴关系——美国外交政策与国家创新体系的优先领域》的报告。报告中,国家科学理事会针对美国的外交政策以及创新体系如何构建、国际科学技术与工程合作关系等问题提出了战略目标与建议措施。

日本自安倍政权开始已将科技外交上升至国家战略层面。综合科学技术会议是由首相负责的最高科技政策决策机构,该机构明确提出:振兴科学技术是重要的国家战略之一。日本在资源和能源方面都先天不足,如果想保持国际竞争力,必须要振兴科学技术,尤其是要在能源领域和环境领域具备领先世界的高科技能力。它们都是国际合作的软实力,应积极加以利用这些富有价值的外交资源。

非常值得关注的新变化是:在新世纪的国际舞台上,国家间的民间科技外交在整体外交布局中成为不可或缺的重要组成部分。日本科学技术振兴机构、英国皇家学会、美国科学促进会、德国洪堡基金会等民间机构或半官方机

构与政府部门进行了紧密合作,它们通过战略性的国际科学技术交流合作,为各国新型总体外交发挥了重要作用。

1.3.3.3 灵活调整学科战略,尝试新途径提升科研能力,强化工作绩效管理系统

针对新世纪新世界不断变化的形势,国际科技共同体审时度势,积极调整学科和发展战略已成为潮流。例如1999年德国马普学会系统评估已经实现了相关基金和聘任委员会的调整,为学会的远景规划确立了更加宽泛和宽松的基础。所有三个学部均设立了远景委员会,专门考察科学研究所涉及的整个学部的方案。另外,马普学会也积极开辟新途径以获取科研资金。比如,在创办新研究所方面,尤其是埃尔兰根(Erlangen)的马普光物理研究所,马普学会得到了由所在地提供的可观的特别资金支持,而建立特殊型的"新研究所"是扩大马普学会投资组合的又一种手段。德国的亥姆霍兹联合会在评估过程中,各研究领域的"成就"和"研究计划"均被提交到受委托的国际独立专家委员会,专家则根据"科学杰出"和"重要战略意义"标准对各个项目进行评价。

美国国家标准与技术研究院(NIST)通过标准的计量科学、计量服务以及技术评估,提高美国制造业的创新力和竞争力。其制造业扩展伙伴关系项目旨在为中小型制造商提供服务,制造工程实验室,进行绿色制造领域的研究。2007年创立技术创新计划的目的是支持、促进和加速资助美国迫切需要的高风险、高回报领域的研究创新。

英国生物技术与生物科学研究理事会(BBSRC)早在2010年就提出了未来五年的战略规划,确定了之后五年中BBSRC的优先领域、资助重点等,反映出英国希望领导21世纪生物科学研究,促进生物科学由基础研究向产业化发展的意愿与信心。规划也强调了开拓新的工作方式的重要性,指出需要改进

相关科学研究工具和技术方法,使科学家能够面对新的、日益复杂的科学问题,紧跟技术的发展,充分利用下一代互联网技术和适用于生物科学的定量计算方法。战略中还提出了利用工作绩效管理系统对战略的执行和进展情况进行监管的问题。

1.3.3.4 共同体进一步扩大国内与国际战略协同伙伴关系

在德国的科学体系中,大学是亥姆霍兹联合会最重要的合作伙伴,合作形式多种多样:从进行有时限合作项目研究的80多个虚拟研究所和由7个"推进与联合基金"自主的"亥姆霍兹联盟",直至在大学校园里创办的长期机构,如卡尔斯鲁厄技术研究所(KIT)。该联合会将来的规划是要强化在大学和亥姆霍兹中心之间的其他合作形式,如于利希研究中心与亚琛工业大学之间建立的"于利希-亚琛研究联盟"(JARA)、海德堡癌症研究中心与海德堡大学分子生物学中心之间的研究联盟等。亥姆霍兹联合会利用这些"战略伙伴关系"进一步推动了科学系统的联合。另外,联合会也成功参与了欧盟第七研究框架计划,在欧洲研究基础设施战略论坛(ESFRI)路线图范围内,参与了44个重点项目中的18个,中心每年能吸引约4500位来自全世界的客座科学家。

2008年,首个纳米技术与纳米系统国际实验室(LR2)由法国科学研究中心、法国两所大学与加拿大一所大学、加拿大蒙特利尔国家科学研究院共同组成,为纳米技术提出新概念和规划纳米领域的发展。欧盟各成员国的科技共同体成员也组建了欧盟研究区,整合欧盟各国科技资源、优化资源配置来大力发展知识型经济。

2010年,来自八国集团的科学研究资助机构第一次联合起来共同寻找解决某些全球性问题的方法。来自加拿大、法国、德国、日本、俄罗斯、英国和美国的科研资助机构已签订协议,将聚集世界上最优秀的研究人才来解决21世纪面临的最大挑战。八国集团研究资助项目将为研究人员提供前所未有的跨学科的合作机会,致力于解决包括气候变化、能源、水资源、环境和自然灾害在内的重大全球性挑战。加拿大自然科学与工程研究理事会(NSERC)、法国国家研究署(ANR)、德国研究基金会(DFG)、日本科学促进会(JSPS)、俄罗斯基础研究基金会(RFBR)、英国研究理事会(RCUK)以及美国国家科学基金会(NSF)作为筹资机构支持该计划。

1.3.4 后经济危机时代科技共同体发展趋势

经济学家们在创新研究中发现,经济波动的长周期与生产过程中的创新和新产品的引入密切相关,每一个长周期都对应着一次技术革命的爆发和大规模扩散,进而引发整个社会的经济结构转变。以往的历史经验表明,全球性经济危机往往催生重大科技创新突破和科技革命,科技革新的力量促使一批又一批的新兴产业在战胜重大经济危机的过程中孕育和成长,并以其特有的生命力成为新的经济增长点,成为摆脱经济危机和创造新一轮繁荣的根本力量。

2008年以来,为了应对严重金融危机的冲击,防止经济大幅度下滑,世界各国都不约而同地想到了通过发展战略性新兴产业、促进科技创新来寻觅新的经济增长点。发展战略性新兴产业成为世界各国抢占新一轮经济和科技发展制高点的新核心战略。如果这些国家战略能够发育起来,可以预计,全球将进入又一轮创新密集和产业振兴时代。

根据中华人民共和国国务院2010年10月10日颁布的《国务院关于加快培育和发展战略性新兴产业的决定》中的描述,战略性新兴产业是指以重大经济突破和重大发展需求为基础,对经济社会全局和长远发展具有重大引领带动作用,知识技术密集、物质资源消耗少、成长潜力大、综合效益好的产业。

1.3.4.1 世界主要国家(组织)战略性新兴产业发展的要点扫描

1. 美国

美国政府在20世纪80年代初即开始在战略布局上大力支持新兴产业的发展,特别是为创造信息产业顺利发展的氛围,美国政府出台了一系列强力促进政策。2008年金融危机爆发后,在总额为7870亿美元的经济刺激方案中,战略性新兴产业内涵突出的医疗信息化、可再生能源、环境保护和节能项目都得到了高额投资,大气、航天、海洋等领域也特别受到关注。

美国总统奥巴马将科技创新看作振兴经济的重要"武器",特别把新能源作为带动美国经济复苏的"发动机"。根据奥巴马主政时期公布的能源政策,美国将逐步实现能源供给的战略转型,计划在未来10年投入1500亿美元资助风能、太阳能以及其他可再生能源研究;促使政府和私营部门投资于混合动力汽车、电动汽车等新能源制造技术。奥巴马主张,依靠科学技术开辟能源独立的新途径,在18年内把能源经济标准提高1倍,在2030年之前将石油消费降低35%,着力提高美国海洋能产业的国际地位。此外,美国还将发展智能电网产业,全面推进分布式能源管理。

美国正在产业战略设计上全力推动一场以新能源为主导的新兴产业革命,目标是为未来长期的经济繁荣打下基于创新技术实现持续发展的基础。

2. 英国

英国若想实现顺利"脱欧"的目标,如何保持科学研究的世界一流地位,是主要政府决策机构和科技共同体关注的重点。为此,英国政府表示,需要继续和强化推进研究与创新体系改革,旨在构建更高效的资助体系;要更加注重国际科技合作,一大挑战是如何保持和加强与欧盟和欧洲的联系,并且计划制定新挑战性环境下的产业政策。第一步部署关注三个重点:大幅增加政府研发投入,稳定"科心";推出新的产业战略挑战基金,发展未来经济;建设富有竞争力的创新环境,保持吸引投资的优势。

目前的一种判断是:"脱欧"之后,英国将面临巨大的机遇与挑战,科学界有较大可能将进行大范围改革,科技创新体系改革、国际科技合作、新产业政策等措施,将直接对英国科学界的大目标(如增投入、留人才、促经济等)产生巨大的影响。另一种判断是:"脱欧"以后,英国将有可能在欧盟的统一规制以外开展更快、更多的人才引进和科研合作计划。

3. 欧盟

20世纪90年代后,欧盟确立了将造船工业、汽车工业、高技术制造业、IT产业等作为战略性新兴产业,并将IT产业作为经济发展的驱动力,带动工业结构调整优化,加速高科技产业的发展,重点支持研究与开发,加大创新投资的力度等。

21世纪前16年,欧盟在基础政策定位上特别强调发展低排放、高效能经济,低碳产业成为战略性新兴产业的重点。欧盟推出了全世界最全面的政策和措施,推广低碳项目,号召成员国大力发展低碳产业,同时还制定了碳排放指标,力推碳排放机制。

欧盟公布的第一阶段计划是:到2013年以前,投资1050亿欧元发展绿色经济,保持在绿色技术领域的世界领先地位。

2008年金融危机后,欧盟委员会的经济刺激计划主张:成员国在采取短期应对措施时应着眼于长期的结构性改革目标,将重点放在人才培养、基础设施建设、科研创新和节能环保等有助于提高欧盟经济长期竞争力的领域。

4. 日本

"二战"以后,资本技术密集型产业成为日本的战略性新兴产业。资本技术密集型产业带来的经济增长持续了30多年,到20世纪70年代末,日本进入了国际技术前沿的探索时期。20世纪80年代初,技术立国成为日本政府的奋斗目标,信息产业等多个明确的目标被确定,产业战略布局的整体竞争力得到了提高。

21世纪开始后,新能源开发、环保、信息通信、生物工程、节能和海洋开发、宇宙航空等产业被明确列入重点扶持产业目录。同时,日本政府连续制定了"环境能源基础创新计划""低碳社会行动计划""新经济成长战略""能源合理利用法""石油代替能源促进法",期望利用系列组合政策与法规的力量,全面促进新能源产业发展。

5. "金砖国家"

21世纪初以来,"金砖国家"(中国、巴西、印度、俄罗斯、南非)作为新兴经济体的突出代表,其增长之势相当强劲。2014年,其GDP总量已经占到了世界GDP总量的21.81%。但是,直到21世纪第二个十年开始,"金砖国家"的国际授权专利数占世界总数的比重还很小,在知识产权保护和专利发明方面与发达国家经济体之间仍存在较大距离,金砖国家的原始创新效率与发达国家相比整体上还有很大差距,金砖国家的高质量研究论文不及美国的10%。由此提出的战略思考和警醒在于:金砖国家在发展建设国家科技创新体系时,不能仅仅依赖于大规模的投入以拉动经济发展,更要重视创新效率和质量的战略研究。

"金砖国家"在科技政策工具的用法上具备很多共性,各国实施或拟实施的科技政策均涵盖了知识产权保护、科技组织、创新激励和科技创新潜力培养等方面,不可谓不全面。不过,由于各国存在政治体制、经济发展以及历史文化格局等方面的差异,五国政府的科技创新政策在目标、导向、方式和具体实施路径上侧重点各有不同,五国政府也都针对本国国情,颁布实施了一系列各具特色的科技政策。

从基本的判断来说,虽然水平与产业重点各有千秋,金砖国家普遍处于瞄准发达国家产业科技应用前沿的科技创新追赶期,所以都以集中协调型的科技体制为主。例如,《中、美、德、日及金砖国家科技政策制定、发展与导向之比较研究》第32卷中,指出中国与巴西分别出台了《(中国)国家中长期科学和技术发展规划纲要(2006~2020)》和《2007~2010年巴西科技与创新行动计划》,分别提出国家创新系统需要依托国家整体与区域之间个体有效协作、互动,以国家战略来确定创新技术发展方向的理念。印度将本国的科技发展战略作为国家社会经济综合发展战略的一个方面,虽然并没有单辟篇幅描述,不过在印度"五年计划"中,对科学技术事业发展做出了十分详尽的规划,以便各部门、机构制定具体的科技发展计划。俄罗斯和南非都制定了未来数年的科技发展战略规划,体现国家在发展科技创新事业的集中意志和理念,将科技创新提高到国家战略安全地位。

在科技基础设施投入方面,"金砖国家"普遍加大投入,通过采取大力支持技术中心、工业技术研究院、科技园、孵化器等创新平台建设的措施,建立并发展创新机构网络和科技中介服务体系。一个突出的发展战略特征是:在诸多产业领域,都由国家政府牵头,协调各种资源,努力实现区域间的创新发展,并追求加快科技创新的商品化步伐,提高科技成果转化的效率。

1.3.4.2 中国战略性新兴产业及战略功能区发展描述

2010年10月,国务院颁布了《关于加快培育和发展战略性新兴产业的决定》(以下简称《决定》)。《决定》表达了国家层面对培育和大力发展战略性新兴产业的高度重视,阐述了相应的指导思想、基本原则以及发展目标,并确定了节能环保、新一代信息技术、生物、高端装备制造、新能源、新材料、新能源汽车七大产业。《决定》中规划了中国战略性新兴产业发展分三步走的策略:到2015

年,战略性新兴产业形成健康发展、协调推进的基本格局,对产业结构升级的作用显著增强,增加值占国内生产总值的比重力争达到8%左右。到2020年,战略性新兴产业增加值占国内生产总值的比重力争达到15%左右,吸纳、带动就业能力显著提高。节能环保、新一代信息技术、生物、高端装备制造产业成为国民经济的支柱产业,新能源、新材料、新能源汽车成为国民经济的先导产业。到2030年前后,战略性新兴产业的整体创新能力和产业发展水平达到世界先进水平,为经济社会可持续发展提供强有力的支撑(刘泉,2010)。

面对2008年国际金融危机的冲击和由此伴生的社会发展转型,中国政府出台了一系列扩内需、保增长的政策措施。除确定若干战略性新兴产业,争取占领国际产业科技制高点外,还从2008年起密集批复并实施了20余个主体功能区的发展规划,其目的表述为:在科学发展观指导下,根据资源环境的承载力、开发条件和潜力,确定能够体现区域经济特色的战略目标定位,并对产业布局、基础设施、生态环境和社会发展做出统一的、合理的部署和规划。

继2008年广西北部湾经济区发展规划获得国务院批复,2009~2010年涌现了20余个国家级主体功能区规划。它们分别是"珠江三角洲地区改革发展规划""江苏沿海地区发展规划""关中-天水经济区发展规划""辽宁沿海经济带发展规划""海峡西岸经济区发展规划""横琴新区发展规划""图们江区域合作开发规划纲要(以长吉图为开发开放先导区)""黄河三角洲高效生态经济区发展规划""鄱阳湖生态经济区发展规划""皖江城市带承接产业转移示范区发展规划""甘肃循环经济示范区发展规划""海南国际旅游岛发展规划""青海柴达木循环经济区试验发展规划""沈阳经济区发展规划""长江三角洲地区区域规划""山东半岛蓝色经济区发展规划""东北地区振兴规划""大小兴安岭林区生态保护与经济转型规划""浙江海洋经济发展示范区规划""成渝经济区区域规划",范围之广以及政策出台之密集均是前所未有的。

2010年6月国务院常务会议通过《全国主体功能区规划》(2010~2020年)，该规划将国土空间划分为优化开发、重点开发、限制开发和禁止开发四类区域，并明确了各自的范围、发展目标、发展方向和开发原则。该规划根据不同区域的资源环境承载能力、现有开发强度和发展潜力，统筹谋划未来人口分布、经济布局、国土利用和城镇化格局，确定不同区域主体功能，并据此明确开发方向和政策，推进形成主体功能区。

根据2010年版《全国主体功能区规划》的战略转型意图，国家优化开发的城市化地区要率先加快转变经济发展方式，着力提升经济增长质量和效益，提高自主创新能力，提升参与全球分工和竞争的层次，发挥带动全国经济社会发展的龙头作用；国家重点开发的城市化地区要增强产业和要素聚集能力，加快推进城镇化和新型工业化，逐步建成区域协调发展的重要支撑点和全国经济增长的重要增长极；东北平原、黄淮海平原、长江流域等农业主产区要严格保护耕地，稳定粮食生产，保障农产品供给。

与此同时，国家也在继续增设综合配套改革试点，包括上海浦东新区、天津滨海新区、重庆两江新区、武汉城市圈、长株潭城市群"两型社会综合改革区"、深圳综合改革区、沈阳经济区、山西省"国家资源型经济转型综合配套改革试验区"、"京津冀都市圈"、河南省"大中原经济区"、新疆生产建设兵团"主体功能区规划"、"陕甘宁革命老区振兴发展规划"等，并出台了若干针对区域经济社会发展的指导意见。综合配套改革试验区设立的核心在于"综合配套"，其宗旨是要改变多年形成的单纯强调经济增长的发展观，要从经济发展、社会发展、城乡关系、土地开发和环境保护等多个领域推进协同改革，形成相互配套的管理体制和运行机制。

从以上国家规划资料可以看出，中国区域发展的又一轮新格局正在规划实施下形成，即西部提速、东北攻坚、东西互动、中部拉动。"十二五"期间中国经济格局产生了新的变化,作为经济重心的东部沿海地区,各区域发展差距将进一步缩小,整体实力继续提升。处于沿海的后发展地区将加快开发,沿海经济重心将逐步由南向北适度转移。区域经济进入"多引擎时代",除了沿海三大都市圈外,成渝城市圈、武汉城市圈、皖江城市带、中原城市圈、关中城市圈、太原城市圈、长株潭城市圈、辽中南城市群都将进入活跃发展期,城市圈内部一体化进程加快,形成多极化的、辐射带动力强的多个区域增长"引擎"。

不过,在短暂而密集的规划热潮过后,主体功能区的布局戛然而止。2013年,随着中共中央和中华人民共和国国务院新一届领导班子的产生,战略布局思路有所调整。2015年7月4日,国家发展和改革委员会发布《国家级区域规划管理暂行办法》(以下简称《办法》)。该《办法》分总则、立项管理、规划编制、审批实施、评估修订、附则6个章节,旨在根据区域发展总体战略和经济社会发展需要,合理确定国家级区域规划的编制时序和规模,从严控制国家级区域规划的编制数量,严格履行立项程序。《办法》明确提出:经历了2009～2011年的密集批复后,区域规划不再集中铺开。

2013年9月和10月,中国政府先后提出共建"丝绸之路经济带"和"21世纪海上丝绸之路"的重大倡议,将"一带一路"建设定位为中国未来"走出去"战略实施的主战场。伴随"一带一路"倡议的发布,区域发展规划由内部特征的主体功能区转向外部性特色的"自由贸易区"以及占中国接近人口和经济总量半壁江山的"长江经济带"。

2013年9月,上海自贸区率先设立;2015年4月,广东、福建、天津自贸区设立;2017年3月,辽宁、浙江、河南、湖北、重庆、四川、陕西自贸区设立。至此,共有11个自贸区在中国大陆设立。2016年9月,《长江经济带发展规划纲要》正式印发,确立了"一轴、两翼、三极、多点"的规划布局,即以长江黄金水道为轴,发挥上海、武汉、重庆的核心作用,利用沪瑞、沪蓉南北两大运输大通道的作用,建设长江三角洲、长江中游和成渝三大城市群。经济带覆盖上海、江苏、浙江、安徽、江西、湖北、湖南、重庆、四川、云南、贵州共11个省市。

"十三五"的开局特色是形成了非常明显的走向国际社会的外向战略。基于明确的发展战略方向的转型,作为创新型社会建设非常核心推动力量的科技共同体及相关的研究与产业科技体系,如何实践科技与"走出去"战略和"一带一路"建设紧密结合,不仅关系到"十三五"时期中国科技发展国际水平的主动作为,更关系到"一带一路"建设的成效与发展前景,这似乎已经成为中国科技共同体必须面对的新使命和命运中的新里程。

1.3.4.3 新使命下科技共同体的形势认知

在大尺度技术革命进程中主导技术的更替上,已经发生的更替分别以机械、电力、电子技术为前三次技术革命的主导,主导技术往往很清晰、单纯。当前正在发生的技术革命则明显复杂且多元,起主导作用的已不是某一项或某一类技术,而是由信息、生物、材料、能源等组成的主导技术群落,并且各个技术群落之间相互联系和渗透,出现了纳米技术、生物技术、信息技术和人工智能技术的汇聚和融合。科技资源全球流动,跨国公司研究开发全球布局,以"大科学"项目为标志的国际科技交流与合作加强,集成创新成为重要的创新方式。

目前,新的革命性技术突破正在孕育之中,全球经济竞争格局正在发生深刻变革。西方发达国家已经大力推动战略性新兴产业的发展,中国如果要在未来国际经济竞争格局中不处于劣势,必须加快培育和发展战略性新兴产业。2008年国际金融危机爆发后,在国际主流国家和区域联合体大幅度调整产业布局的背景下,为了防止不同地方板块追求经济发展而造成的产业投入和布局无序、无限度开发资源和产出产品,国家对区域规划进行了一系列探索,希望明确每一个地方单元的定位、目标、工业和生态布局,以及在国家战略中的地位,形成以特色资源与优势动能为依据的"区隔＋整体"组合的模式。

中共"十八届五中全会公报"提出:必须把发展基点放在创新上,形成促进创新的体制架构,塑造更多依靠创新驱动、发挥先发优势的引领型发展。培育发展新动力,优化劳动力、资本、土地、技术、管理等要素配置,激发创新创业活力,推动大众创业、万众创新,释放新需求,创造新供给,推动新技术、新产业、新业态蓬勃发展。拓展发展新空间,形成沿海沿江沿线经济带为主的纵向横向经济轴带,培育壮大若干重点经济区;实施网络强国战略,实施"互联网＋"行动计划,发展分享经济,实施国家大数据战略。深入实施创新驱动发展战略,发挥科技创新在全面创新中的引领作用,实施一批国家重大科技项目,在重大创新领域组建一批国家实验室,积极提出并牵头组织国际大科学计划和大科学工程。

在这种新的形势牵引下,科技共同体调整好发展战略以适应时代的变化就显得尤为重要。从宏观方面来看,科技共同体的新战略需要抓住时机,融入战略性新兴产业的发展,增强自主创新能力,促进中国早日成为创新型国家,用先进技术支撑和促进资源节约型、环境友好型社会的建设;从中观方面来看,科技共同体应快速从学院科学的自足型圈子里走出来,切实有效地融入区域经济的发展,发挥科技创新的主体优势,加速促进中国从生产要素和投资驱动向创新驱动型经济发展战略的转变。

第2章
科技共同体的内涵演化与结构体系研究

2.1 科技共同体的概念及其内涵

"科技共同体"概念的提出是科学、技术自身在现代社会形态下实现了高度组织化发育的阶段性结果,也是现阶段人类文明对科学、技术与社会的研究进一步深入、认识进一步深化的结果。本章借鉴社会学、科学社会学、科学哲学、技术哲学、科学史、技术史等相关学术领域的研究成果,对"共同体""科学共同体""技术共同体"等概念做一简明辨析,希望能够理清"科技共同体"概念历史发展的脉络,界定"科技共同体"概念的基本内涵。

2.1.1 科技共同体概念的辨析

2.1.1.1 共同体

"共同体"作为一个社会学基本概念,在很多领域得到了广泛使用,并在此基础上衍生出一系列的相关概念,例如政治共同体、经济共同体、利益共同体等,当然也包括与本研究密切相关的"科学共同体""技术共同体""科技共同体"。

中文"共同体"概念对应的英文单词为"Community"。德国社会学家滕尼斯(Ferdinad Tonnies)在1887年出版的《共同体与社会》(Gemeinschaft and Gesellschaft)一书中将"共同体"(Community)与"社会"(Society)做了区分,一般认为,他是最早将"共同体"从"社会"概念中分离出来并作为一个基本的社会学概念来表述的人。在《共同体与社会》一书中,滕尼斯用"共同体"表示建立在自然情感一致的基础上、紧密联系、排他的社会联系或共同生活方式,这种社会联系或共同生活方式产生关系亲密、守望相助、富有人情味的生活共同体。根据滕尼斯的观点,"共同体"不是各个部分相加的总和,而是一个有机的整体。而与之相对应的"社会"是一种"人的群体,他们像在共同体里一样,以和平的方式相互共处地生活和居住在一起,但基本上不是结合在一起,而是分离的"。社会应该被理解为一种机械的聚合和人工制品。

"共同体"这一基本概念在历史发展过程中,其政治、经济与社会意义不断得到扩展,概念的内涵也实现了多次转型,呈现出一种"脱域性"趋势。在滕尼斯的界定中,共同体主要是以血缘、感情和伦理团结为纽带自然生长起来的,其基本形式包括亲属(血缘共同体)、邻里(地缘共同体)和友谊(精神共同体)(张志旻 等,2010)。随后这个概念在社会的各个领域不断得到广泛使用,美国社会学家乔治·希勒里(Hillery G. A.)在其1955年发表的《共同体定义:共识的领域》(Definition of Community: Area of Agreement)一文中,对94个"共同体"定义进行了系统规范的统计分析,并指出,除了人包含于"共同体"这一概念之外,有关共同体的性质,并没有完全相同的解释(Hillery,1955)。

现在,由"共同体"衍生出来的概念不计其数,"共同体"概念的内涵和外延也更加难以界定,"共同体"已成为了包含地理区域、地域性社会组织、共同情感和互动关系等特征的更为广泛的概念。一般来讲,共同体通常被描述为两种类:一是地域性类型(如村庄、邻里、城市、社区等地域性社会组织);二是关系性类型(如种族、宗教团体、社团等社会关系与共同情感)。其中,共同体的关系性类型显得愈来愈突出,例如美国社会学家费舍尔(Fischer)认为,"共同体"应以亲密的社会关系性质来定义,而不是以地理范围来界定(Fischer, 1975)。

今天,共同体作为一个社会学基本概念,其基本内涵主要包括两个方面:一方面,共同体是能够满足个体需要的途径,其成员之间通过彼此交流,彼此认同,产生归属感,从而形成维系共同体存在的基础;另一方面,共同体呈现出一种强烈的精神特质,其成员具有共同的目标、共同的信念、共同的价值和共同的规范,具有超越个人的"集体精神"(张志旻 等,2010)。社会学家鲍曼指出,"共同体"不是一个已经获得和享受的世界,而是一种我们热切希望栖息、希望重新拥有的世界。这是一个失去了的天堂,或者说是一个人们还希望能够找到的天堂(齐格蒙特·鲍曼,2007)。

很显然,本书所讨论的"共同体"并非地域性类型的共同体,而是关系性类型的共同体,后续研究也将在此"共同体"基本内涵的基础上对科技共同体的内涵进行界定。

2.1.1.2 科学共同体

1942年,英国科学家和哲学家米切尔·波兰尼(Michael Polanyi)在《科学的自治》(The Logic of Liberty:Reflections and Rejoinders)这篇文章中,首次引入"科学共同体"这个概念,波兰尼是基于科学的自主性过程而引出的这一概念表达。在这篇文章中,波兰尼是这样描述科学共同体的:"今天的科学家不能孤立地从事其行当。他必须在某个机构框架内占据一个明确的位置。一位化学家成为化学职业中的一员,一位动物学家、数学家或心理学家属于一个由专业科学家构成的特殊群体。这些不同的科学家群体合起来形成'科学共同体'。"(Polanyi，2013)可见，波兰尼认为的科学共同体就是由不同领域、不同专业的科学家共同组成的群体。继波兰尼之后，默顿(Merton)和库恩(Kuhn)都从社会学角度对科学共同体进行了阐述和研究，形成两种重要的研究范式。

默顿的"科学共同体"概念是在科学交流的意义上引入的。默顿借用"共同体"概念来说明"科学共同体"，通过分析科学家群体互动的特征，说明了科学共同体对科学知识的作用。默顿理论中的"科学共同体"概念有两层含义：第一层含义是指科学共同体的主体是从事科学事业的科学家群体；第二层含义是指科学共同体通过科学交流维系其存在，科学家参与成果交流各个环节并对科学成果进行评价、分配、承认，保证科学这一社会系统的有效运行(默顿，1982)。

与默顿理论相对应的是库恩关于"科学共同体"的研究，库恩把"科学共同体"当作科学活动的认识主体和社会主体，从科学发展模式的角度阐明了科学共同体的规范形式。在《必要的张力》一书中，库恩明确提出："科学共同体是由一些学有专长的实际工作者所组成的。他们由他们所受教育和训练中的共同因素结合在一起，他们自认为也被认可为专门探索一些共同的目标，也包括培养自己的接班人。这种共同体具有这样一些特点：内部交流比较充分，专业方面的看法也比较一致。同一共同体在很大程度上吸收同样的文献，引出类似的教训。"(库恩，2004)

默顿和库恩对于科学共同体的研究奠定了科学社会学的基本理论前提和理论框架，促进了科学社会学的繁荣与发展。默顿和库恩对于科学共同体的理论虽然有较大的差异，但是两者对于"科学共同体"概念所指意义相同，即泛指"从事科学活动的人群"，只是不同的科学观导致两者对于"科学活动的人群"赖以存在的方式的理解上存在差异。默顿注重的是科学作为一种社会建制的性质,在对科学共同体规范结构的阐述上,默顿坚持了以文化结构为中心的社会学思想,因此他的科学社会学主要是研究科学家的社会角色,科学活动的社会结构和社会关系,也就是研究社会规律在科学行为中的运行特征,它不是直接研究科学知识本身的。库恩注重的是科学的知识属性。库恩的科学世界是一个知识的世界,他所关心的是这个知识世界的内在运行规律:一种反对积累式、提倡革命式运行规律的进步模式。

综上所述,科学共同体是由从事科学研究的科学家组成的,作为具有共同信念、共同价值、共同规范的社会群体,具有自主性的特征,从而区别于一般的社会群体和社会组织。

2.1.1.3 技术共同体

随着技术的体制化,对于"技术"研究的深入,以及技术史、技术哲学等相关学科的发展和成熟,1980年美国技术史学家康斯坦(Constant)最早提出了"技术范式"和"技术共同体"概念。"技术范式"即根据一定的物质技术以及从自然科学中推导出的一定的原理,解决一定技术问题的模型或模式。康斯坦将"技术共同体"看作技术认识的主体,由以共同的"技术范式"为基础形成的技术专家群体组成,其任务是在"技术范式"指导下从事技术解题活动。

而学者张勇等则基于现代技术共同体运行特征认为:"我们已经进入大科学高技术时代,技术所显示出来的威力越来越大,技术与社会的互动之网也越来越复杂,技术共同体有着更广泛的含义。广义的技术共同体是由与从事技术工作(研究、开发、生产、销售、管理等)相关的人员,包括工程师、技术专家、政府官员、资本家、技术人员等组成的人类集合体。这种技术共同体中的技术主体角色是多样化的。"(张勇 等,2003)在此广义的技术共同体概念基础上,通过将技术共同体与科学共同体进行对比,提出了技术共同体的一些基本特征:①"技术共同体"与"科学共同体"都属于社会的亚文化群,具有自己独特的行为规范和价值构成。"技术共同体"之所以成为社会的亚文化群,是因为它具有与一般群体或组织不同的精神气质,信奉、约束于某些特定的规范和价值标准。随着技术的发展,这些独特的行为规则和价值规范不断超越种族、地域、文化和语言的障碍,在世界范围内趋同。②"技术共同体"也存在社会分层。在"技术共同体"内部,做出重大技术发明或技术创新者,将会处在共同体的上层,成为技术时代的技术精英,而一般的技术人员则处在"技术共同体"的下层。"技术共同体"是一个等级制的社会结构。③"技术共同体"中同样存在"马太效应","马太效应"是普遍存在的一种社会现象,但"技术共同体"中的"马太效应"相对于"科学共同体"而言,没有那么严重。这主要是由于"技术共同体"主体存在多元化,对技术成果的奖励也是广泛的,只是在资源分配和成果承认、奖励上,共同体偏向知名人士和有突出贡献的技术专家和工程师。

综上所述,"技术共同体"概念与"科学共同体"概念以及相关研究存在着某种程度的对应和联系,而且已经成为学术界比较认可并广泛使用的概念。虽然不同的学者对于该概念内涵的理解稍有不同,从而有广义和狭义之分,但核心部分指的是在一定范围与研究领域中从事技术研究、开发、生产等的工程师、技术专家和技术人员,他们具有比较一致的价值观念、知识背景,通过交流维系在一起,从而形成一个整体。

2.1.2 科技共同体内涵的界定

本研究所使用的基本概念为科技共同体,这个概念并不是"科学共同体"和"技术共同体"的简单相加,而是科学技术发展的一种有机协同集合的结果,也是以科学技术为主题的相关研究进一步深入融合的结果,下面就从这两个角度做进一步的描述与界定。

2.1.2.1 当代的科学技术呈现一体化趋势

在现代科学时代,科学研究的形式发生了新的变化,科学越来越成为"大科学",呈现科学技术一体化融合的趋势。这种一体化是在科学和技术向对方渗透和融合的基础上出现的,科学技术化和技术科学化就是蕴含在这种一体化中的两个相辅相成的趋势。科学技术化主要指科学越来越离不开技术的支撑,而且向技术转化的速度越来越快。技术科学化是指20世纪中叶以来出现的高技术都是以最深厚的现代科学理论为基础的,具有极高的科学含量和知识含量。科学和技术的一体化则是指科学和技术的关系越来越密切,清晰界限越来越模糊的现象,从而形成科学技术连续体。因此正如我们今天很难一刀两断区别科学和技术一样,也很难去单独谈论科学共同体和技术共同体,而科技共同体正是科学与技术融合趋势下的产物。

2.1.2.2 当代的科学技术呈现社会化趋势

从19世纪下半叶开始,由于产业革命已经使机器生产代替了手工的业余劳动,科学技术逐渐进入大学和工业的实验室,从而使得科学技术不再是个人的业余爱好,而是成为一种集体的事业。20世纪中叶以后的一些大科技计划如"曼哈顿工程""阿波罗登月"等工程的实施,更是突破了传统的科学技术组织形式,在国家甚至国际层面上进行多学科、多部门的合作研究,揭开了大科学技术时代的序幕。

随着科学技术蓬勃发展,越来越多的社会因素也开始渗入科学技术领域,科学技术这个智力领域日益显示出社会化的特点。主要表现为:① 科学技术研究人员个体的社会化。随着科学技术研究活动规模的扩大,科学技术研究工作已经成为一种有报酬的社会职业。这是科学家和技术研究人员个体社会化的标志。而围绕这种职业形成的资格要求和社会化的培训,更是加剧了这种社会化趋势。② 科学技术建制的社会化。英国科学家贝尔纳在其《科学的社会功能》一书中谈到,从19世纪中期开始,科学已经不知不觉地成为一个可以同宗教或法律机构相提并论,甚至更为重要的机构了,它也同这两种机构一样,是依存于现存的社会制度的(贝尔纳,1982)。科学技术建制的社会化已成为大科学、大技术、大生产时代科学研究活动的主要特征。③ 科学技术影响力的社会化。科学技术的高度发展对当今社会经济、政治产生了巨大影响,从而形成直接导致人们的生活方式和社会结构发生变化的巨大能量。④ 科学技术发展方向建构的社会化。在经济全球化背景下,任何国家(地区)的科技发展战略方向,不仅取决于自身的局部需求,更取决于整个国家甚至全球利益。⑤ 科学技术内容的社会化。科学技术内容的社会化表现为现代科学技术与人文社会科学日益紧密结合。今天我们面临的经济、社会发展等各种问题具有高度综合性,不仅需要自然科学内部各学科的协同配合,而且需要自然科学与人文社会科学的协同配合才能解决。生态学、管理学、城市学、预测学等产生于自然科学和社会科学交叉的科学,均呈现旨在把自然科学中的课题同时作为社会现象和社会问题加以研究,把社会科学和自然科学结合成为一个整体的内涵要求,体现了包括社会科学在内的现代科学技术发展的高度整体化趋势,也体现了现代科技内容的社会化趋势。

2.1.2.3 "社会"已经成为科学技术研究领域的一个重要维度

与科学技术相关联的研究学科有科学史、技术史、科学哲学、技术哲学、科学社会学和技术社会学、科技政策学等。美国社会学家默顿早在1938年出版的《十七世纪英国的科学、技术与社会》一书中,即开创了科学的社会史研究先河,提出了从科学的外部考察科学历史的观点,主张科学史应研究科学概念和理论产生的外部社会经济因素及科学对社会的影响,这种"外史论"与侧重在科学内部,着重研究科学理论发生、发展、更替的内在逻辑和过程的"内史论"形成了鲜明的对比。

在技术史领域,怀德(Lynn White Jr.)在《中世纪技术与社会变化》一书中论述了技术的成果与社会情境(例如,封建主义和骑士制度的兴起)之间的关系。休斯(Hughes)在《电力网络》一书中考察了电力系统的技术发展与政治、经济因素的关系,认为技术系统通常会嵌入社会情境中。

在科学哲学领域,以库恩为代表的历史主义学派,把科学哲学置身科学史的坚实基础上,并且引进社会心理因素,促进了科学哲学与人文科学、社会科学的联系,形成了一种新的观点和视角。新历史主义代表人物之一瓦托夫斯基(Wartofsky)提出了系统的"历史认识论",揭示了认知模式同人类社会历史实践形式的内在联系,认识到社会、经济、政治、文化等条件对于科学发展的影响。

技术哲学的研究大体经历了三个阶段:第一阶段主要研究具体技术的产生和发展,着重讨论技术的本质、技术设计、技术结构等问题;第二阶段主要研究技术发展的一般规律、技术的价值等问题;第三阶段人们开始深入研究技术与自然、技术与经济、技术与文化、技术与心理、技术评估等问题,探讨与技术有关的各个方面,从整体上把握技术。20世纪中叶以来,大致对应于技术哲学的第三阶段,形成了技术哲学的三种学派。西欧学派以德国和法国为代表,德国成了"技术分析哲学"的研究中心,法国的技术哲学则侧重于技术伦理学的讨论。英美学派的技术哲学着重对技术进行社会学及历史方面的探讨。苏联东欧学派注重技术进步与社会发展之间关系的研究,其所提出的科学技术革命论,重点研究现代科学技术革命的基本范畴、科学技术革命与社会的关系、对人类社会的影响等。在日本,通常以技术论的名称对技术哲学进行研究,技术与社会的关系是研究重点,旨在对现实技术发展的基本理论观点做出恰当评价。而科学社会学、技术社会学的兴起,更是从社会学角度研究科学、技术问题,凸显了社会因素的重要作用。

科学技术相关研究领域的繁荣和发展,一方面,反映了当代科学技术对社会的巨大影响,这已受到社会的普遍关注而得到了深入研究;另一方面,随着研究的深入和研究视角的多元化,也反映了人们逐渐认识到社会与科学技术之间的关系,对于科学技术有了更深入的认识。总的认知趋势是:已经无法脱离社会情境来孤立地讨论科学技术,这是对科学技术发展进一步认识的结果。

综上所述,在当代科技一体化的社会情境下,要想人为地将科学、技术进行区分来讨论科学共同体、技术共同体,已不太现实;而在科学技术社会化背景下,强制性地将共同体内的人员限制为一部分直接从事科学研究,一部分从事技术研究,一部分从事工程化实现是不合适的,与今天科学技术研究工作的职业化融合态、社会分工的高度细分化、跨界交叉也经常是不相符的。

本研究所界定的科技共同体是指承担科技活动(既包括直接的科学技术研究,也包括相关的科技管理与科技服务)的主体,它是社会大系统的一个子系统。一方面,其内部成员之间通过交流、合作以及相互竞争,形成相应规范结构和社会运行机制,维护自身的稳定性;另一方面,社会是一个有机体,各要素相互联系,共同作用,联结成一个整体。科技共同体作为社会大系统的一个子系统,与社会经济系统相互作用、相互影响。

对于科学技术的社会研究,随着研究视野不断拓宽,研究视角也在不断丰富。科学共同体、技术共同体朝向科技共同体概念的演变,正是顺应这一历史发展趋势的结果。在今天后学院化的大科学时代,科技一体化的趋势使得科学、技术之间的界限逐渐模糊,已经较难从社会建构的角度将科学共同体、技术共同体严格区分开来。学术研究由于历史传承和演化的关系,同样的概念在不同的历史时期,具有不同的内涵,但在今天的科技高度融合的社会语境中,这两者在很大程度上已具有相同的内涵,因此,后文表述时不再特别区分科学共同体、技术共同体、科技共同体的概念,而是视其表述语境或历史表达来使用。

另一个与科学共同体、技术共同体容易混淆的概念是"科技社团"。通常,科技社团是指由科技工作者自愿结合组成的群众组织,是一种平等互利的组织,具有具体的组织结构和组织形态。正如我们将英国皇家学会看成是科学的社会建制、科学共同体形成的标志一样,科技社团是科学共同体、技术共同体的具体表现形式之一。但是它和科学共同体、技术共同体等概念的侧重点各有不同。这种差异正如"组织"与"共同体"两个概念之间的差异,科技社团更加侧重于组织结构和形态,强调社会地位和法律意义,更加实体化;而科技共同体、技术共同体等概念则更加侧重于整体性,强调跨越了具体的组织结构和形态的更加抽象化的系统。

2.2 科技共同体的演化研究

2.2.1 科技共同体的历时性演化过程

科技共同体作为一种社会组织的演化,是伴随着作为科技共同体个体的科学家社会角色的形成,以及由科学家集团开展的科学活动逐步建制化的,在世界范围内,这一演进也反映出科学中心不断转移的路径。科学活动社会建制初步确立的标志,是17世纪英国皇家学会的成立。

2.2.1.1 科学家角色的形成

著名的波兰社会学家兹纳涅斯基(Znaniecki)1940年在《知识分子的社会角色》(The Social Role of the Man of Knowledge)一书中讨论了有知识的人在社会中的角色。他尽管在论述中将自然科学学者专门列出来,而且在许多地方把知识分子和科学家等同起来,但他的论述为分析科学家的角色提供了重要的出发点。科学家是在历史上出现很迟的社会角色,19世纪中叶以前,英语中并没有"科学家"这个词,维多利亚时期知识界的著名代表人物威廉·休厄尔(William Sewell)创造了许多与科学有关的词汇,其中包括"科学家"(Scientist)这一重要名词。在休厄尔创造了这个名词以后,许多从事科学研究的人实际上并没有被描述为科学家,科学家社会角色的出现和他们被社会正式承认有一个较长的历史过程。那么在这个过程中,科学家的社会角色是怎样出现并形成的呢?

对这个问题进行比较系统研究的人是社会学家约瑟夫·本·戴维(Joseph Ben David),他在《科学家在社会中的角色》(The Scientist's Role in Society)一书中指出,近代科学活动和科学家的社会角色是经过几个世纪的发展才出现在西欧的若干国家之中的,到了19世纪以后,这种科学活动及科学家角色才被传播到世界其他地方。他认为,科学家社会角色的出现以及这种角色所进行的各种活动是科学知识积累的基本原因。在近代科学家角色出现以前,历史上科学知识的发展常常是不连续的,这是因为科学活动是在没有固定的社会角色及特定的社会圈子的情况下进行的。

在上古时代的欧洲传统型社会，具有知识、创造知识以及对早期的科学发展做出贡献的人，通常是各类技术人员和自然哲学家们，技术人员不仅包括工匠、工程师、建筑师、医生，还包括占星术士、炼金术士等，如阿基米德；哲学家是对古代科学做出贡献的另一大类人，他们之中并不是所有的人都对自然现象感兴趣，但不乏具有科学气质、渴望了解自然的人，他们通常被称为自然哲学家，如毕达哥拉斯。他们都没有专门化的科学家角色，也没有把科学本身当作目的来对待，某些个人确实对科学产生了兴趣，甚至完成了很重要的科学工作，但他们不具有科学家的社会身份，也没有进行科学活动的确定的社会圈子，这也正是历史上科学发展时常呈现中断、停滞甚至倒退现象的原因。

欧洲的中世纪是宗教统治的时期，科学的发展近乎停滞，一切知识都成了神学的分支，科学变成了神学的婢女，科学独立发展的历史突然中断。但事情还有另外一面，科学史家丹皮尔（Dampier）在《科学简史》（A Brief History of Science）一书中就指出，中世纪完成了自己的任务，准备好了文艺复兴，这其中就有自然科学的开端。所以对于科学家来说，中世纪是现代科学成长的温床。首先，阿拉伯人在中世纪科学历史发展中的贡献是不能忽视的，丹皮尔指出，阿拉伯学派使得古希腊的学术记录得以保存下来，并且做出了近代科学知识的最初贡献；另一位科学史家萨顿（Sarton）也明确提出，阿拉伯文明（包括其科学的发展）本身就是西方文明的一个组成部分。所以伊斯兰教的寺院（清真寺）及僧侣（穆斯林）起着非常重要的作用。公元9世纪，阿拉伯帝国首先出现以培养伊斯兰教僧侣为目的的高等学府。根据约瑟夫·本·戴维对欧洲中世纪大学教师的分析，伊斯兰大学穆斯林学者及教师身份是孕育后来的大学教师——科学家的社会角色的最初探索。

欧洲各国在8～13世纪兴建了大量教堂，欧洲著名的古老教堂大多建于这个时期，大学初创也大致开端于这一时期。随着教堂的建立、僧侣队伍的发育,出现了寺院自身的学校;进一步来看,随着经济与社会生活的复兴式发展,仅仅靠僧侣学校已经不能满足社会人群对教育的需求,这便逐步出现了近代大学的雏形与前身。美国历史学家、中世纪史权威专家哈斯金斯(Haskins)认为,中世纪大学是近代大学的前身,中世纪大学的机构设置已经有了学院和系别,教学安排已有课程设置和学位制度。在大学中教授自然科学的大学教师这种社会角色逐渐出现,正是在这种社会身份和社会职业中孕育了未来的科学家角色(哈斯金斯, 2007)。

对于现代科学家社会角色的形成有重要意义的还有另一类人,即以达·芬奇为代表的艺术家和工艺技术人员——工匠这种社会角色的出现。达·芬奇所代表的工匠传统的社会角色孕育着未来的科学家角色,一旦把大学教师所具备的学术传统和实验研究与探索精神结合起来,就会实现现代意义的科学研究,即科学家角色的形成。随着科学家角色的出现与科学活动社会体制化的形成,科学作为一种社会系统逐渐专门化、体制化,科技共同体作为一种科学家和工程师的建制化集团和开展科学活动的规范化组织也逐步成形。

2.2.1.2 科学活动的社会建制

著名社会学家默顿在其博士论文《十七世纪英格兰的科学、技术与社会》(Science, Technology and Society in England in the Seventeenth Century)中,对当时英国"社会中的科学"和科学活动初步体制化的说明最为具体。17世纪的英国已经成为当年世界科学发展的中心,科学活动在社会中也得到了承认和重视,科学甚至成为一般上层社会人士的兴趣与业余爱好,成为一种时尚。默顿于是认为,科学活动在当时的英国可以说是初步建制化了。大约从1645年开始,有一批崇尚弗兰西斯·培根的实验哲学的人开始每周在伦敦聚会讨论自然问题和实验知识,这些人员约定把神学与政治排除在他们讨论的范围之外,但仍然表现出广泛的兴趣,谈论的范围也很广。由于人员的流动和牛津本身的环境,在牛津也出现了类似的团体与聚会,当时在伦敦和牛津两地参加这些活动的人员,很多后来就成为皇家学会的第一批成员。

1660年,英国皇家学会正式宣布成立,公布了其第一批会员;1662年,英国皇家学会得到了英王查理二世的特许证;1663年,英国皇家学会正式公布会章,世界上第一个有影响的科学家组织正式开始了自己的历史。英国皇家学会的成立意味着科学活动在英国社会中得到了正式的承认,宣布了科学活动的建制化。对于科学体制化确立的真正意义就在于,它是历史上出现的第一个为官方认可的科学家组织,并且宣布了科学的价值与功能、科学活动的目的与方法,规定了科学活动的规范。皇家学会的诞生表明,从事科学活动的人不再是一些孤立的个人,而是属于一个有共同目的和宗旨并遵守一定规范的科学共同体,从而在组织上把进行科学活动的人联系在一起。

1666年,法国科学院成立。如果说17世纪英国的科学活动主要表现为官方认可的科学组织的诞生的话,那么同一时期法国的科学活动则主要表现为职业科学组织的建立。法国科学院的产生,尤其是它较为严格的建制和领取俸薪制度的出现,表明科学家作为一种社会角色已经出现,科学作为一种社会体制业已形成。科学体制化的最终完成,应当以建立起保证使科学研究成为一种既稳定又有效的有组织的活动或科学教育机构的出现为标志。按照约瑟夫·本·戴维的说法,这两方面内容的实现,首先并主要发生在1825~1900年间的德国。19世纪中叶以来,英国和法国的科学先后丧失了其全球领先地位,科学兴盛的中心依次从英国转移到法国,再从法国转移到德国。德国的科学体制化从大学教育制度的改革开始,中间经历了科学家与自然哲学家的分离和科学学会的建立,最终以大学实验室的建立宣告科学体制化的完成。

如果说科学体制化的完成主要发生在1825~1900年间的德国的话,那么,其进一步的丰富、完善和发展,则主要发生在19世纪末至20世纪中叶的美国。美国在德国已经完成科学体制化的基础上,在新的历史条件下,结合世界科学技术的新进展,进一步推进和发展了科学体制化。在美国科学技术的发展过程中,工业、大学和政府机构中的科学家三足鼎立,构成了美国科学家的整体集群。现代科学家角色就是在这三种职业岗位即教育、工业、政府所提供的社会环境内实现自己的使命的。"二战"以后,在科学技术的各个领域有许多惊人的、划时代的发现,科技的巨大发展伴随着科学面貌本身的变化,伴随着科学事业的规模和结构上的变化,普赖斯(Price)与齐曼(Ziman)分别在他们的著作《小科学、大科学》(Big Science and Small Science)与《真科学》(Real Science:What It Is and What It Means)中有着生动的刻画,他们所使用的"大科学"和"后学院科学"概念已经成为20世纪中期以后的"科学"的通用概念。在"大科学"和"后学院科学"时代,齐曼指出,一种全新的专门职业,也就是"科学管理"或"研究的行政管理"成长了起来。我们认为,另一种全新的专门职业也同样不容忽视,那就是"科学服务"或"研究的配套服务"也同样成长起来。

2.2.2　科技共同体的研究取向

波朗依(Polanyi)在自由科学思想的指导下提出科学共同体概念之后,作为一种社会建制的科学家集团的社会学分析引起学者们的强烈兴趣。其中最重要的人物就是默顿和库恩。

默顿于1942年、1957年分别发表《科学界的规范结构》和《科学发现的优先权》,系统阐释了科学的建制目标、社会分层、规范结构及奖励系统等重要问题,并提出著名的科学精神气质理论,使科学社会学及科学共同体研究得到了巨大的发展。

库恩于1962年、1973年分别发表了《科学革命的结构》(Normal Structure in Science)和《必要的张力》(The Essential Tensio),深入诠释了科学共同体和范式的一体两面性,科学共同体的兴衰与范式的转换紧密相连,并提出著名的科学范式革命理论,"科学共同体"也由此随着库恩的"范式"概念而广为人知。

默顿与库恩的研究开辟了这个领域研究的两条主要发展路线,他们分别对科学共同体做了社会学说明,并以此建构了科学社会学的两大主流模式——默顿模式和库恩模式。国内已有不少学者对这两种科学共同体理论做了比较研究,企图在"求同存异"的基础上建立一种"完整的"科学共同体观念,同时也有学者指出这两种理论的"不可通约性"关系及其根源。

2.2.2.1 库恩的范式理论研究取向

库恩模式认为,科学是一项集体的社会事业,科学共同体是人类文明中的一个独特体制、一种社会建制,是从事科学认识活动的主体,因此科学的发展与科学共同体的共识紧密相关。科学共同体就是以相同的范式作为共同的信仰,并靠着同一范式展开专业活动的群体。因此,"范式"一词无论是从实际上还是从逻辑上,都很接近"科学共同体"这个词。

库恩认为,科学共同体的结构是一种标准的科学分类体系,它"显然可以分为很多级。全体自然科学家可以成为一个共同体;低一级是各个主要科学专业集团,如物理学家、化学家、天文学家、动物学家的共同体。重要的共同体,都很容易确定。只要根据它的最高问题、专业团体的成员情况和关注的共同期刊,一般就够了。个别科学家,特别是最有才华的科学家,将同时或先后属于几个集团"(库恩,2004)。

科学的范式革命揭示了历史主义的科学发展模式,即前科学→常规科学时期(既有范式)→反常和危机→科学革命→新的常规科学(新的范式)的循环过程。在库恩看来,一种范式通过革命向另一种范式的过渡,才是成熟科学通常的发展模式,科学革命前后的新旧范式在逻辑上不相容,在实际中不可通约。科学的范式一直处于发展之中,而发展本身也是范式追求科学性的表现。范式不仅可作为科学共同体的规范,甚至是其成员的精神信仰。科学共同体也恰是随着"范式"一词的流行而广为人知的。

"范式"作为科学革命理论的核心概念,既是科学共同体的规范,也是科学共同体存在和工作的灵魂,还是促进科学发展的动力源泉,同时,科学共同体又是范式的载体。科学共同体成员进行范式选择以及在范式下进行工作的动力,在很大程度上取决于他们对范式的信念,并通过维护、完善或抛弃某个范式时的态度反映出来。

库恩利用范式转换既阐释了科学革命式的发展规律,又将科学共同体的兴衰与科学范式规范的转换紧密结合起来。科学共同体和范式就像是一体两面,科学共同体因范式而形成,范式因科学共同体而存在。一个范式就是一个科学共同体的成员所共有的东西,反之,一个科学共同体由共有一个范式的人组成,尽管这些成员在其他方面并无任何共同之处(库恩,2003)。

2.2.2.2 默顿的规范理论研究取向

默顿模式关注的是科学作为一种社会建制的运行规律,即研究社会规律在科学共同体内的运行特征,因此它的直接研究对象是科学家及其共同体,而不是科学知识本身。其研究基础是科学的社会建制目标的实现,即扩充和传播准确无误的知识;研究核心是科学的规范结构和奖励系统,即科学的精神气质和动力机制。

科学的建制目标决定了科学共同体的社会分层标准——同行对于科学知

识贡献的承认,承认的形式主要有荣誉奖励、职业位置和知名度等。处于等级体系顶端的只有少数几个人,例如20世纪前期的爱因斯坦、玻尔等;仅次于这少数几个人的是那些卓越的科学家,例如诺贝尔奖获得者、国家科学院院士等;位置更下的是一些不太著名的、影响较小的科学家阶层。自然,这同时就产生了学术权威,并造成了学术界的"马太效应"。

科学的规范结构是科学共同体的社会规范及科学家的行为准则,即所谓的科学的精神气质(CUDOS):公有主义(Communism)、普遍主义(Universalism)、无私利性(Disinterestedness)、独创性(Originality)、有条理的怀疑主义(Organized Scepticism)。按默顿的说法,它是"有感情情调的一套约束科学家的价值和规范的综合。这些规范用命令、禁止、偏爱、赞同的形式来表示。它们借助于习俗的价值而获得合法地位"(默顿,1982)。

科学的奖励系统是科学共同体的运行机制,是对那些按照科学规范并达成建制目标的科学家分配奖励的一种制度设计。杰里·加斯顿(Jerry Gaston)指出,科学奖励系统的本质就是科学共同体根据科学家的角色表现分配和承认;科学奖励系统的功能,一方面是鼓励科学家做出独创性的科学发现,另一方面是在科学的社会控制方面发挥作用(杰里·加斯顿,1988)。这样一套贡献——承认形式的奖励系统在保证了科学发现的持续动力的同时,也造成了科学发现的优先权之争。

默顿正是凭借对科学的规范结构研究奠定了狭义科学社会学的基础,给出了理想化的科学(知识生产)模型——学院科学,并确立了科学共同体研究的主流模式。但是默顿在保证科学的建制目标而提出社会规范的同时,忽略了科学的认知规范,在建构理想化的学院科学模型的同时,有意或无意间忽视了科学与外部社会尤其是产业之间的相互渗透和影响。

2.2.2.3 普赖斯的"无形学院"研究取向

普赖斯模式利用计量分析方法把科学作为一个整体进行考察,即通过统计方法和数量工具描述科学发展的速度和规模,发现了科学发展速度的指数规律,以及科学家人数、科学文献量按照指数规律爆炸式激增的事实,从而得出以往小科学已经发展为当今大科学的结论。普赖斯及其同事把研究的一个重点放在科学共同体内部结构与科学知识增长的逻辑上。

"无形学院"最早由英国科学家玻意耳(Boyle)于1646年提出,用来特指英国皇家学会的前身——由十余名杰出的科学家组成的非正式小群体。普赖斯借用这个词来指那些从正式的学术组织中派生出来的非正式学术交流群体,它也是科学信息正式交流网络上流动的纽结,是科学发展中结晶作用的体现。"无形学院"对应于科学家通过各种正式的、确定的机构与期刊所进行的学术交流活动而产生的有形学院,成为了普赖斯理论的核心概念。

普赖斯在《小科学、大科学》中创造性地使用"无形学院"之后,1972年,美国科学社会学家黛安娜·克兰(Diana Lrane)出版《无形学院——知识在科学共同体的扩散》(Intangible College - Knowledge Spread in the Scientific Community)一书,书中把库恩关于科学发展的范式理论和科学共同体学说、普赖斯关于科学知识增长的定量研究,以及她自己关于学科中社会组织的研究相结合,对"无形学院"进行了系统研究与发展。"无形学院"与"有形学院"的耦合构成了共时态上有机统一的科学共同体的整体结构。

普赖斯提出了学科发展的"逻辑斯曲线"模式,克兰在其著作《无形学院——知识在科学共同体的扩散》中一开始就肯定了普赖斯所提出的学科发展的逻辑斯曲线规律,认为"正像绝大多数自然现象一样,科学知识的增长采取了逻辑斯曲线的形式"。她用出版物的增长来观察科学知识的增长,认为一般学科知识的发展都会经历以下四个发展阶段:① 起步阶段。绝对数量的增长不大,但增长速度稳步提高。② 指数增长阶段。由增长速度达到一个常数,一个领域中出版物的数量在一定时间内就翻一番,从而使绝对数量快速增长。③ 线性增长阶段。增长速度下降,但每年的增长仍然保持一个近似的常数。④ 衰落阶段。又称饱和期,增长速度和绝对增长都降低,直至为零(文珺珺,1987)。

普赖斯认为,科学家人数及科学文献量的爆炸式增长是大科学到来的最好证明。当今的科学活动正以指数增长规律,发展成为大规模、高投入、细分工、难管理、极其错综复杂的集体事业,科学交流伴随各类"无形学院"的激增,其对S形曲线型科学发展模式的价值日渐提升。因此,普赖斯的研究既发展了默顿把科学交流作为科学共同体内部互动的研究,也证明了库恩将范式转移关联科学共同体内部兴衰的观点。

2.2.2.4 齐曼的"后学院科学"研究取向

齐曼模式宣称科学作为一种特殊的社会建制正在发生一场文化变革——"后学院科学",并形成了一套新的知识生产模式,那是一幅全新的科学图景。研究者不再只是象牙塔中纯科学的探索者,而逐渐成为积攒学术信用和争夺社会资源的创业者和投资人。

在科学技术学家齐曼看来,科学是一种并非主动成长的复杂的社会活动。长久以来,"好科学"的标准颇有争议,并造成科学主义与建构主义的对立。其实"真科学"从来都处在(自然主义)不断的生长和进化之中,为了从扑朔迷离中找到一条出路,人们必须将科学研究视为一种由种种惯例和传统支配着的特定的文化。为了把握"它是什么,它指什么",人们必须调和许多明显的矛盾。"后学院科学"是相对于"学院科学"而言的,意味着一种新科学建制的形成和一种新知识生产方式(R&D)的变革。"后学院科学"时代实质上是一个科技工商化时代,科学共同体变成了一种有自利倾向的准市场组织,甚至是完全的市场组织,科技部门已被纳入国家创新体系的重要一环。大学、产业企业、政府机构和其他的科学研究中心都被整合成单一的系统,旨在服务于先进生活方式的多种多样的需求。

"后学院科学"也代表着一种全新的生活方式,科学已成为一个既高度分化又高度渗透的复杂体系,科学家分布在这个体系的高度分散化的部门和高度职业化的岗位上,从事着外行难以理解的知识生产劳动,并通过领取薪俸和申请资助使其成为一种谋生和投资的手段,这种科研活动涉及整合多方利益,并倾向于解决实际问题。齐曼将其特征归纳为六个方面,即集体化、极限化、效用化、政策化、产业化和官僚化。

齐曼在批判默顿规范研究的基础上,提出了一套关于"后学院科学"的新规范(PLACE):所有者的(Proprietary)、局部的(Local)、权威的(Authoritarian)、定向的(Commissioned)、专门的(Expert),并认为这些规范可以体现大科学时代中产业或者政府科学的特点。齐曼还从社会交换理论视角对科学奖励系统进行新的诠释——信用投资循环。新视角跳出科学中的社会,着眼于"社会中的科学",提出当代科学知识在生产时不仅受到科学共同体内部社会的制约,而且还越来越多地受到来自外部社会的影响。在这个意义上,科学共同体已经跨越纯科学共同体的学术范畴而延伸到政府、产业乃至社会,并形成一张复杂的"行动者网络"。

2.3 科技共同体的结构与功能

2.3.1 科技共同体的结构维度

从"二战"结束到21世纪初,科学技术的各个领域都有了巨大的发展和进步,对人类社会的军事、政治、经济、文化等各个方面产生了深刻的影响,也改变着人类的思维方式、道德观念和生活习惯。科学技术的巨大进展推动了科学面貌自身的改变,并伴随着科学事业规模和结构上的变化。

根据普赖斯的研究,科学事业的变化首先表现在科学家人数的激增以及在整体人口中比例的增加,同时科学文献的数量也产生了爆炸式的增长。现代大科学成为耗资巨大而又错综复杂的事业,这种事业的发展使得科学活动从个人或少数人的研究发展成为大规模的集体事业,从而导致科学这种社会体制内部结构发生变化。

在当今时代的科学社会建制中,科技共同体的自身结构从早期的学院科学拓展到产业科学、政府科学,并在此基础上相互交融、演化并催生出除科学研究以外的科学管理和科学服务等组成部分,由此构成了科技共同体的新型结构。它们的具体构成包括以下几个方面。

2.3.1.1 学院科学

学院科学是科技共同体原始形态的发源,主要指以大学为主体的学术机构及在这些机构中进行科学研究和技术创新的科技工作者。

学院科学的形成,同研究型大学的发展历程息息相关。现代大学由教学型向研究型的转变始于19世纪的德国,受18世纪末19世纪初哲学革命的启蒙,柏林大学率先实践教学与研究相统一的教育理念,将发展科学作为重要使命,将研究融入教学过程中,培养学生自由探索的科学研究精神,为探求真理性的知识而进行研究。同时,柏林大学还建立了一整套制度,规定教师必须进行科学研究,由此为学院科学的发端提供了组织基础。

在德国的影响下,从19世纪60~70年代开始,美国的大学建立了系一级组织和研究生院,以及其他相对独立的研究组织,推动了学院中科学研究事业的发展。历经两次世界大战之后,美国的高等学校已经完全取代了德国大学在全球学术界的地位,美国一流大学更是成为世界学术中心,并最终完成了向研究型大学的转变。在当时,大学成为国家科学研究的重心,美国基础科学的绝大部分工作也是在大学里完成的。学院科学从此以大学为立足点成长和发展起来,逐渐成为一种以科学家为主体的成熟的社会活动。

在组织形式上,大学的科学研究往往围绕分化的学科体系进行,并且其中的科学家自认为他们属于同一个共同体。学院科学的研究者们体现出的特征被默顿称为"科学的精神气质"。在共同体内部,他们的科学行为遵循着制度化的默顿CUDOS规范,即公有主义(Communism)、普遍主义(Universalism)、无私利性(Disinterestedness)、独创性(Originality)、有条理的怀疑主义(Organized Scepticism)。这套结构化的规范真正将科学与其他建制和行业区分开来。

公有主义指科学研究的目的是生产公共知识,研究者们既是贡献者,也是索取者。科学研究建立在前人的基础以及与他人的合作之上,因此,其成果应毫不保留地同世人分享。

普遍主义指的是人们对研究成果的评价,应以科学本身的价值为准则,而不应该带有民族、性别、人种、宗教信仰等方面的偏见。

无私利性指的是研究者要有超然性和公正性,不要有学科本位主义,也不能受到经济和资金因素的影响,研究成果也不应该受到科学以外的因素(如政治的、经济的或宗教的因素)的影响,科学研究应当是对真理的纯粹探寻。

独创性强调科学的本质是创新,科学研究需要不断突破已有的知识范畴。

有条理的怀疑主义提倡科学家之间的相互评判,并约束着研究者在从其研究开始就要严格遵守研究规范。

因受到CUDOS规范的制约,学院科学这一共同体内的科学家们无偿贡献他们的研究成果。他们的激励也主要来自共同体内部,通过同行评议的程序,最终得到知识发现优先权的承认,以学术荣誉为主要形式。这样一套激励系统保证了科学的有效运行,为科学发展提供着源源不断的动力,同时产生了学术权威和分层体系。

学院科学珍惜其自治权,并依赖于赞助。这些赞助通过公共筛选的引导,从而减弱赞助者个人兴趣与研究之间的关联,给研究以客观性的公共保证。在学院科学中,科学家的职责应当是进行科学研究,了解客观事实,开拓人类知识的疆域,并不需要参与对政府和工业的管理。

2.3.1.2 产业科学

产业科学的产生,可以追溯到工业实验室的建立。它的建立同样肇始于德国。19世纪,德国的染料工业兴起,出于提高企业技术水平的需要,染料企业建立起自己的实验室,直接雇用受过科学训练的人员进行全日制研究工作,目的是合成新产品,设计新流程。当时德国的化学工业中有一批化学家兼企业家,有的企业家本身受过化学专业训练,后来主要从事经营管理,这也方便了企业高薪聘请科学家到企业实验室工作。科技界进入大企业的做法产生了深远的影响,为产业科学建立起传统。德国化学工业中,化学家人数增加很快,形成了一批支配企业、影响企业政策的专门的职业科学家实体。德国工业科学家队伍的发展、科学结构上的这种新特点,大大促进了科学与技术的一体化。

美国的产业科学在19世纪末也开始发展。在其工业研究实验室发展历史上,出现过四个阶段:第一阶段为工匠和工程师用"切和试"的经验去发明新的元器件和设备,以爱迪生在1875年建立的门罗公园实验室为代表;第二阶段为企业内部建立相对独立的应用现有知识于科学研究的工业研究实验室,以1900年通用电气公司研究实验室为代表;第三阶段为企业内部建立相对独立的基础研究和应用新知识于技术开发的新型研发机构,以AT&T公司在1925年建立的贝尔电话实验室为代表;第四阶段以在企业内部建立包括研发机构在内的各个集团的研发组织,形成从基础研究和高科技研究到元器件和设备的设计、产品和市场的开发一条龙的研发共同体为特征。

科学家受雇于企业,但他们并不直接生产工业用品,而是在企业的实验室中进行科学研究,是工业实验室中的科学家。实验室中的科研课题主要涉及与产业紧密相关的产品和技术,某些大的工业企业实验室,也从事与工业生产相关的基础科学研究。科学研究尽管要消耗大量经费,但也使企业获得了更大利润,因而大企业的实验室一直都处于发展状态。有些大企业,如IBM公司,还资助企业中有前途的研究人员去著名大学的实验室接触科学发展的前沿,了解科学发展的新思想。此外,在美国的企业中,科学家和工程师不仅在实验室工作,也参加管理工作。工业实验室的出现、产业科学家及产业中技术人员在管理中的作用,都说明科学与产业的关联度日甚,现代科学家有着更加广阔的活动天地。

产业科学呈现出与学院科学明显不同的特征。在齐曼看来,它不仅仅是知识生产的一种新模式,还是一种全新的生活方式,是对直接实际问题的无数即时解决的结果。齐曼曾将科学的产业化特征概括为"PLACE"(约翰·齐曼,2002),其中:

所有者的(Proprietary),可理解为产业科学产生不一定公开的所有者知识。产业科学很少允许其研究者发表研究成果。企业一旦取得科学成果,并不像学院科学家那样急于发表论文以提升职位,而是就此申请专利,进而确立它对该成果的知识产权。在一些快速发展的技术领域,企业也可能根本就不采用专利保护策略,因为申请专利要求发明者详细描述该产品的制造过程,而做出这一发明的企业并不想让竞争对手知道自己在做什么,因此不去申请专利。

局部的(Local),指产业科学集中在局部的技术问题上,而不是总体认识上。

权威的(Authoritarian),指产业研究者在权威下做事,而不是作为个体做事。产业科学的科学家们是为某一具体实践目的接受统一管理的集体。在产业组织中,科学技术是作为实现目标的一种工具和手段,企业管理层需要对研发活动的进展做到心中有数并能实时控制,因此往往对科学研究实施过程管理。

定向的(Commissioned),表示产业科学在一定程度上限制对研究所需的个人智识和心智上的要求,但它使科学研究更加定向。定向化是产业科学的一个重要特征,定向化的科学几乎和高技术无法区分开来。相对于学院科学家热衷于发现自然界的秘密,揭示其运行机制以及背后的原理,产业中的科学家对其研究工作的实际效果更感兴趣,更倾向于将成果付诸实践。

专门的(Expert),指的是训练有素的"科学家",通过完善他们的实践技能来卸去知识独创性的负担,他们因此变成了专业技术人员。他们作为专门的解决问题人员被聘用,而不是因为他们个人的创造力。

2.3.1.3 政府科学

政府科学指的是在政府组织里从事的,并且得到政府资助的科学活动,包括国家实验室等组织形态。在这些实验室中工作的科学家不是私人企业的雇员,而是政府的工作人员,这些人员是现代科学家队伍的又一重要组成部分。

政府管理科学并非新鲜事物。以美国为例,科学家在政府中占有一席之地的事实,在建国之初就已存在。美国农业部建立伊始,就聘用了一位化学家、一位植物学家和一位昆虫学家,进行一项农业课题的研究。历经多年的发展,在美国从事农业研究的科学家队伍扩大了许多。仅以美国农业部直属机构之一的美国农业研究中心为例,其雇员在20世纪50年代初就超过2000名,成为世界上规模最大的农业研究机构。而这只是美国全部国家科学实验研究发展的缩影。

"二战"期间,美国在战场上的优势很大程度上是依赖科技优势取得的原子弹等新式武器、无线电引爆技术、雷达、尼龙、计算机等。战争期间,整个美国的科技活动都以军事目的为主,并逐渐确立了政府支持基础研究的体系。这是一个政府在科技活动中的作用急剧扩大的时期,到"二战"结束之后,已经有3万名各类科学专家(包括物理学家、化学家、农学家和工程技术学家)在政府部门工作。

20世纪60年代,美国政府行政机构大约由80个部、局和委员会构成,其中半数以上都有科学研究事业。例如分别与医药卫生事业和国防事业密切相关的科学研究。兴起于"二战"中的原子能委员会及其所属的五大研究基地,聚集着大批进行基础性研究和应用研究的科学家。此外,如美国国家科学基金委员会、国家标准局、海军研究署等单位同样设下许多从事基础研究和应用研究的机构,仅海军研究署就拥有5000名科学家和工程技术人员。

在后学院时代,政府科学的基本特征和产业科学非常接近,同样符合齐曼"PLACE"的概括。除此之外,与学院科学和产业科学相比,政府科学的研究更偏向于以下三个方面:

调控市场失灵并生产公共物品。例如,某些研究可以给市场提供有价值的新产品,但该研究需要耗费大量的资金,甚至即便该研究完成后,任何从事该研究的企业都没有足够的能力(如成本太高,或者任何单个企业都没有制造产品的专门知识等)去制造新开发出来的产品。虽然该项目对整个社会而言是收益大于成本,但是任何单个企业投资这种项目都得不偿失。在这种情况下,政府通过资助该项研究,以调整单纯靠市场难以完成的科学研究。

主导事关公共利益的科学研究。例如,政府环境实验室对清洁空气、清洁河流和免受噪声干扰等公共物品的供给情况的监控,政府食品实验室确保人们能够得到清洁健康的食品,国家重量和测量实验室监控标注尺度的应用情况等。

服务国家民族和政治利益。如各国在极地科考、太空科学上的竞争,是为今后新的大陆和空间资源的开发争取主动权。国防科技研究也是政府科学投入比重相当大的领域,这些研究关系着国家和民族的生存与发展。

2.3.1.4 科学管理

在后学院科学时代,随着科技共同体的发展以及对其研究的深入,齐曼进一步指出,在大科学内和大科学周围,一种新的事业结构,一种全新的专门职业,也就是"科学管理"或"研究的行政管理"成长了起来。

在"小科学"时代,科学研究大多数是在个别科学家的指导下进行的,事必躬亲过去是科学活动的守则。20世纪中叶以后,情况发生了重大的变化,许多研究项目是跨学科、多方面的综合课题,科学的分化与知识、技术的专门化使得事必躬亲已不可能。大规模综合项目要求强有力的智慧头脑去指挥科研队伍的千军万马,"大科学"的管理与组织极其复杂,结构上具有科研组织特点,这类科研组织的指挥与领导绝不是经过旧式常规训练的教授专家们所能胜任的。所以,必须挑选一批科学家,并训练他们使其具有组织管理、公共关系、掌握财务等方面的意识,以适应"大科学"的需要。

目前科学管理的主要范围包括以下几个方面。

1. 设置科学研究主题、制定科技政策

科学管理机构主要关注科技发展与经济、社会发展的全面性问题,提出广泛的研究课题并确定完成课题的具体项目,协调与推动国家和社会的科技发展。同时,为政府机构担任科学顾问,了解当地科技发展的需求,提供决策和建议。

建立科学法治,即依法管理科学,依法保障科学事业健康发展。

政府日常科技管理活动应体现"依法办事"的原则,同时要推动相关法律法规的建立完善和实施,将科技管理纳入法制化轨道。

2. 保障科学研究的责任性和透明度

一方面,强调科研诚实行为,要求科学家必须从事负责任的科学研究,以推进卓越的科研实践,保持公众对科学研究的信任,使责任意识深入科学研究活动的各个层面;另一方面,通过政府审计等职能,开展独立、客观的财务审计、绩效审计和系统评估,防止和监察浪费、欺诈和滥用科研经费的行为,促进项目运作的经济性、效益和效率。

3. 防范利益冲突,进行风险管理

所有管理或研究活动均可能涉及利益冲突,即由于个人或机构的某种利益关系可能干扰做出合适判断或公正管理的情形,科学家也不例外。科学管理必须预见、揭示和管理好利益冲突,尤其强调在政策制定中注意对科研利益冲突的"设防"。同时聚焦可能带来最大风险的区域或问题,以及项目与其运作中最薄弱的环节和脆弱点。进行风险分析与影响评估,预估风险发生的可能性,进行相关的防范和管理。

2.3.1.5 科学服务

除了以上各结构组成部分之外,20世纪七八十年代起,科技共同体中也逐渐出现了一批为各种科技研发主体提供专业化、社会化服务,以促进科研成果的产生和转化的机构,这类机构的产生,标志着科学服务这一功能逐渐从科技共同体的其他主体中溢出,并形成了独立的科学服务主体。

科学服务是指运用新兴技术与专业知识,为科学技术的产生、应用与扩散提供智力服务,其服务手段是新兴技术和专业知识,服务对象是科学技术的产生、应用与扩散。

从科学服务的发展过程看,科学服务内部的不同机构可提供科技研究、科技信息、情报与咨询、技术市场、法律与资金等多种服务。从实践角度看,根据不同的功能,科学服务组织主要可包括以下几类:

(1) 企业孵化器类:包括科技创业服务中心、专业技术型孵化器、高校科技园、软件科技园、留学人员创业园等。

(2) 技术研发类:包括工程技术研究中心、生产力促进中心、技术开发与推广中心等。

(3) 信息咨询类:包括信息与情报中心、咨询评估与论证机构、技术论坛与交流等。

(4) 交易市场类:包括技术市场平台、产权代理、人才流动市场、科技条件市场等。

(5) 科技支持类:包括知识产权保护等法律服务中心、项目融资服务、政策与管理机构等。

学者将科学服务的作用概括为以下三类:

1. 科学服务的发展,有助于促进科技成果转化为现实生产力

科技成果是一种知识产品,只有转化为现实生产力才能促进经济发展与社会进步。在此意义上,科技成果所代表的是一种科技力,不同于生产过程中作为生产要素的经济力,科技力的发展并不意味着生产力的发展。科技成果要想成为生产要素,参与社会生产过程,转化为现实生产力,科研机构就要与企业相结合,实现科学要素向生产要素的转化。企业购买研究机构的成果,研究机构把成果转移给企业,完成科技成果的商品化交易。这种交易最初是在研究机构与企业之间直接进行的,双方各取所需,在交易中实现科技成果向现实生产力的转化,达到了科技进步与技术扩散的目的。然而,作为一种经济行为,直接交易会产生大量交易成本,浪费交易双方的人力、物力和财力。科技服务组织形成于科技成果转化的常规化,是在企业和研究机构之间出现的"第三方"主体,它的出现使企业和研究机构之间避免了直接联系,而由其提供专业性的科技成果转化服务。科技服务组织提供的转化服务是一种高效率的服务。

2. 科学服务同样有助于优化科技资源配置

科技资源是进行科技创新活动的物质基础。科技创新活动是对科技要素的一种重新优化组合,从而创造出新工艺、新技术和新产品。科技资源是一种稀缺性资源。科技投入不足、科技人才缺少、科研设备落后,是制约科技创新活动的重要因素。正因如此,在建设创新型国家过程中,优化科技资源配置具有重要的战略意义。科学服务组织调节科技资源在市场主体间的流动,帮助企业和研究机构之间开展技术合作活动,把企业的资金优势和研究机构的知识优势结合起来,实现提高企业经济效益和研究机构社会价值的双重目标。此外,科技创新中大量的资源投入很难由单一主体来完成,更多地是由多方主体协作实现的。科学服务组织充当着多方协作主体间的"聚合剂",将各方所拥有的科技资源整合进创新活动,促进科技资源流动的有序性、合理性,实现科技要素的优化配置,从而最终推动整个国家的科技进步。

3. 科学服务组织有助于推动学院科学、产业科学和政府科学进行科技创新

科学服务组织在科技共同体的技术创新中发挥着重要的支持作用。技术创新模式分为两种:一是通过技术引进创新;二是自主创新。在当今科技共同体组织结构中,这两种模式的实现都离不开科学服务的支持与服务。技术引进创新模式一般是通过直接购买科技成果实现的,在此模式中,科学服务组织发挥着重要的促进作用。有学者在研究科技服务组织与中小企业自主创新能力的互动关系之后,认为在中国中小企业现有资金、人才不足的条件下,依托科学服务组织的服务功能促进企业技术创新能够节约中小企业的创新成本。在自主研发创新中,科学服务组织可以提供咨询服务、信息服务,帮助科研主体了解技术创新的趋势以及国家科技新政策等方面的知识,并为其提供创新人才,增加其创新的动力和潜力。

2.3.1.6 当代科技共同体结构模型

综合对以上各主体的论述,从当代科技共同体的总体结构出发,描绘出共同体的结构形态和相互关系,如图2.1所示。

科技共同体以学院科学为最早形态,随着政府科学、产业科学的兴起和发展,共同构成了科学研究主体。在当代社会中,政府科学、学院科学和产业科学三者交互交织发展,在科学研究的多个领域进行密切的合作。

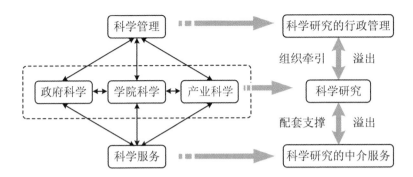

图2.1 当代科技共同体结构模型示意图

随着从"小科学"到"大科学"的时代发展,科技共同体已不局限于科学研究的职能,从原有的科研组织中,随着某些职能的发展和重要性日趋突出,逐渐溢出形成了新的科技共同体组成部分。一方面,科学管理主要履行对科学研究的行政管理和组织牵引;另一方面,科学服务对科学研究进行配套支撑和中介服务。因此,多个主体共同构成了当代科技共同体结构的综合图景。

2.3.2 科技共同体的功能

2.3.2.1 内聚性功能

1. 自体协调功能

科学在早期是基于人们对大自然的好奇和敬畏所激发的一种业余爱好和自发活动,它具有鲜明的个体特性,科学家往往仅专注于那片合乎个人兴趣的"自留地",幽居独思地从事着科学活动。彼时的科学可谓尚停留在教授的小实验室中或发明家的小书房里。科学活动的这种特性导致认识结果正误交织,认识方法良莠难辨,科技认知进展缓慢。

科技共同体产生后,其成员本着相同或近似的价值、文化传统和目标,借助科学的本性和自身逻辑,塑造和强化了相对统一的科学方法和规范,为科学家提供了研究工具和行为准则。这些行为规范分为两大类:一类是认识规范或技术规范;另一类是社会规范,即科学精神气质(普遍性、公有性、非牟利性、有组织的怀疑主义等)。美国当代科学社会学家哈里特·朱克曼(Harriet Zukerman)据此又进一步将认识规范分成一般的方法论的约定框架和各个学科专业所特有的、具体的、专门的范式。

统一的科学规范体系,使科学活动的范围得以超脱原先狭隘的"窠臼"而在全球范围内协调进行。科研成果的价值衡量在根本上有赖于科技共同体的评价而非科学家个人的权威和优先话语权,因而科学家和技术专家要循守科技共同体统一的规范,在科技共同体价值标准的引领下,及时了解整个专业共同体的研究状况,运用合乎科学规范要求的研究方法和手段,选择兼具重要理论意义和现实意义的问题领域为重点,使这些领域发展更快。

科技共同体的价值取向往往是由理论的内在要求、科学的发展现状及社会条件等多种因素共同决定的(宋怀时,1985)。科学研究领域随着物质技术水平的提高和实验条件的改善不断得到拓展,每一领域又存在着不同的研究热点,相同或相近研究领域中具有同样学术兴趣点的科学共同体及其成员之间存在着竞争。科技共同体需要适度竞争,但这种竞争又要保持在一定的有序状态和适当的激烈程度,否则会导致科技共同体的组织内耗,甚至为争名夺利而相互攻讦,不择手段。在"大科学"时代,科学研究的目的和任务要求科技共同体及其成员常常要协同攻关,进行有效合作。科技共同体有利于维护科学家在科技研发中既有序竞争又和谐协作,这一方面大大提高了自身的科技研发能力,另一方面也使科技研发效率在整体上趋于最大化。

科学研究是一种持续的演进过程,科技研发就是在这种研究领域方兴未艾、研究热点迭起转移的动态均衡中持续向前发展的。形成持续的科学研究能力的要素之一就是培育和造就科学新人。未来的科技专家必须具备坚实的科学知识基础,而作为科技共同体一方的学校,便是他们获得科学知识和技能的重要场所。在初叩科学之门、步入科研殿堂时,科学新人急需科技共同体的科学精神、科学气质的熏陶和才盛德高的科学前辈的言传身教。科学家的科学素质的积淀、科学方法的把握、科学精神的养成、科学价值的体味,大多是在科学共同体内"羽化"而成的(李醒民,2010)。接受科学技术规范体系严格训练并经受科技共同体这个大"熔炉"铸造的一批又一批的科技新人,形成了科学的思维方式、工作方式和精神定向,其中最优秀人员被补充到科技共同体中,不仅成为延续和壮大科技共同体自身的中坚力量,更是科学技术不断进步与社会可持续发展必不可少的生力军。

作为科学家群体聚合的科技共同体可以通过其内部诸组织要素之间相互作用,充分发挥其功能,自发调节科学家的研究方向和活动,实现科学研究活动的持续协调发展。

2. 交流评价功能

学术交流是科技共同体的主要活动内容,也是其一项重要职能。科学交流分正式交流和非正式交流。正式交流不仅包括小组讨论、定期报告、学术会议、短期学术访问和人员交流,还包括借助科学期刊、出版物以及图书馆、电子网络等交流科学信息;非正式交流往往采取"无形学院"的形式对复杂易变的前沿研究进行交流。无形学院虽然在地理上比较分散,但能在很大程度上影响参与交流的成员的认识。

作为正式交流的一种形式,科学研究活动的成果往往要以各种公开和非公开的、正式和非正式的、定期和非定期的、纸质和电子文本的简报、通信、会刊、杂志、论文集、专著、科普读物等刊物的形式出版。在保证刊物质量方面,科技共同体的重要职责就是要运用真正的学术标准把具有独创性的科技论著及时发表出去，同时排除那些粗制滥造、谬误百出的内容，杜绝学术泡沫漫天飘舞和学术垃圾遍地堆积。实现这一目标的有效举措，就是要在加强各种制度建设的同时，组织好专家评审，充分发挥科技共同体的同行评价功能。

科技共同体的同行评价是在科学家之间进行的一种群体行为和活动。科学成果只有经过同行评议得到承认以后，才有可能得到广泛的社会承认，蓄积继续进行深入研究的后续力量，从而进入科学-技术-生活的转化环节。

同行评价以交流为基础，可分为非正式评价和正式评价。非正式评价，主要是在科研成果尚未成熟时经过非正式交流渠道进行的。在取得一定研究成果但尚不完善或者又产生了新的思路时，科学家们往往要与其同行进行交流，充分探讨新设想的理论依据、可行性、研究方法及初步结果的可靠性等；其科学同行们则按共同体的价值尺度和期望提出自己的看法和建议。这种交流和评价有助于消除个人偏见，大大接近科技共同体的规范和标准，促进新思想和新成果的成熟。在新思想或研究成果比较成熟后，就要通过正式的交流渠道在更大范围的共同体内进行交流。参与交流的科学家们按照一定的标准进行正式评价，对各种新思想加以讨论、分析、评价，表现出共同体大多数人的价值取向和科学准则。

同行评价不仅是维持科学标准和科学规范的重要环节，还是科学认识发展的重要环节，在科学研究活动中发挥着独特的重要作用。它给科学家以新的观点和启示，使之在新的基础上把研究向前推进，既促进了新思想的产生，又促进了不同思想的统一。

现代科学已经成为一种职业即谋生之道，科学成为科学家收入的来源，职业要求科学家必须在短时间内拿出像样的成果。任何一种社会职业都有自己的伦理规范，同样也都有"失范"的发生。科技共同体中学术标准的运用主要指向共同体成员特定研究活动之后的成果评判。在制度的保证之下,严守科学标准的、出于公正之心的同行评价和论文审查是对科学进行守门把关的重要手段。论文审查和刊物出版是知识产品的最后出口之处,必须通过严密的程序设计和严格的审查人员遴选规章,采取严格的措施把好这个关口,才能做到优胜劣汰。

3. 知识转化功能

科学知识具有双重属性。首先,科学知识或理论一开始都是由某些地区的特定科学家个人或小群体在特定领域内生产的,在尚未得到正式传播和为科技共同体普遍认同之前,尚属于极少数人所掌握的个人知识或区域知识,尚未成为整个科学知识体系中的成分或要素,因此也就没有足够的普遍性和共有性。其次,这种为极少数人所掌握的个人知识或区域知识又是科技共同体的知识。知识是有源头的,任何知识的产生、获得及完善都离不开既有科学知识的成果,都不能不受到科学家群体作用的影响;任何个人知识或区域知识,只有融合到科技共同体,成为被广大科学家所普遍承认和掌握的科技共同体的共同知识,才能汇入科学知识的整体,才能得以真正保存和广泛传播并转化为社会知识和社会物质力量,也才能真正实现个人知识和区域知识的价值。

个人知识和区域知识能否成为公共知识,关键在于其能否在科学交流中得到科技共同体的认可。同行承认是作为研究者个人知识的研究成果被纳入公共知识系统的过程,承认也就成了个人知识和区域知识向共同知识转化的桥梁和标志。这种承认由非公共知识的起点出发,经科学家的非正式评价后得到少数同行的初步承认,再通过科技共同体正式交流中的一系列评价与检验,甚至补充、完善与同化,直至确证后才能得到专业共同体的制度承认,最后用共同体通用的词汇和语言准确、系统地表达出来。至此,非公共知识就超越了狭窄的个人和区域界限,最终转化成具有普遍性的公共知识的一部分。这一过程不但实现了个人知识量的积累,而且完成了一次质的飞跃,标志着人类在这个时代对自然认知的总体水平。

科学家最终都对承认极其感兴趣。同行承认的过程实质上是默顿所提出的"科学资料"与"专业承认"之间的交换过程。这种交换是科学活动的一个重要组成部分,科学家通过它相互交换其活动,因而有着双重功能:把同行承认看作交换,一方面,对科学家个人的承认使其个人知识转化为公共知识;另一方面,科技共同体又以某种形式给科学家应得的社会报酬,从科技共同体的规范观点控制科学家的行为。这既包括命名、授奖、授予各种职称或职务,成果被著名专家高度评价,被同行提及、引证等,也包括撤销承认以及把个人从科技共同体中驱逐出去的惩罚。当然,对科学奖励系统的强调,不应该低估或否认在完成某一目标后个人满足的现象,而且这种奖励系统甚至还有腐化或失灵的时候(Mohr,1977)。

2.3.2.2 外延性功能

科技共同体作为社会超大系统中的一个子系统,必然与其所处的环境发生着物质、能量和信息交换。一方面,科技共同体为维持自身存在与发展,必须要争取和分配资源;另一方面,科技共同体必须与社会相适应,和社会保持良性互动。科学系统在与其他环境系统的社会互动中,科技共同体能够有能力较快地加工和处理环境系统的要求与影响,并从自身系统的功能与结构上做出与之相适应的反应。科技共同体无法遗世独立,而应该主动地与社会进行良性互动,积极发挥其自身的外延性功能,以达到既有利于科技发展进步,又能促进社会繁荣之目的。

1. 面向政府的政策咨询

科学知识及技术成果在人类生产生活中的大量应用,是现代社会变迁的重要动力之一。在科学技术应用以及向知识型社会过渡的进程中,前瞻性地预测科技进展及其社会效应,科学制定并落实高度符合国情的科技政策,为社会进步提供新颖的理论图景、可靠的远景目标和理想的方法程序,因地制宜地规划未来,增强社会的凝聚力和创造力,降低人类社会、自然环境受损害的风险,正日益成为一国科技战略的核心举措。现代科技已几乎渗透到社会、经济、政治、军事、文化、教育和国际竞争的各个领域,制定科技政策必须依赖于对科技专业知识及其前沿进展、社会应用的深入了解和把握。要完善决策咨询程序,充分顾及各方利益,准确预测发展趋势,切实保障政策决策的科学性和合理性。

科技工作者具有科学文化水平较高、逻辑思维严谨、专业知识深厚的优势,应该也完全能够为推进国家决策科学化、民主化发挥积极作用。科技工作者应当加强科研攻关和调查研究,积极建言献策,提出有针对性、可操作的对策建议,把科技工作者的个体智慧凝聚升华为有组织的集体智慧,为社会发展提供启迪,为治国理政提供良策。科技共同体可提供充分、可靠的知识供给和意见,及时恰当地传递给决策层,为科技决策提供科学基础、理智约束、质量保证。在科技决策咨询过程中保证不同群体、领域、部门的利益诉求,有利于增强公众的民主及权力意识,体现社会公平和正义,推动决策的科学化及民主化。概括而言,这也就是当前在中国开始强力建设的"科技智库"功能。

2. 面向公众的科学传播

科技共同体不仅生产科学知识,还担负着传播和传授科学知识的重任。科技共同体从社会纳税人那里获得资源,理应有责任把研究成果以及自己生产和认可的共同认识用尽可能通俗的语言告诉公众,从而继续赢得公众的理解和支持。科技共同体通过传播知识使科学产生社会效益,并从中获取科研的物质条件,同时培养出新的科学劳动者,使科学活动延续下去。借用所谓的

"交换系统"概念,描述科学家与诸如科学研究的雇主和赞助人这样的外部组织之间的关系。在该系统中,科学家向外部组织提供科学信息,作为回报,他们接受提供进一步研究的设施,包括财政报酬在内的奖励(李克特,1989)。为了提高公民的科学素养,科学家在致力于科学内部交流的同时,也有义务在社会上进行科学传播与服务。对共同知识进一步进行筛选、提炼和再加工,并以最简洁的形式传播到社会中去,使之转化为社会认识,不但可以培养出具有较高智力水平和较强工作能力的其他社会工作者,而且加速了科学知识向现实生产力的转化。科学传播和服务,除了向公众普及科学知识外,还传播科学方法、科学精神、科学价值(尤其是科学的精神价值)。

科学是一把"双刃剑",科学技术在推动社会发展,给人类带来福祉的同时,也会带来消极的负面影响甚至灾难。科技共同体在向公众传播科技知识、提供科学服务的同时,也要提出科学的限度和科学异化的可能性,使公众明白科学能做什么,不能做什么,从而全面准确地了解科学和理解科学,不轻易对科学进行不合适的夸大渲染或贬低。

3. 面向企业的技术创新

现代科学技术是经济发展的巨大"助推器",科技创新企业已经成为市场竞争活动的主体,科技共同体无疑是技术创新的主要力量。

一个典型性很高的示例是:作为高技术时代流行产物的科技工业园就是一个科技共同体的创新场所,它在高新技术的创新中发挥主导作用。科技工业园具备技术共同体所应具备的三个核心要素:资源禀赋、专有功能和制度安排。科技工业园拥有可以利用的基础研究成果、各企业对技术研发的投入以及教育、培训等资源,这是进行技术创新的原动力,它也具有专有功能,即园区内各组织、公司把握研发方法,最后做出理性、非理性及综合性的决策。

第3章
社会转型及其对科技共同体的需求研究

3.1 社会转型的理论研究

3.1.1 社会转型相关理论综述

转型是人类社会发展过程中的基本现象之一,但总体看来,关于转型的理论研究,尤其是基础理论及其分析方法的研究还较为欠缺。社会转型理论是社会进步和发展理论的一个中心论题,本小节从转型的分析逻辑、转型经济学、产业转型、转型管理等方面进行梳理,为当今视域下中国社会转型的刻画构建理论基础,具体分析框架如图3.1所示。

3.1.1.1 转型的逻辑与多层次框架

转型是社会变革的基本过程,在此过程中社会(社会子系统)发生了重要的结构变化。转型是由相互关联的多个领域中的多元变量,如价格变化、政策行为或新技术共同发展的结果。转型遵循的基本逻辑如下:第一,将社会、经济、科技、文化多维度系统的联合演化进程结合起来;第二,将历史分析和空间分析结合起来,既考虑社会转型的历史过程,也考虑这一历史过程发生的空间场所;第三,将宏观的愿景(方向)和微观的实现机制结合起来。

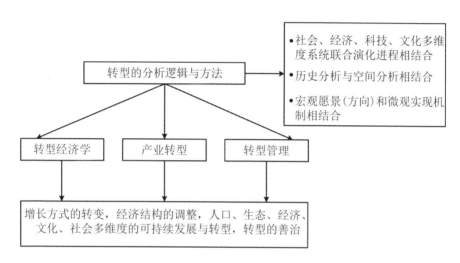

图3.1 社会转型的逻辑关系示意图

转型并不呈线性发展的态势,其在进程中是非线性的,在最初始的阶段发展缓慢,进而变化急剧,通过不同社会子系统(如经济、技术、制度、生态、文化等)之间的联系作用,又会逐渐呈稳定趋势,但新一轮的缓慢变化又会逐渐孕育。具体来说,按照时间的跨度可以将转型过程分为四个阶段(如图3.2所示):第一,预发展阶段,此时整个社会并没有很多显性变化,但会呈现出很多可能的发展趋势;第二,起飞阶段,此时变革进程持续进行,系统的状态开始逐步发生实质性的转变;第三,突破阶段,社会(社会子系统)的结构发生了显著变化,变革发生的频次不断增加,社会各领域之间通过连续性地学习与演进,吸取经验,呈现出急剧的变革;第四,稳定阶段,社会变革速度逐步减慢,实现一个新的动态平衡,产生更高效率的组织及更为优化的内部工作流程。一般而言,转型持续的时间是比较长的,通常都会超过一代人的时间(如25年以上)(Geels, Schot, 2007)。

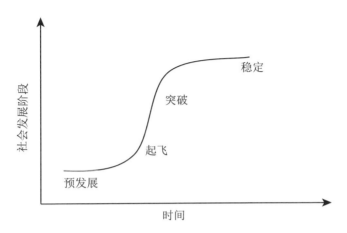

图3.2 转型的四阶段划分

转型过程面对的是多维度的(Multi-dimension)动态性,里普(Rip)和坎普(Kemp)提出了"多层次框架"(Multi-level framework)(如图3.3所示),即把这个框架区分为三个层次(Kemp et al.,1998):

第一,宏观层次的演化场境(Landscape)。"社会-科技"系统的宏观层次描绘为中观和微观层次提供了高度的结构性环境。多层次分析中的宏观层次包含了跨越社会功能以及在特定的"科技-社会"系统中观层次自主展开的变革进程,包括环境及人口变化、新的社会运动、意识形态的变迁、经济结构的调整、新兴的科学范式以及文化的发展等。宏观层面为中观和微观层面的具体走向提供了一个重要的背景,为建立契合社会需求的"社会-科技"结构提供了有效的梯度层次和供给框架。

第二,中观层次的制度(Regimes)。"社会-科技"系统的中观层次是从生产到消费进行划分,由协调进化的知识、投资、对象、基础设施、价值观和行为规范组成的结构。这些异质结构是认识社会关键功能的重要方法。中观层次的变革是由体制与实物间的相关性构成的,并且存在路径依赖和渐进发展的倾向。因而,面向可持续发展的微观层次必须克服此类中观动态结构,才能走向转型之路。

第三,微观层次的创新生境(Niches)。微观层次为在中观层次环境选择中不具竞争力的活动提供了"保护空间"来实现替代与路径突破,这种保护通过引导市场,对研究论证项目进行补贴,或者是培育初期应用和实验的特定环境等方式来展开。

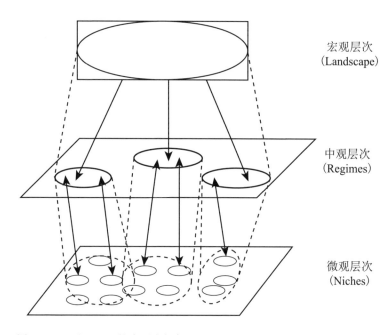

图 3.3　Rip 和 Kemp 的多层次框架

多层次框架可以更好地在社会环境的背景情境下,考察技术创新和制度的演化进程。微观、中观、宏观三个层次有显著的逐层嵌入特征,而转型也包含着社会、经济、科技等维度在不同层次的交互演化。在多层次分析框架下,来自宏观环境的变化给中观系统带来压力(突发性的社会、经济、科技变化是压力的主要来源),这也是中观行动者重新定位的主要原因;微观的创新行为也可能为宏观环境压力下中观系统的重构带来好处,因为它们未被开发的潜力有进一步被发展的可能,其具体转型路径如图3.4所示。

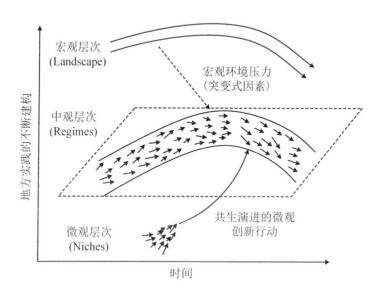

图3.4 多层次框架下的转型路径

本书通过对转型的分析逻辑和多层次分析框架的应用,把握了社会转型背景下中国科技共同体战略调整需求的两个原则问题:第一,科技共同体战略调整在宏观层面需要符合全球(国家)社会转型的整体趋势与需求——方向问题;第二,科技共同体的战略调整在中、微观层面要落位到可实现机制上——方式问题。

3.1.1.2 转型经济学与可持续发展

经济转型(Economic Transition)或经济转轨(Economic Transformation)是指从一种经济运行状态逐步转向另一种经济运行状态。转型经济理论最初的思想来源于东欧的经济学家布鲁斯(Bruse)、兰格(Lange)、锡克(Sik)、科尔奈(Kornai)等人对社会主义计划经济体制的反思。20世纪80年代在世界范围内掀起了全面的经济转型浪潮,而转型国家通过实践证明其改革的绩效是千差万别的。对此,转型经济理论认为:第一,改革的总和具有不确定性;第二,改革具有互补性;第三,改革具有政治约束性。

从学科理论比较的视角看,近代发展经济学主要研究农业国向工业国的转化(增长方式的转型);过渡经济学主要研究计划经济向市场经济的转化(经济体制的转型);现代化理论学主要研究传统社会向现代社会的转化(社会形态的转型)。转型经济学是这三门学科的结合,是基于结合的创新,其注重转型本体理论研究,并在此基础上构筑了经济学研究的新领域。

经济转型的分类方法很多,常见的有以下两种:

第一,按照转型的状态,可以分为体制转型和结构转型。体制转型是指从以高度集中的计划再分配为特征的经济体制向市场经济体制转型,或者方向相反,其目的是在一段时间内完成制度创新;结构转型是指从以农业、乡村、封闭为特征的传统社会向以工业、城镇、开放为特征的现代社会转型,其目的是实现经济增长方式的转变,从而在转型过程中改变一个国家和地区在现代世界和区域经济体系中的地位。经济结构包括产业结构、区域布局结构、市场结构、供求结构、技术结构、企业组织结构等。因此,结构转型又包括产业结构调整、区域布局结构调整、产品结构调整、技术结构调整等。

第二,按照转型的速度,可以分为激进式转型和渐进式转型。激进式转型是指通过全方位的和激进的改革计划,在短时间内进行全面改革,注重改革的终极目标。俄罗斯和东欧的"休克疗法"便是激进式转型的典型。渐进式转型是指通过部分的、分阶段的改革计划,在不引发大的社会震荡的原则下逐步且温和地实现改革目标,注重改革过程的稳健性。"摸着石头过河"的中国经济改革便是渐进式转型的典型。

经济转型是在追求经济过渡性增长与良性社会转型中寻求经济的可持续

发展,经济转型与可持续发展有着千丝万缕的关系。虽然它们是两个不同的概念,但二者紧密联系,是社会发展的重要组成部分。回顾发展历程,世界经济时时刻刻都处在动态变迁的过程之中。生产力发展的要求与其带来的进步性特质决定了经济发展必须不断克服自身发展遇到的矛盾和问题,使得"技术-经济"范式与"社会-制度"范式在共生演化过程中逐步匹配,这个自身不断修正与克服困难的过程便是经济转型。也正是由于经济转型,经济才会在曲折中不断前进,实现可持续发展。可以说,经济转型是可持续发展的前提、内在需求和必要条件,可持续发展是经济转型的目标。

从可持续的经济转型视角看,转型经济可以分为三个阶段,如表3.1所示,WEF(World Economic Forum,世界经济论坛)在计算全球竞争力指数的过程中,也根据各参评经济体的实际状况,将经济发展分为三个阶段:要素驱动阶段(Factor-driven)、效率驱动阶段(Efficiency-driven)和创新驱动阶段(Innovation-driven)。目前中国正处于从要素驱动、效率驱动开始向创新驱动转型的新阶段,因而当前经济转型的焦点在于如何调整经济结构,转变经济发展方式,特别是通过科技创新来优化产业结构,促进产业升级,提升创新能力,实现可持续发展。

表3.1 转型经济的三个阶段及其主要特征

转型经济阶段	主 要 特 征
技术转移(经济起飞阶段)	技术引进转移(出口加工)推动经济增长,短期内技术转移较之于技术改造、创新都能够较快地促进经济增长,而长期来看,这种增长是不可持续的
技术模仿(差距扩大阶段)	经济增长与要素量的扩张紧密相连,在技术模仿战略主导下,经济发展中的城乡差距、区域差距加剧扩大
创新主导(区域协调发展阶段)	技术创新成为经济增长的主要推动力,同时因经济发展逐步步入成熟阶段,城市反哺农村,城乡差距缩小,同时区域经济实现协调发展

中国学者对于转型经济学研究兴起于改革开放之后,其发展与中国经济改革的逐步深化密不可分,可将其划分为三个阶段(周冰,2004):1978～2002年是中国转型经济学研究的起步阶段,这一时期的研究普遍将转型重心放在经济体制的改革上。2002～2008年,中国的转型经济学研究开始不断走向成熟。伴随着改革的不断深入,一个事实逐步被学界所认可,即实现经济持续稳定的增长离不开经济、社会、生态、体制等多领域转型的配合。于是,"大转型"的理念开始主导经济学的研究。2008年,中国的改革路走过了30年,正逢"次贷危机"引发的全球金融、经济危机愈演愈烈,中国经济社会的发展环境更加复杂,理论界对经济转型的研究进入了一个反思期,对于转型的理解也进一步深入——探索在动态演进的背景下,后发国家如何追求人口、生态、经济、体制、社会多维度和谐持续健康发展成为转型经济学新的研究主题。在全球经济社会环境快速演进、技术加速迭代的今天,全面深化改革,加速转型,已经成为政府、企业、民众共同关心的话题,转型之路如何演进,如何实现可持续转型,成为越来越受关注的挑战与课题。

3.1.1.3 产业转型研究简介

产业转型是因全球环境变化人文因素计划(IHDP)引发的相关研究。全球环境变化人文因素计划由国际社会科学理事会于1990年创办,其目的是将IHDP设计成一个研究与全球环境变化相关的社会过程的综合的、跨学科的国际研究组织。IHDP关注变化进程中的两个核心问题:第一,人类驱动力的动态机制;第二,社会文化和制度对这些驱动力的影响。此外,IHDP考察人类在引起全球环境变化以及这些变化对社会各领域产生影响的角色作用,因此,产业转型(Industrial Transformation)便成了IHDP 6个首选研究课题之一。1996年1月,阿姆斯特丹环境研究学院召开国际性IHDP-IT会议之后,提出了如何基于国际性变化使工业发展、生产和消费达到可持续发展等基本问题,并将"弄清使工业系统向可持续发展演化的人类驱动力及机制"视为产业转型的目标,即通过了解环境受到的影响来限制和改进工业活动。1996年5月,IHDP指导委员会通过了这个报告。1997年2月20日,阿姆斯特丹自由大学环境研究所组织国际应用系统分析学院(IIASA)的一个小组,通过综述与IT相关的主要成就和研究成果,制定了工业转型研究目录,并界定了产业转型的主要含义:产业转型容纳了各种研究成果,这些成果描述了制成品与服务的生产和消费的技术、组织和形式(空间和时间)、原材料和能源的转变以及由此产生的环境影响,及其对生命质量产生的后果。

关于产业转型的概念,国内理论界目前还未形成一个比较权威的统一定义。徐振斌认为,产业转型就是指一国或地区在一定历史时期内,根据国际国内环境,通过特定的产业或财政金融政策,对其现有产业结构的各个方面进行调整。就中国当前来讲,产业转型是指从旧的产业结构布局转向以高新技术产业为先导、基础产业和制造业为支撑、服务业全面发展的产业新格局,促进经济社会的发展。

产业转型包括产业在结构、组织及技术等多方面的转型,是一个综合性的概念。产业转型可以定义为在一国(地区)的国民经济主要构成中,产业结构、产业规模、产业组织、产业技术等发生明显变化的状态(过程)。一般而言,产业转型主要包括产业结构和产业组织转型。

产业转型过程,实质上就是资本、劳动力、技术等多要素在不同产业之间进行配置的动态平衡过程。从目前中国经济发展的实际情况来看,产业转型最为关键的要素是如何实现资本积累与技术创新有机高效地结合。新古典经济增长理论学者索洛(Solow)等人通过对经济增长的因素分析,论证了技术进步是经济增长的"引擎"。他认为,经济系统的增长需要外部推动力,只有当经济中出现外生的技术进步(或外生的人口增长)时,经济的持续增长才有可能发生。国内不少学者认为,产业结构调整是中国经济社会转型的重要内容,而产业结构由不同产业之间的生产技术结构水平决定。技术进步使得产业资源在不同产业之间进行重新配置,进而逐步改变了产业发展结构,推进了产业转型。

3.1.1.4 转型管理及其应用

转型管理(Transition Management)理论是从20世纪90年代末兴起的重要前沿研究。转型管理由荷兰转型研究所(Dutch Research Institute for Transition,DRIFT)的罗特曼斯(Rotmans)于2000年首次提出。其基本理念根植于若干重要的传统理论,包括整合评估、后常规科学、演化经济学、复杂适应性系统、创新研究以及技术转型理论等。这些不同的理论范式之间存在着一些共性:第一,是动态演化的开放系统;第二,受外部环境变化的影响;第三,其发展呈非线性的态势。

转型管理具有丰富的思想含义,是基于复杂性思考、过程导向的治理方式,往往采取的是渐进的、前瞻的、参与式的方式或途径。作为一种基于复杂性理论的治理模式,转型管理具有以下特点:第一,多层次,强调多种领域和不同行动者的复杂性及其有效协调;第二,互动性,基于连续互动的决策方法,以保证治理的合理有效;第三,治理的适应性,注重过程中的学习;第四,过程的渐进性;第五,采用软规划代替综合规划,透过长期视野来思索短期政策,并注意保持选择的广泛性(Rotmans et al.,2001)。

为了将关于转型管理的基本理念转化为可操作的方法,罗特曼斯等学者设计了一个具有周期性结构的转型管理模型(如图3.5所示)。首先,在宏观战略层面提出问题,建立转型域和转型愿景;其次,在中观和微观战略层面形成联盟和转型议程;再次,实现宏观愿景的具体落位,在运作层面开展实验,并在各行动主体间形成转型网络;最后,当转型完成时,对整个进程进行监测、评估,从转型实验中汲取经验、反思教训,为下一轮转型提供具有价值的可操作性预案(Rotmans et al., 2001)。

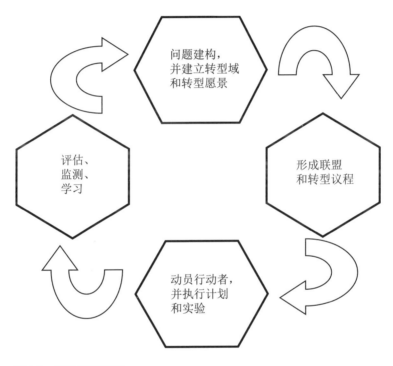

图3.5　转型管理周期

洪进等人通过对转型管理最新理论与实践的研究认为,虽然转型管理研究发源于欧洲发达国家,并与其先进的技术基础、良好的政府治理、高度的民主化等因素密切相关,但是中国的社会转型实践也可以从这一新的理论中获得重要的启发和借鉴。第一,目前中国正处于持续的社会转型进程中,社会多系统都经历前所未有的历史变迁,其发展路径具有极强的中国特色,并存在一定的复杂性,而转型管理的多阶段模型可以很好地关注到历史性因素和阶段性因素,强调演化的长周期视野和短期实现机制,与中国的转型发展现实具有极强的契合性。第二,中国地广物博,区域发展状况存在较大的差异性和不均衡性,很难运用统一的治理方式来解决各种问题。转型管理的多层次框架关注微观层面上的特殊性,较好地解决了宏观与微观之间的深刻矛盾,它不仅可以使我们更好地认识中国发展问题的内在机制,也可以帮助政府制定更为科学、有效的治理政策。第三,转型管理特别强调微观层次的小生境治理,关注创新环境的培育与优化,从一定程度上弥补了宏观理论容易流于形式的缺点,也为转型管理的具体落位提供了可操作指导(洪进 等,2010)。

3.1.2 本研究对社会转型内涵的新认识

关于"社会转型"的内涵,国内外理论界主要有三方面的理解:一是指体制转型,如从计划经济体制向市场经济体制的转变;二是指社会结构变动,将社会结构视为社会转型的主体,将结构转换、机制转轨、利益调整和观念转变视为社会转型的具体内容,关注一种整体和全面的结构状态过渡过程,而不仅仅是某些单项发展指标的实现;三是指社会形态变迁,即社会从传统社会向现代社会、从农业社会向工业社会、从封闭社会向开放社会、从工业社会向知识社会的变迁和发展。

很多转型偏重解决经济增长中的低效率问题,但是转型给人们生活带来的影响绝不仅仅局限于经济领域。早期的转型理论研究更偏重经济问题而忽视社会问题,或者简单地认为解决了经济问题后,社会问题就会迎刃而解,但事实并非如此。特别是针对后发型国家,例如印度在转型过程中不仅表现出预料性强的社会问题,还出现了很多预想之外的新问题。1991年,印度以财政紧张和外汇储备急剧下降为导火索,放弃了尼赫鲁型的计划经济体制,开始寻求新的发展道路。这一时期印度经济实现了较快的增长,可是地域间的经济差距开始扩大,经济与社会发展不协调的问题开始突现。在印度,贫困率低、收入高的州却通常在社会发展方面比较落后,其中最为显著的一个指标就是这些州女孩与男孩的数量比非常低。相反,对于一些中等收入的州,其社会发展却比较平衡,表现出识字率高、新生儿死亡率低、人口寿命长和人口增长率低等特征。对于那些较为贫困的州,其经济、社会各方面都非常落后。印度政府的重大失误就是只注重经济增长而忽视了社会发展,然而恰恰是社会领域的失衡构成了制约印度发展的最大瓶颈。可见,经济与社会的协调发展不但是保持稳定的基础,而且是促使转型不断推进并最终获得成功的关键所在。

进入21世纪以来,中国基本建立起了社会主义市场经济体制,并且得到了世界上众多国家的认可。2003年,中国共产党第十六届三中全会通过的《中共中央关于完善社会主义市场经济体制若干问题的决定》中指出,经济体制改革在理论和实践上已取得重大进展。中国社会主义市场经济体制初步建立,以公有制为主体、多种所有制经济共同发展的基本经济制度已经确立,全方位、宽领域、多层次的对外开放格局基本形成。然而,伴随着经济的高速增长,医疗、教育、资源、环境等问题却日益突出。2015年,中国共产党第十八届五中全会提出,到第十三个五年规划期间需要"树立并切实贯彻创新、协调、绿色、开放、共享的发展理念",并要求2020年全面实现小康社会,以预期目标的规划方式将中国社会新一次的转型推向最后阶段;同时,针对日益增长的环境、社会问题以及新涌现的经济问题提出创新和全面发展理念,希望据此指导社会转型。

在此背景下,国内对于"转型"与"社会转型"内涵的理解与认识也是不断演进变化的,这种变化集中体现在两个标志性的事件上。首先是2002年美国普林斯顿大学著名的华裔经济学家邹至庄(Gregory C. Chow)在《中国经济转型》(China's Economic Transformation)一书中对"转轨"(Transition)和"转型"(Transformation)进行了严格的区分和界定。他认为,"转轨"一词更强调的是包括特定的起点和终点,有明确目标的转变,而"转型"一词则不包括特定的终极目标,并且更加注重转变的过程(邹至庄,2005)。同年,由吴敬琏主编的《比较》杂志在2002年第1期中刊登了科尔奈(Kornai)《制度范式》(System Paradigm)一文,其中,"transition"被译为"过渡","transformation"被译为"转轨"。而《比较》杂志2005年第17期刊登的科尔奈《大转型》一文将"transition"改译为"转轨","transformation"改译为"转型"。这一变化绝不是译法的简单改变,而是反映了国内学界对于"转型"理解的一次重大变革:"转型"不仅仅是经济层面的变化,还包括与之配套并同步推进的社会、政治、文化等领域的全方位变革。在这一过程中,各种系统、因素相互交织,彼此影响(科尔奈,2005)。

目前,中国经济运行中的"二元结构"问题显然已经不是经济学中的一般理解,而是由在特定的社会、体制背景下变异后的多"二元"构成,它至少包括城市与城市之间、农村与农村之间、城市与农村之间,以及转型过程中同一区域内部出现的职业之间、所有制之间、产业之间等多种情况导致的"二元",反映了改革过程中的结构性变动特征与结构性矛盾,是特定的转型过程的产物,也是转型过程中不容忽视的一部分。另外,生态环境恶化、社会保障体系缺位等问题都属于转型的范畴。虽然20世纪90年代中后期以来中国经济增长仍然保持了较快的速度,但增长已无法自动解决这些发展转型问题,而是形成了速度与矛盾积累相伴随的局面,转型的范围与影响决不限于经济领域。

从当前国际社会特别是中国社会发展模式重大转型的进程而言,设计发展模式的基础结构已成为重要的战略使命。即以单纯经济目标为中心的发展模式已同当代文明的健康发展愿景形成结构性冲突,长此以往,将会损害中华民族可持续发展的根基(如图3.6所示)。例如,中国至今有近3亿农民工和5000万留守妇女处于游离农村与城市之间的边缘生存态,全世界十大污染城市中国曾高达7座。今天,一个经济、生态、人口多维协同的基础结构已成为社会进步的新框架(如图3.7所示)。

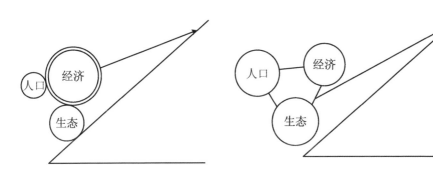

图3.6　以经济发展为中心的模式图　　图3.7　经济、生态、人口三维协同模式图

在新的社会发展多维结构中,经济发展、生存友好与生态安全三者之间是协同互补的关系,当代中国的基础条件已经决定了以经济建设为中心的发展模式需要进一步优化结构。从科技共同体应对重大社会转型的核心立场而论,需要从科学技术是第一生产力的目标全方位拓展,即建立科学技术成为构建新生产关系、促进各社会阶层健康生活、提高人类与生态系统友好程度的关键力量。

综上所述,在全球经济危机和社会转型的国际背景压力下,中国经济的发展方式、社会结构、文化形态等领域均发生了深刻的变化,处在新社会转型的关键时点;中国的发展路径上又具有很强的独特性和复杂性,并且表现出传统与现代的重叠性、不同体制的多形态性以及不同要素渊源的多层面性。此外,就中国社会的系统复杂性而言,地域广大且各地的社会发展水平差异颇大,面临的挑战各不相同,其转型的道路选择也有所差异。因而,本研究对社会转型的新认识采取以重叠性、不同体制的多形态性以及不同要素渊源的多层面性为框架的多视角研究思路,即从转型的社会需求结构出发,将经济结构、增长方式与体制的演进变化以及社会可持续发展阶段的转型同时作为转型时期特殊形态的考察对象,从多层次关注社会结构中经济、社会、科技多个子系统的互动与发展,以及人口、生态、经济等多个要素的共生演进与变迁,以实现"经济-科技"范式与"社会-制度"框架契合匹配的社会转型目标。本研究将对社会转型的新理解贯彻到后文对于中国社会转型研究的描述中,运用多层次框架,在考虑全球大势及国际宏观战略层面的转型环境的同时,亦考虑中国目前的政治、经济、社会等子系统的发展水平与微观运行的特殊性,提取重要因素进行刻画。

3.2 当前视域下的中国社会转型研究

3.2.1 中国社会转型的国际背景探讨

3.2.1.1 世界社会经济格局的演变趋势

1. 第四次工业革命背景下知识经济与全球化的格局演变

知识经济与全球化是当代世界经济与社会发展的两大趋势,这两大趋势互为因果又互相促进,有着很强的一致性、互促性与制衡性。20世纪中后期以来,随着信息技术的不断发展,席卷全球的信息化、知识化浪潮已经极大地改变了全球发展的动力系统,人类社会的生产力结构和要素发生了从物质型向信息型、智慧型,即以知识为基础的全球化与知识经济的转变。知识经济与全球化的发展不仅推动着发达国家从工业社会向知识社会形态的过渡与转型，而且也使不同国家的技术变革、经济发展、生活方式、价值观念、意识形态等力量的跨国交流、碰撞、冲突与融合不断深入。按照国际经济合作发展组织（OECD）1996年在《以知识为基础的经济》报告中的定义，知识经济是建立在知识的生产、分配和使用上的经济。这里所说的知识，包括人类迄今为止所创造、积累的全部知识，其中重要的部分是科学技术管理和行为科学知识，已形成核心资源-知识资源的产生基于新科技成果和人类知识精华的经济形态。20世纪晚期至21世纪初叶，半导体技术、大型计算机（20世纪六七十年代）、个人计算机（20世纪80年代）和互联网（20世纪90年代）的快速发展催生了一种建立于数字和智能基础之上的革命——第四次工业革命，也称为数字化革命。

2017年6月，第11届达沃斯论坛开幕，论坛主题为"在第四次工业革命中实现包容性增长"，第四次工业革命被正式提上国际化的政府议程。第四次工业革命的特点是：同过去相比，互联网变得无处不在，移动性大幅提高；传感器体积变得更小、性能更强大、成本更低；与此同时，人工智能和机器学习也开始崭露锋芒。

第四次工业革命不再仅限于智能互联的机器和系统，它在更大范围内实现了各类学科及其各类技术的融合和互动，横跨了自然学科中的物理、数学、生物和应用学科中的信息、机械、材料等几大领域，而且相比至今在全球仍未完全实现的第二次工业革命和第三次工业革命，新兴技术和各领域创新成果的传播速度和广度已在20年时间内实现了惊人的增长，例如智能手机、4G网络的覆盖率、网络消费以惊人的速度发展，同时开源性和快捷性决定着第四次工业革命与前几次革命有着本质不同。

一个在中国具有突破性的案例是网络购物。2015年后，网络消费已逾越刚兴起的尝鲜阶段，成为社会消费的主要方式之一。中国国家统计局公布的信息显示，2016年中国大陆居民全年网上零售额达51556亿元，比2015年增长26.2%，占社会消费品零售总额的比重为12.6%。以阿里巴巴、京东商城为代表的网络购物平台的快速发展对传统实体商业体产生了颠覆性的冲击，例如世界零售商场领导者沃尔玛在中国进入"关店流程"，仅仅2017年2～4月在华即关闭了6家店，本土零售商场巨头华润苏果3个月内则关停了2家店。传统商业体的快速颠覆不仅对原有的资金、人员、货物产生影响，同时对商业用途的房屋和土地供应市场产生因速度过快而始料未及的连锁效应。

中国在前三次工业革命起步时落后于发达国家，但是在第四次工业革命发生时和发达国家站在同一起跑线上，能否实现"弯道超车"取决于中国能否把握住这一次工业革命中的机遇。中国在此次革命引发的部分前沿领域发展已全球领先，例如移动支付＋超大规模物流市场、大范围高铁网建设等，当然还有网购。根据《2016～2021年中国移动支付业务行业细分市场需求与投资机会分析报告》(北京中宏经略信息咨询有限公司，2016)，2016年中国移动支付市场规模5.5万亿美元，超过美国50倍，超过全年日本GDP总量(4.4万亿美元)，全球遥遥领先。同时，大数据、云计算、量子通信等第四次工业革命引发的新兴技术也在中国落地，并且跻身全球最前列，例如2016年8月发射了全球第一颗量子卫星——墨子号，2017年9月开通了超2000公里的京沪城域量子通信干线——世界首条量子保密通信干线。

但是，第四次工业革命也带来了一定的冲击性影响，例如在一定程度上对传统行业的强烈冲击，未成熟技术快速产业化失败率较高带来的资源消耗，贫富差距和知识鸿沟的进一步加深等。

在超高速增长发育的新领域，创新企业的创新产品与创新服务由于强调对高新技术的快速使用，短时间内加剧了技术知识程度掌握不同的人群间的获益能力和机会差距。例如，先不说开发能力，仅仅是利用大数据知识、利用云计算技能知识、掌握手机移动支付功能知识的不同,都会立刻体现数字化时代居民生存状态的巨大差异;又如,人工智能技术的推进,使得投资方和管理方因降低劳动力、生产设备成本而大大获利,但是中下层劳动力因此必然会遭遇大批量失业的风险。所以,在第四次工业革命初期的科技创新浪潮中,不能只看到科技革命性应用和消费爆炸性颠覆的"进步",还要看到知识经济社会里新型的贫富差距和知识鸿沟。在中国,政府的引导性规划战略是鼓励共享型增长,立足全局和资源拓展,期待通过教育的普及、科技的大尺度传播和大范围推广,使社会各阶层均可共享新兴技术带来的社会变革。

一般而言,全球化是一个国际联系和相互依存日益扩展的历史过程。狭义的全球化是经济活动的全球联系和相互依赖的扩展;广义的全球化是经济、政治、文化、社会和环境等领域进行的复杂的国际化过程。

以往学术共同体和国家治理实践体系讨论的社会转型,一般是在一个国家或者具备某些共同性的若干个联系紧密的国家联合体中讨论。因为不同国家外延边界之内的社会,往往会在外部因素的影响及内部发展历史的阶段特征两相作用之下呈现出不同发展脉络。在同一时点,不同国家总是处于不同的社会发展阶段。比如,从全球现代性的建制历史来看,欧洲大陆从18世纪启蒙运动以来,就已经决定性地迈上了现代性之路;而美国若从1776年"独立运动"开始算起,迄今为止也有200多年了,目前仍在现代性建制中;再观日本,自1867年"明治维新"运动以来所进行的现代性建制,至今也有150多年的历史了;中国从19世纪末到今天已跨越三个世纪的100多年,也依然处于现代性建制的过程中。

正是由于这种进入现代性建制"早""迟"的差异和各民族文化内生的差异存在,知识经济和全球化命题成为世界各国都必须研究和面对的同中存异的挑战。在知识经济与全球化逐步演进的过程中,全世界逐渐在政治、经济、文

化等多个方面建立了似乎趋于统一的行为模式和行动规则,其中,对当前社会发展格局影响较为深广的,主要有以下几点:

第一,科技-经济系统互动的全球化影响日趋加速与扩大。随着信息技术在当今社会生活的嵌入程度不断提高,经济发展的核心驱动力逐步由物质、资金转向以技术和信息技术为主,世界经济从物质经济向信息(虚拟)经济转化的趋势看起来已不可阻挡。在这种发展背景下,技术进步对经济增长点的作用与贡献率不断提高,且趋于一种稳定的态势。知识的创造与应用对经济发展的作用越来越大,科技水平成为衡量一国竞争力的重要因素之一,科技(知识)密集型行业对一个国家经济增长的推动作用日益凸显,科技系统与经济系统的关联互动也越发密切。无论是发达国家还是发展中国家,都将发展高新技术产业作为促进经济发展与社会进步的重要"增长极"。知识、技术和人才等重要科技资源的全球化流动,创新、发明和技术升级更新扩散周期不断缩短,对全球经济发展格局带来了持续性的、非预测性的变化。

第二,全球资源流通下的产业结构调整与分工结构调整。从根本上而言,知识经济及其引发的全球化发展是一场以发达国家为主导,以跨国公司为主要载体的世界范围内的产业结构调整。这一次产业结构调整不仅是一些产业的整体转移,更重要的是同一产业的生产环节的转移。这次世界范围内的产业结构调整,一方面是在发达国家之间,通过跨国公司之间的相互交叉投资或企业并购,在更大的经济规模基础上配置资源,开拓市场,更新技术,从而实现了发达国家间的技术和资金密集型产业的升级;另一方面,发达国家把劳动和资源密集型产业向发展中国家转移,特别是把这些产业,包括高新技术产业中的劳动密集型生产环节向发展中国家转移。

科技革命也促进了国际分工体系的深入转变——由单一的部门间垂直型的分工模式发展成垂直型和水平型相结合的分工模式。在新的国际分工模式中,跨国公司是主要组织形式和微观载体,国际分工越来越多地表现为跨国公司的内部分工。国际分工的这种格局引发了国际间产业梯度转移和产业分工:发达国家集中力量发展高新技术产业,将资本密集型产业向新兴工业化国家转移,而新兴工业化国家则将劳动密集型产业转移到劳动力价格更低廉的发展中国家。国际分工的立体化使各国之间的相互依存度与经济融合性越来越强,国与国之间不仅互相需要对方的市场,同时也需要对方的产品、技术和服务。跨国公司的全球经营使国际贸易逐步内部化,使国际经济关系转变为企业内部的依赖与合作关系。2013年之后,随着2008年爆发的美国金融危机的良性演进,美国的制造业出现回流态势,波音、通用等一批跨国公司将其部分制造环节收回美国本土,这一趋势目前还难以判断其实质性意义所在,但确实很可能成为全球产业布局调整的一个新的趋势性信号。

第三,信息技术不断发展下的跨国公司与创新全球化。以跨国公司为载体,通过国际投资形成生产、研发与销售全球化的结合,成为知识经济与全球化的一个新趋势。根据联合国贸易与发展会议(UNCTAD)《2016年世界投资报告》,2015年全球外国直接投资(FDI)流入总量跃升了38%,达1.76万亿美元,是2008年全球金融危机爆发以来的最高水平;而中国跨国经营的公司在2014年达6182家,较1992年增长了16倍;2015年中国对外投资增长4%,达1276亿美元。

从跨国公司的发展形势来看,为提高自己的全球竞争实力,企业间管理重组与兼并的步伐大大加快。战略联盟作为一种现代化制度创新,在全球经营中普遍应用,已成为跨国公司开始更高层次的竞争与合作、加强其国际竞争力的主要方式。以产品创新价值链为纽带的跨国生产体系与创新网络正逐步建立,在世界范围内,借助于跨国公司及其分支机构间形式多样的联系,一种以产品关系和国际分工取代商品贸易和不涉及控制权的资本流动,成为国与国之间经济联系的纽带,从而体现了生产与创新的全球化程度加深。

从"微笑曲线"来看,跨国公司往往控制、占据着研发、设计、品牌营销等产业价值链的高价值端,而很多后发型国家众多中小企业被"锁定"在生产制造环节,处于产业价值链的低端。从外国直接投资的领域来看,2015年第一产业大幅减少,第二产业的制造业则有所增长,而服务业持有的外国直接投资流入存量最高,占60%。这与受到2014年初级商品价格大跌、石油和采矿行业大幅削减开支影响当然也有关。从外国直接投资的地区来看,2015年亚洲的外国直接投资流入量全球增速最快,达到16%,而其他较为不发达地区则出现持平或者减速情况,例如非洲的外国直接投资流入量在2015年下降了7%。东南亚各国之间为吸引外资达成了自由互通贸易的协定,为外国资本流入和技术溢出提供了优势互补的环境。

2. 本轮金融危机影响的国际经济与社会变化趋势

当前,世界经济与社会格局在大调整大变革之中出现了一些新的演化趋势:

世界经济舞台强弱更迭,发达国家发展速度的放缓与若干新兴国家的突破性上升动能复杂纠结。美国、欧盟发达国家领先性的经济力量明显削弱,实体经济增长速度呈放缓趋势,新的主流经济增长点开始呈现丰富而混乱且主线不是很清晰、稳定的特征,关联多个国家与区域共同体的国家主权债务危机迟迟得不到遏制,对未来发展短时间内重建的信心缺失。一个突出的演化趋势是:包括中国在内的新兴经济体在金融危机复苏中表现强劲,虽然发达国家经济的疲软在一定程度上影响了新兴经济体的出口贸易,但其在全球经济体系中的权重上升已日益凸显。国际货币基金组织(IMF)2017年4月发布的《世界经济展望》指出,全球经济增长从2016年第四季度开始加速,并且一直保持该势头。IMF预计全球经济增长将从2016年的3.1%上升至2017年的3.5%

和2018年的3.6%,相较前期预测并没有区别,只是各国数据会出现差异。中国2017年、2018年经济增长预测分别上调至6.6%、6.2%;而美国2017年提升至2.3%,2018年提升至2.5%(国际货币基金组织,2017)。

第二,世界经济原有的发展增长模式难以为继,经济发展格局面临深度调整。在本轮全球金融危机中,发达国家过度依赖虚拟经济增长模式受到批判和反思,而世界经济"再平衡""再工业化"等政策设想及目标在发达国家和发展中国家得到了普遍认同。虽然知识经济下全球化发展的大趋势仍将继续,但其发展并不是稳态的,全球性转变趋势下世界经济格局的调整与转型还将深入并继续。

第三,世界科技创新孕育新的经济增长点,产业升级速度提高。1857年的世界经济危机引发了以电气革命为标志的第二次技术革命;1929年的世界经济危机引发了"二战"后以电子、航空航天和核能等技术突破为标志的第三次技术革命。在本轮经济危机中,发达国家加快调整科技和产业发展战略,把绿色、低碳技术及其产业化作为突破口。例如在危机爆发之初的2009年,美国就推出了绿色经济复苏计划,欧盟也推出并实行了绿色技术研发计划等,其意图均是为了前瞻性地布局和培育新一代国家竞争优势,抢占科技与产业发展的新的制高点。

第四,全球社会转型的需求以矛盾形式发育,多维度转型需要多方合作努力。纵观全球现代化发展的未来图景,包括中国、印度在内的数十亿人口追求小康生活和实现现代化的宏伟进程与自然资源供给能力和生态环境承载能力的矛盾日益凸现和尖锐,按照传统的大量耗费不可再生自然资源和破坏生态环境的经济增长方式,沿袭少数国家以攫取世界资源为手段提升国民生活水平的发展模式难以为继。环境保护、能源节约关系着经济发展和民生改善,不仅是提高生活质量的必然要求,也是在资源承载力日益逼近极限的趋势下,人类文明可持续发展必须应对的挑战。人口、生态、能源、环境等领域的问题需要汇聚人类的各方智慧和协作力量,追求和实现可持续的转型。

第五,全球化经济合作逐渐向区域化经济合作转变,合作框架受到冲击。欧盟是世界上区域化经济合作较为成功的范例,在2013年已扩展至28个国家。与此相似的东盟(东南亚国家联盟)组织,其在吸引外国直接投资流入上表现出色。2015年FDI在东南亚地区增长额达10%,尤其流入南亚的FDI大幅增长16%,达410亿美元(《世界投资报告2015》)。这与东南亚各国之间形成的贸易联盟关系密切,各国之间互联互通进一步加强,区内、区外的商品、服务、信息及人员流动更加便利,交易成本持续降低。其中,联盟内部形成的经济走廊(如印尼-马来西亚-泰国经济增长大三角)达成的区域合作倡议,加强了高速公路、铁路、电力等基础设施方面的联通以及人员、货物等资本流通上的便利,为各国国内资本流动和国外资本流入提供了助力。

中国倡议的"一带一路""亚洲投资发展银行"于近年来风生水起,尤其"一带一路"已投入实际运转中,进一步加强了区域化经济合作态势,也顺应了亚洲为FDI在2016年强势增长地区的趋势。全球化经济合作逐渐分化成不同区域之间的合作,尤其是在那些地域相连区域的流动成本、发展需求、优势互补上可准确定位,并且可减少一定的贸易壁垒,方便快速落地运营,提升合作效率。

不稳定的形势是:2016年英国宣布"脱欧",2017年美国宣布退出跨太平洋伙伴关系协定(Trans-Pacific Partnership Agreement,TPP),为区域性合作带来较大震荡,也为其存在的合理性及未来发展趋势带来疑问。

3.2.1.2 国际背景下社会转型的重要维度刻画

在世界社会经济格局的动态演变中,在社会、经济、科技等子系统内,重大的社会转型以矛盾纠结的形式不断孕育和发展。本书认为至少有以下几个维度的重要轨迹值得特别关注。

1. 绿色经济

按照传统的工业社会发展模式，历经数百年的消耗之后，大量耗费不可再生自然资源和破坏生态环境的经济增长方式已难以为继。根据康德拉季耶夫的长波经济理论和熊彼特的创新理论，绿色经济研究者预言第六次创新-经济长波将开创以低碳能源为特征的绿色经济新时代，经济发展、生活方式甚至是价值观都将发生巨大变革。转变经济发展方式、发展绿色低碳经济已经成为全球发展的重要趋势。当然，经济增长和气候变化、环境资源之间的冲突不可能马上消失，必须依靠经济模式调整和科技进步逐步缓解，这是全球必须共同面对的问题。人类社会需要找到一种既符合保护气候、环境要求，又有利于提高与优化经济效益的发展模式，这一模式并不是单纯的巨额投入和付出，而确实存在长远的机会和更优质的产出可能性，发展清洁、安全、可靠、能维持生物多样性的增长方式，现在认为至少会带来以下重要变化：

首先，绿色、低碳的经济发展观念业已形成。近年来，全世界范围内兴起一股新的思潮——追求可持续发展的价值观，世界各国已经开始努力培育新能源、节能环保产业等新的增长点，推动生产、流通、分配、消费和建设等各领域的节能增效，期望构筑绿色产业体系。而在2008年新一轮经济危机强冲击的背景下，英国、美国、德国等发达国家也把发展"低碳经济"作为国家经济发展的重要战略转移抓手，2009年7月，英国政府公布了《英国低碳转型发展规划白皮书》，成为全球第一个立法约束"碳预算"的国家，标志着英国政府正主导经济向绿色低碳发展方式的全面转型。

其次，绿色经济发展的相关技术（如低碳技术）离不开科技创新。目前，世界上处于各类发展阶段的国家都在以不同的方式蓄积能量，抢占或规划抓住绿色经济发展带来的新契机。除了加强新能源、节能降耗等战略性技术的研发和储备,不少先行国家也在加速材料与制造技术的绿色化、可再生循环化的进程,加快材料与制造业基础端的产业升级。推动绿色经济技术发展逐步渗透到各个经济部门和行业,不仅关系到传统产业的改造提升和战略性新兴产业的培育,还关系到国际科技竞争和市场竞争。而在推动绿色经济的发展中,技术创新起着关键作用,科技共同体起着创新源头与供给源头的关键作用,特别是对于新兴的发展中国家,如何以前瞻战略思路激活科技共同体在新一轮打造绿色经济的全球化博弈中实现"弯道超车",已直接关系到新的发展引领结构将会如何被构造。联合国开发计划署(The United Nations Development Programme, UNDP)在《2009~2010中国人力发展报告》中指出,作为全球最大的发展中国家,中国在向绿色低碳经济的快速转型过程中,需要62种关键的专门技术和通用技术的支撑,而其中的42种中国目前并不掌握核心技术。

第三,碳关税等贸易保护措施正尝试改变经济全球化发展的已成形机制。碳关税存在"双刃"效应,一方面它适应了应对气候变化与世界经济可持续发展的要求;另一方面它具有强烈的国际政治经济含义,本身也隐含了发达国家-发展中国家如何分割全球碳预算的分歧。发达国家希望自己实施碳预算计划的同时,让发展中国家实现大幅减排,从而混淆了发达国家早已是巨额预算赤字的严重透支事实,从而最终淡化自己的责任,颠覆"共同但有区别的责任"。事实上,在某种视域上这成为贸易保护主义的新借口,将会严重损害新兴国家与发展中国家的利益。显然,设置碳预算、碳关税的想法并不仅仅局限于应对气候变化,还试图通过提供稳定的政策框架为经济主体提供某种导向,为全球下一轮核心经济竞争力奠定坚实的基础,可以视为"头脑国家"向"躯干国家"的一种新的挤压掠夺发展空间的模式。无论是2009年的"哥本哈根会议",还是2010年的"坎昆会议",都是各方力量博弈的"过程"。如何形成具有真正约束力的全球合作发展机制,还需要多方用客观、积极的态度去看待各主体在应对气候变化上所做的努力和所应承担的责任。

2015年联合国可持续发展峰会通过《2030年可持续发展议程》(Transforming Our World: The 2030 Agenda for Sustainable Development,以下简称《2030议程》),大会以落实《2030议程》中的环境目标为主题,聚焦当今世界环境和可持续发展面临的严峻挑战,以期通过各项决议,助推全球可持续发展。2015年12月12日,来自全球的100多个国家在巴黎气候变化大会上通过《巴黎协议》(Paris Agreement),2016年4月22日,175个国家领导人齐聚纽约联合国总部共同签署《巴黎协议》,截至2016年6月29日,参与国家已达178个,这是继《京都议定书》后第二份有法律约束力的全球性气候协议,其参与国家数量为历史之最,承诺为气候变暖同出力,将全球范围温度提升控制在2摄氏度以内。但是2017年6月1日,美国单方面宣布退出《巴黎协议》,其原因在于环保与经济发展之间的利益矛盾性以及发达国家与发展中国家在解决环保问题的利益分歧性上。因此面对逐渐分化的利益,如何协调各方并寻找到适应全球多元利益体的绿色可持续发展依然是一大挑战。

2. 信息智慧

信息技术正在全速推动着实体生存形态向虚拟生存形态的转变。

人类文明有史以来生存形态最大的变化正在发生,这一变化是以非常强烈而快速的趋势向全世界弥漫式扩散的。从20世纪90年代初到今天仅仅不到30年的历史瞬间,生活、工作并谋求发展于物理实体空间的人们,发现自己已被引向了前所未有的虚拟生存与交流环境里。以1992年的互联网协议(Internet Protocol)体系向全世界开放运行为标志,数字地球计划、智慧地球计划等以令人目不暇接的速度将人类文明导向虚拟空间,并已形成了全世界范围的实体空间与虚拟空间并存的态势。短短数十年,人类的生产与生活在科技革命中无中生有地创造了一个虚拟环境，由此带来了社会发展模式重大转型的若干关键变化：

第一，虚实结合的经济业态已经形成。包括电子商务、电子政务以及全新的物联网体系的诞生，使经济和商务的虚拟运行平台日趋成熟，不仅已有相当份额的商品和服务交易在虚拟平台中完成，而且可以确定的是几乎所有的交易未来都将离不开虚拟平台。这无疑催生了经济运作形态及原理认知方面翻天覆地的变化，中国社会包括科技共同体都必须进入新经济业态中去规划和深度参与才能保障未来。

第二，虚实结合的生活业态已经深度改造了人类的生活方式。网络生存或称漂流在虚拟空间已成为常态，缺乏网络空间生活经历的人会被界定为严重落伍，不具备网络新媒介运用能力的人正被视为新文盲，仅有实体空间生活经历无疑将会失去未来，并且在人类当前的交流中日趋失去话语权和被边缘化。中国式"互联网＋"的时代背景下，科技共同体在承载科学技术知识生产与传播时，需要从虚拟生存常态立场重新思考工作和生活方式，并且以积极引领的态度设计新的方案，而不是被社会转型大潮一步步拉进虚拟生存中。

第三，开源时代的数据革命改变了生活管理和运营方式。大数据、开放数据、云计算、物联网作为信息时代开源数据的存在本体，是海量数据同完美计算能力结合的结果。IT调研与咨询服务公司高德纳（Gartner）定义：大数据是需要新处理模式才能具有更强的决策力、洞察发现力和流程优化能力的海量、高增长率和多样化的信息资产；中国云计算官网对云计算给予的定义为：基于互联网相关服务的增加、使用和交付模式，通常涉及通过互联网来提供动态易扩展且经常虚拟化的资源。两者的表述要义皆是通过互联网开放平台对众多数据、资源等进行快速处理，并经过一定的分析程序，提供科学、客观的数据说明的认知逻辑。

数据革命大幅度提高了人们认识世界的效率,也改变了人们接触和认知世界的方式,并将逐步取代传统模式。目前我们看到的情景是:在数据收集、决策制定、模式比较、趋势预测等领域,无论是政府机关服务、科研学术研发,还是企业机构管理,大数据、云计算等已开始进入全面推广阶段,人们开始逐步走向"数据革命时代"。再看处于国际领先地位的美国,其政府高度重视有关数据开放生态的建立,通过《数据法》要求各类机构公开其数据,实现数据链条增值。紧随其后,中华人民共和国国务院在2015年9月印发《促进大数据发展行动纲要》,要求推动大数据发展和应用,在未来5~10年打造精准治理、多方协作的社会治理新模式;同时通过加强政府开放共享数据,推动产业创新发展,强化安全保障,健全和强化大数据发展。2016年3月发布的《中华人民共和国国民经济和社会发展第十三个五年规划纲要》第27章"实施国家大数据战略"明确提出,要把大数据作为基础性战略资源,全面实施促进大数据发展行动,加快推动数据资源共享开放和开发应用,助力产业转型升级和社会治理创新。

3. 人口普惠

新的世界经济社会格局下人口可持续生存发展的复杂性增加。

人口普惠问题直接影响到一个国家的经济发展和社会进步,并且成为促进社会和谐与可持续发展的重要基础。经济发展可以促进众多社会问题的解决,改善人们的收入状况,不过这并不意味着人类的生活状况、健康状况或受教育状况就此得到改善。当代人类发展理念的一种共识认为,发展的目标不仅仅是经济的增长和国民收入的增加,发展意味着为全体社会成员创造一个能够充分发挥自身潜力、过上符合自身需要和利益的生活环境。人类发展理念的倡导者、印度经济学家马布・乌尔・哈克(Mahbub ul Haq)曾指出:"经过数十年的发展,我们才重新发现显而易见的真理——人既是发展的手段,也是发展的目的。"人类发展的概念强调了可持续性、公平性和赋权。目前,全球人口总数已超过72亿,一些人仍生活在极度贫困中,而另一些人则过着舒适甚至奢侈的生活,人群生存的基本权益差距依然十分不均衡。随着气候环境问题、地质灾害、金融危机等突发性伤害的发生,人口普惠领域也发生了以下两个方面的变化:

第一,人类普惠、可持续发展呈现全球化联动的态势。随着全球化的发展,发达国家和发展中国家逐步达成协议,实施关注人口普惠的国际发展议程,如关注贫困人口、基础教育、初级医疗、安全用水和营养不良等领域。2000年9月,全球189个国家和政府首脑通过了《联合国千年宣言》(United Nations Millennium Declaration),该宣言制定了一系列目标,即后来闻名于世的"千年发展目标"。这些目标得到了主要机构参与方和公民社会的积极参与,赢得了广泛的国际支持,并在以下方面做出承诺:饥饿和极端收入贫困、初等教育、性别平等、儿童死亡率、产妇保健、艾滋病毒和艾滋病、疟疾和其他疾病、环境可持续性,以及谋求发展的全球合作关系。

第二,突发性伤害下,人类可持续发展的脆弱性与不平等性进一步暴露。人类发展的核心是普惠精神,这不仅仅存在于同代之内,也存在于代与代之间,因而人类的可持续发展需要也包含了代内与代际的平等性。在动态演进的复杂环境下,人类安全要求关注人类发展的种种风险,涵盖了免受诸如饥饿、疾病和压迫等长期威胁,以及免于在日常生活中遭受突发性的伤害(包括暴力、地震或金融危机等)。近年来,人类发展所取得的一些成就因为突发性伤害的出现而暴露其脆弱性,本轮金融危机就是极好的明证,由大规模金融体系缺陷引起的经济不景气带来了大规模的失业与贫困问题,而气候变化、环境能源等问题给贫困人口带来的危害与潜在风险更加严峻。全球出现了高而持续的不平等、不可持续的生产方式以及世界上许多人丧失基础权利等演化特征。

3.2.2 当前视域下中国社会转型的现实与趋势

3.2.2.1 中国总体的发展战略调整方向与国际背景的契合

在社会转型与最近一轮金融-经济危机的国际大背景下,中国的发展面临着前所未有的机遇和挑战。一方面,和平与发展仍然是时代主题,世界多极化不可逆转,知识经济与全球化深入发展,科技革命加速推进,全球和区域合作方兴未艾;另一方面,内部结构失衡和外部的经济危机,以及气候变化、能源危机等问题也使中国发展的宏观环境判断与路径选择变得更加复杂。

在国际社会经济格局的动态演变中,中国正经历着从传统工业社会向知识型、信息型社会的关键性过渡,也正经历着自身发展方式重大转型的多层次社会形态及社会结构的变迁。中国总体的发展观念正在与时俱进,探索着如何将自身的战略调整与全球发展相契合。

2002年11月,中国共产党第十六次代表大会报告明确提出了"全面建设小康社会"的目标,该目标表述为,坚持将以人为本,全面、协调、可持续的科学发展观作为统领中国经济社会发展全局的重要指导思想,以实现全面建设小康社会和建设社会主义现代化国家的长期目标。以上国家社会发展方略体现了中国总体发展观的重大转变——从单纯的关注经济快速增长扩展到统筹经济、社会、人口、环境等多维度全面发展的战略转型。在这一历史发展的过程中所出现的社会形态与结构变迁,必然会带来不同群体利益关系的变化,带来人的价值观念的变迁,如何处理好社会变革中各种利益与观念的矛盾和冲突,需要进一步探寻构建社会和谐的基本路径与方式。

从现实情况看,"十二五"改革所涉及的基本问题涵盖社会、经济、科技多系统的人口、环境等多领域的结构调整问题。比如,新阶段的经济增长方式转型已不能就经济而论经济,而是要综合性地考虑经济增长所依赖的社会环境,考虑政府在经济增长中所扮演的角色。又如,新阶段的社会体制改革以人的全面发展为中心建立发展型社会体制,而人的全面发展既与经济体制改革相关,也与社会体制和行政管理体制直接相关。为此,以发展方式转型为主线启动"十二五"改革显得尤为重要。

中国共产党第十七届五中全会通过的《中共中央关于制定国民经济和社会发展第十二个五年规划的建议》的核心就是"转型",即"以加快转变经济发展方式为主线,是推动科学发展的必由之路,这符合中国基本国情和发展阶段性新特征。加快转变经济发展方式是中国经济社会领域的一场深刻变革,必须贯穿经济社会发展全过程和各领域,提高发展的全面性、协调性、可持续性,坚持在发展中促转变,在转变中谋发展,实现经济社会又好又快发展……坚持把经济结构战略性调整作为主攻方向,坚持把科技进步和创新作为重要支撑,坚持把保障和改善民生作为根本出发点和落脚点,坚持把建设资源节约型、环境友好型社会作为重要着力点,坚持把改革开放作为强大动力"。随后,根据此建议编制的"十二五"规划纲要全面突出了以加快转变经济发展方式为主线,在开篇便从国家战略的层面提出"十二五"时期"是全面建设小康社会的关键时期,是深化改革开放、加快经济发展转变方式的攻坚时期,必须深刻认识并准确把握国内外形势变化新特点,继续抓住和利用好重要战略机遇期,努力开创科学发展新局面"。

2016年3月,《中华人民共和国国民经济和社会发展第十三个五年(2016~2020年)规划纲要》发布,并把中国共产党第十八届五中全会提出的创新、协调、绿色、开放、共享作为五大发展理念,明确提出以此理念指导未来5年的经济和社会发展建设。新的纲要理念表明,在世界经济周期性变化和中国经济发展阶段性变化致使经济发展进入新常态的背景下,适应并引领经济发展新常态,全面贯彻落实新发展理念,着力推进供给侧结构性改革,紧紧扭住全面小康的明显短板,做深做实"三个重大"(重大政策、重大工程、重大项目)。相比于前述"十二五"规划,"十三五"规划目标更加简明且强化了科学性追求。

当前,技术进步、利益分歧、环境保护、产能过剩、国际融合等时代特色和发展弊端,需要更为精简清晰的分类和更为创新优化的方法指导经济和社会发展。"十三五"期间需要确保完成三大战略目标和任务:一是确保全面建成小康社会的目标顺利完成;二是确保全面深化改革在重要领域和关键环节取得决定性成果;三是确保转变经济发展方式取得实质性进展,推进经济发展方式的根本转变。

"十三五"规划中明确了中国战略发展的转型目标,从多层次、多系统、多维度予以关注并刻画了转型的方向,与国际经济社会演进的宏观趋势相符合。以下将着重刻画中国社会、经济、生态、体制等建设维度转型特殊性的当代呈现。

3.2.2.2 中国当前社会转型的现实刻画与趋势研判

2008年以来,以美国"次贷危机"和欧洲"债务危机"为标志的金融海啸席卷全球,从金融业急风骤雨般蔓延到实体制造业,以致对全球经济走势产生了深远影响。此后,美国、日本和英国等经济实体纷纷转向推行"新型产业革命",特别是欧盟,以强劲的态势在世界率先拉开了"低碳经济"转型的大幕。从另一方面看,这股"低碳气候"正在使中国传统高能耗的出口导向型经济面临前所未有的压力。从真实情境看,中国数十年延续的高速而粗放的经济发展方式引致了不少问题,并相互纠结形成了备受关注的大批现实热点,例如收入分配欠合理、若干行业较严重的产能过剩与能耗过大、持续高污染等非包容性增长问题引发了中央政府对社会转型的思考和积极行动。概而言之,本次转型的要求突出表现在以下四个领域:以工业、要素、投资为主导型向以服务业、创新、消费为主导型的经济发展形态转型;以包容共享型增长和城乡公共服务均等化为目标的社会发育形态转型;以依法治国构建善政体制,提升服务能力,弱化干预能力的政府治理模式转型;以环境防治和能源优化为重点的生态发展模式转型。

1. 以产业结构全面优化升级为核心的经济发展形态转型

(1) 经济发展方式由成本推动、外生增长向创新驱动、内生增长转型

1978年"改革开放"以来,成本推动、出口导向型模式在助推中国经济快速增长上起到了举足轻重的作用。20世纪90年代以来,中国大陆地区土地和劳动力的低成本优势吸引了大量国外制造业来华投资,沿海区域由于地域优势而很快发展成为规模庞大的生产基地,其生产的产品远销欧美以及世界其他国家,推动了国内沿海区域"低成本、外需拉动"的"中国制造"模式的形成。2000年以后这种模式逐渐由沿海区域的"珠三角""长三角"向内陆地区扩散,广大中西部地区的本土企业随之开始加大出口导向型的市场战略,至此,整个中国品牌的成本推动、外生增长的经济发展方式逐渐成熟。毫无疑问,这种发展方式推动了中国经济在短期内实现超快速增长,也使得中国在对外贸易持续顺差的情况下形成了充裕的外汇储备,进而为产业升级内涵要求的经济转型奠定了物质基础。

然而,这种发展方式的弊端也开始大范围出现:一方面,传统发展方式引致的环境污染、能耗过大和资源紧缺等问题使经济可持续发展能力受到了很大的限制。另一方面,部分企业在追逐低成本发展过程中"弱化"了自主创新能力的培育,原因在于,短期内如果企业低成本生产所获得的收益能比自主创

新得到更高的回报或规避更多的风险,企业会"理性"地选择产业价值链低端的生产制造而不是自主创新;然而,就长期而言,这种对自主创新的"忽视"会影响经济发展的可持续性升级和技术进步的稳定性。因而,当前中国经济发展方式转型的核心是引导国内企业从低成本发展路径走向自主创新路径,通过创新获取经济发展新优势的资源与动能。

在产业经济大范围转型的过渡期内,尽管成本推动、外生增长型经济发展方式在短期内仍然是部分沿海地区的基本发展模式,而且这种模式会随着当前产业梯度转移而表现出由国内东部向中西部转移的趋势。然而,创新驱动、内生增长必须要成为中国经济转型后的主导发展方式,原因在于:一方面,投资、消费和出口在经济发展中的作用会得到调整,国内消费需求特别是城乡居民个体消费需求将是转型经济的重要动力。需求结构的变化会推动经济由"外需"主导转向"内需"主导,并实现内需与外需协调发展。另一方面,产业结构的优化升级会进一步引导国内大型企业重新构建内部创新机制,并通过产业链拓展引导中小企业进入创新经济圈,实现传统产业在新技术基础上的复兴,并推动新能源、新材料、生物科技、高端装备制造及新能源汽车等新型产业的兴起,共同引领经济转向"创新驱动、内生增长"的发展方式。

新古典增长理论的索洛增长模型(Solow Growth Model)认为,劳动力、资本(包括资金、土地和其他自然资源)的要素投入以及技术进步是经济增长的三大源泉。当前,全世界范围的科技创新与应用快速发育及扩散,使得技术在投入要素的权重上逐渐攀升,并影响劳动力、资本其他两类要素的权重,技术进步已逐渐成为主导型要素影响经济与市场发展,而科技创新又成为技术发展的第一驱动力,创新驱动已成为现在及未来经济增长的主要模式。

毫无疑问,创新目标要求下的社会需要培育发展新动力,优化各项社会发展输入资源的配置,从而全面激发创新创业的新活力,拓展发展新空间。与此同时产生的另一中国当前创新驱动计划是"大众创业、万众创新",它着眼的并非科技共同体或产业体系,而是最广泛的就业人群,链接的是劳动力要素系统基于微观层面的创新能力发育。如果再结合产业系统跨界融合升级的"互联网+"计划,那么技术创新与劳动力两大资源体在中国政府以资本驱动(包括政府大规模直接资助与全力倡导的政府和社会资本合作模式PPP:Public-Private-Partnership)引导下的三大要素融合重构正在成形。

从发展模式惯性路径的深度调整而言,中国需转变经济增长对于投资的强度依赖,尤其是外资依赖。2017年1月,中国国家统计局公布的中国外汇储备金降至2.998万亿美元,自2011年以来首次回落至3万亿美元以下,并且2013~2016年外汇储备呈连续下降的趋势。虽然尚难证明下降与外商撤资之间有直接联系,但是由2016年全年货物进出口总额相比2015年下降0.9%等数据可知,FDI与落地运营市场并不如之前活跃。

投资是促进某一地区市场繁荣的快捷手段之一,以FDI为主的外商投资可以将国外先进市场行为引进被投资国市场,促进相关市场的快速发展。1978年中国大陆地区要素市场对外资开放依赖,外资对于中国这样的被投资国的经济繁荣具有较强的促进作用,但是被投资国的主导权在一定程度上也会受限。同时,从21世纪初开始,伴随中国产业升级和劳动力成本快速上升,中国与东南亚、南亚国家之间吸引外资的竞争逐渐激烈,以吸纳国际中低端产业转移型外资为主导的经济发展模式在中国已经不具备比较优势。因此中国共产党第十八届五中全会报告指出,"十三五"期间的经济转型需从依靠投资转向依靠消费促进经济增长。消费作为内增长力的一种,可以使市场在"生产-消费"循环圈内不需过度依赖其他外增长力进行运转,"生产"和"消费"之间可以互相刺激,因此消费主导下的生产扩大是一种良性和可持续的循环。根据中国国家统计局公布的数据,2016年国内社会消费总额达332316亿元,占国民全年总收入的45%,消费拉动能力已经呈现较强的上升态势。因此,进一步扩大和优化消费空间,实现消费拉动型经济增长的现实性已经呈现出来了。

(2) 经济地理格局由地理梯度分布向新型主体功能区分布转型

1978年实施"改革开放"以来,中国经济布局一直呈现较强的地理梯度特征。"改革开放"之初,中国成立了深圳、汕头、厦门和珠海四个经济特区,这是早期的"点"状格局;1984年,中国又相继开放了大连、秦皇岛、天津、烟台、青岛、连云港、南通、上海、宁波、温州、福州、广州、湛江、北海共14个沿海城市;1992年,中国又重磅做出开放开发上海浦东新区的部署,促使经济地理格局进入了沿海-沿江-沿边的"线"状格局,并在中国东部形成了"长三角"和"珠三角"两大主要经济区的发展引领;2000年以来,中国又相继实施了"西部大开发"战略、"振兴东北老工业基地"战略、"中部崛起"战略,至此,追求东部、中部、西部和东北地区经济能力相对均衡的地域分布成为经济地理的目标性特征。

与"改革开放"前相比,近40年的经济地理布局反映出中国区域经济发展的"雁形"模式,这种模式使得先发达地区要素配置进一步优化。同时,经济发展的非均衡性因此更加突出,区域发展梯度差异长期存在。2016年,中共中央经济工作会议上不仅明确要求继续深入实施西部开发、东北振兴、中部崛起、东部率先的区域发展总体战略,也新提出并强化表达了实施京津冀协同发展、长江经济带发展、"一带一路"建设的三大战略。

当前,不依赖传统资源及能力储备的新能源、新材料和新型服务业的兴起,给区域经济地理格局的调整带来了新的机遇,一些不具备传统发展路径优势的中西部区域会获得新发展优势构建的可能性,并享有在新兴产业领域成为发展新秀,进而推动地区经济快速发展的选择权。与此同时,2008年以来,中国实施了覆盖全国的主体功能区的开发政策,确定了优化开发、重点开发、限制开发和禁止开发四类主体功能区并实施不同的区域政策,推行不同目标要求的多类国家创新型试点区建设。可以看出,随着新兴产业的国内布局陆续展开和区域主体功能区建设不断深化,中国未来经济地理格局由地域分布向功能区分布转型的趋势日益明显。如何发挥主体功能区的主体作用并带动区域总体发展,将是未来经济地理布局的核心问题。

就中国中西部区域而言,2008年金融危机以来,受到国际市场萎缩的影响,中国经济核心地带的沿海外部性经济优势突出省份的经济增速出现滑落,而中西部地区的经济发展保持了持续升温。研究组倾向于认同如下研判:在这次转型期内,中西部地区的后发优势将在新战略促进下进一步得以凸显,沿海地区的传统产业有较大概率会有一次比较强的"西进运动",中西部地区发展也将因此有一次较大幅度的提升过程。在功能区分布成为中国经济地理布局新走势下,未来中西部地区发展的核心前提依然是区域主体功能区的创新构建问题。

2013年,中国政府提出构建"一带一路"畅想;2015年为推动"一带一路"实施,制定并发布《推动共建丝绸之路经济带和21世纪海上丝绸之路的愿景与行动》;2017年5月,"一带一路"国际合作高峰论坛在北京召开,共有28个国家的元首和政府首脑出席会议,标志着"一带一路"进入初期展开的新阶段,全面开始协商落地实施的相关倡议。

面对当前世界多极化、经济全球化的趋势,一方面,各个国家之间的资源优势互补,国与国之间的互惠合作早已成为世界趋势;但是另一方面,面对优势互补、资源共享的合作原则,区域性的国家合作也越来越成为主流。从当前已建立和正在推动中的示例看,"欧盟"是当代世界区域性合作的现实典范;"亚洲发展投资银行"是一个政府间性质的亚洲区域多边开发机构;而由中国倡议提出的"一带一路"倡议是古代欧亚陆上和海上丝绸之路的主干文明体同周边国家共同建立的经贸与文化合作的大型多边机制的当代愿景版本；TPP（环太平洋伙伴协议）则是部分环太平洋国家之间初步达成意向的经贸合作协议架构等。区域性的国家合作相比全球范围内的经济合作，在资源运输成本、国家利益趋同、互补优势明确、推行过程简便上具有明显的优势，国与国可以在区域合作的基本框架内进行自由合作，提升合作效率与效益，同时有利于提升整体地域在全球的发言权和地位，弥补因未形成区域性合作的地域话语权的缺失。

（3）产业结构向"工业经济＋服务经济"并重的转型

从20世纪90年代中国纺织行业的产能过剩及过剩化解开始，到21世纪的2013～2017年间，电解铝、水泥、铁合金、电石、钢铁和焦炭等涉及面相当广的行业产能过剩，产能问题一直备受社会关注。深究此问题即可发现，在产能思辨的背后，其实反映出的是产业结构与消费结构之间的矛盾。

何谓产能过剩？目前业界还没有一个确切的定义和标准。欧美国家一般用产能利用率或设备利用率作为产能是否过剩的评价指标。一般而言，设备利用率的正常值在79%～83%之间，超过83%则认为产能不足，有超设备能力发挥现象；若设备开工低于79%，则说明可能存在产能过剩的现象。正因为没有一个准确判断产能过剩的标准，所以中国国内关于产能过剩问题出现了"百家争鸣"。不同学者从各自角度对当前产能问题进行剖析并得出不同甚至相反的结论。本书认为，对于当前阶段中国产能过剩有如下三个问题必须厘清：

第一，区分不同产能过剩的问题。针对资源能耗大、效益低的行业，一旦需求达到饱和状态，这些相对过剩的产能也许会成为无论是现在还是未来都无法吸收的绝对过剩的产能。相反，一些行业的产出并不是绝对超过市场需求,而是有效需求不足或者说是短期过剩,长期不足。如煤炭资源,短期生产可能超过现实需求,但长期来看该资源存在着因稀缺而可能会出现产能不足的可能性,这一类产能属于"阶段性过剩"。此外,在资源有限和市场机制双重约束下,产能过剩还存在一种"结构性过剩",即部分行业的无效产能过剩必然会造成某些行业有效产能不足同时发生。产业结构调整的核心在于产能总量和产能结构的调整,即如何避免资源不在产能过剩行业空转和虚掷,而在产能不足的关键领域得到更为充分的配给,需要产业结构的调整予以支持。

第二,产能过剩形成机制的问题。正如学者林毅夫所言,随着社会对行业良好前景的共识更加强烈,或预期中的行业前景进一步变好,涌入的企业数量和社会投资会更多,企业间相互了解、协调的难度也随之加大,行业会以更大的可能性和更剧烈的程度发生产能过剩,表现出投资"潮涌"的现象,并伴随着更加严重的产能过剩后果,这正是广大中小企业经营困难的症结之一。

第三,产能再吸收的问题。中国农村存在着巨大未饱和的潜在消费需求,可以认为是解决部分行业产能过剩的重要机遇空间。中共中央2016年经济工作会议指出,要继续推动钢铁、煤炭行业化解过剩产能,同时要防止已经化解的过剩产能死灰复燃,用市场、法治等方式做好其他产能严重过剩行业的去产能工作。如果潜在需求大量释放,则部分行业现实产能过剩的"再吸收"会有很大改观,这类产能更需要从刺激消费和产能优化的角度去考虑未来该类市场的供给。

中国当前产业结构转型的核心是产能优化配置问题。优化产能结构、契合新兴产业发展已经成为当前产业结构转型的新思路,它有三层含义。第一,不以传统资源为依赖的新服务产业、文化产业和创新科技产业(新能源、新材料、生物科技和新信息技术产业)会成为产能资源配置的重点领域。第二,在技术和经济发展不平衡的条件下,产业结构转型需要处理两对关系:一是新兴产业和传统产业的关系;二是发展资本技术密集型产业和发展劳动密集型产业的关系。值得关注的是:随着产业国内梯度转移,中西部劳动密集型产业将会在很长一段时间内与东部资金技术密集型产业并存,劳动密集型企业的产能存在和调整符合未来产业发展的需要。第三,国有资本仍然是产业结构调整的基础,国有大中型企业仍然是传统产业体系向现代产业体系转型的中坚力量,换言之,国有资本或国有企业仍然是国家科技创新和新兴产业发展的引领者,通过国有企业在新兴产业领域的先导发展,可以有效激活产业价值链上下游的其他关联产业的兴起,并通过相互联动的产业发展机制,推动产业结构的优化和升级。

第三产业——服务业的发达程度是衡量一个国家、地区产业发展水平的重要标志。2013年,在"第二届京交会暨全球服务论坛北京峰会"上,"把服务业打造成经济社会可持续发展的新引擎"成为推动中国经济社会结构调整、促进转型的创新战略选择;2015年,李克强总理发表《中国经济的蓝图》文章,明确要将"服务业拓围+制造业上楼"打造成中国经济增长的新动力;2016年,在"博鳌亚洲论坛"开幕式演讲上,李克强总理倡议把消费和服务业建设成为经济增长的主要力量。一系列国家层面的政策促进,表明服务业已被中国政府纳入经济改革转型的主要领域。

2016年11月,国家发展和改革委员会《服务经济创新发展大纲(2016~2025)》发布,其中的数据表明服务业从2011年开始就已成为吸纳就业人数最多的产业,2012年增加值超过第二产业,2015年增加值占GDP比重超过50%。快速发展的服务业已成为社会发展的主要动力之一,建立在"互联网+"基础之上的,以电商、物流、新媒体等为主体构建的新型服务业是技术和产业创新相结合的产物,为践行"大众创业、万众创业"提供平台,为推行"众创、众包、众筹、众扶"提供力量,为推进"新四化"——工业化、信息化、新型城镇化、农业现代化提供途径。考察中国目前构建的新型服务业,基于互联网的超大型信息共享平台降低了创业成本,与新技术的紧密结合形成了消费的新格局,与低能环保新理念的相互融合构造了绿色发展环境,在这一新的业态里,已不再或很少为当前经济发展带来新的过剩产能,改善了中国服务业此前较发达国家落后的发展态势,并且在若干核心服务领域实现了国际引领的全新局面,如被民间冠以"新四大发明"的移动支付、网购+物流、高铁、共享单车。

2. 以包容共享型增长和城乡公共服务均等化为目标的社会发育形态转型

(1) 整体社会形态由工业社会向信息社会的转型

2008年快速波及世界各国的全球金融危机和美国、英国等西方发达国家连锁式经济社会转型证明,当代世界各国在全球一体化进程中的联动性逐步增强,其中,全球互联网技术和移动通信技术的发展加速了各国重大技术-社会转型的联动性,使得社会转型从经济领域逐步向社会文化及其他领域快速渗透。

1998年1月,美国前副总统戈尔(Gore)在加利福尼亚科学中心开幕典礼上作了题为《数字地球——新世纪人类星球之认识》的演说,从此一个与GIS、互联网络和虚拟现实等高技术应用密切相关的"数字地球"概念逐步被世界各国所接受,这标志着人类社会由工业社会向信息社会转型的时代已经到来。2009年,IBM在全球发布了"智慧的地球"战略愿景,提出了旨在"构建一个更有智慧的地球"的想法。以先进信息技术推进社会产业体系和公共服务领域的系统变革,形成新的世界运行模型。该方案的提出再次掀起了世界各国对"信息化"的重新认知和实践,人类社会正由工业社会向信息社会进而向知识社会和智能社会转型的趋势,这已经成为国际社会的普遍共识。

就国内而言,自2008年中国信息社会指数首次超过0.3以来,信息化加速转型趋势明显,年均增长率为8.68%。2016年中国信息社会指数为0.4523,整体上正处于由工业社会向信息社会过渡的加速转型期,这表明中国的整体社会形态正在由工业社会向新兴技术进步引领的信息社会转型,理由在于:

第一,国家信息基础设施(The National Information Infrastructure)已经成为社会公共物品供给的关键领域。近年来,随着中国城市化和工业化进程不断加快,信息在社会生产的各个领域的作用日益凸显,国家的信息基础设施需求因此不断增长。可以看出,中国地理信息基础设施和空间信息基础设施建设已成为当前两大热门投资领域。尤其在空间资源的开发、先进的传感和测量技术、互联网络建设以及三网融合等领域内的大量资源投入,为中国信息社会的转型奠定了较好的硬件基础,极大地促进了当前中国信息社会的良好发育。

第二,信息产品的社会需求已经步入增速期。根据工业和信息化部运行监测协调局2017年6月发布的《2017年5月通信业主要指标完成情况(二)》,截至2017年6月,中国的互联网宽带接入用户已经有3.18亿户,是一个国际典型的宽带大国。同时,中国移动电话用户已达到13.6亿户,4G用户总数达到8.7亿户,普及率达到了64%,移动互联网用户达到11.6亿户。北京、上海地区移动电话普及率已超过100%。随着"三网"融合和无线通信技术的升级换代,中国高速互联网、数字电视以及移动手持设备等主要信息产品需求和普及持续高涨。根据《中国信息社会发展报告2016》提供的数据,2016年全国信息社会指数(ISI)达到0.4523,相比2015年增长4.10%,处于从工业社会向信息社会的加速转型期。预计2020年前后全国信息社会指数将达到0.6,整体上进入信息社会初级阶段。

第三,信息技术正在加速中国经济社会的转型,突出表现在:一是信息产业价值链的拓展加速了信息产业群的发展,即以信息要素为主的知识产业正在助推知识经济迅猛发展,如电子商务和物联网已经成为现实社会资源流动的重要虚拟通道;二是信息网络为政府行政公开创造了重要平台,网络议政逐步成为优化政府决策与服务效率的重要方式,并对政府施政模式产生了深远影响;三是网络社交媒介的发展为社会互动和社会交往创造了新的载体和空间,"虚拟社会"与"现实社会"的交融在一定程度上重构了国民的社会认知、社会心理和社会意识;四是绿色发展对信息社会转型的支撑作用明显。环境污染的发展代价、产能过剩的发展短板,使"绿色发展"成为了经济新的发展理念,信息社会正利用该理念拓展自己的发展优势。根据《中国信息发展报告2016》的数据,2016年全国能效指数为0.1970,比2015年增长7.31%;空气质量指数为0.1905,比2015年增长12.38%,增速明显超过全国信息社会指数增速4.10%。

然而,不容忽视的问题是:中国的信息社会创新发展动力依旧不足。根据《中国信息发展报告2016》中的数据,2016年全国教育投入指数、研发投入指数、创新投入指数分别为0.4893、0.5857、0.1188,比2015年分别增长-6.76%、1.99%、-1.59%,增速明显低于全国信息社会发展总体水平。"信息社会"本是创新产物,因此创新是其发展的源泉和动力;同时"信息"已是当今社会发展最重要的资源之一,是调节市场竞争的关键因素,更是在优胜劣汰环节中取胜的"王牌"。如果创新投入不足,迈向"信息社会"的发展步伐就会滞后,国家在日益竞争激烈的国际舞台上便会逐渐失去话语权优势。

(2) 社会阶层结构从刚性走向弹性

社会结构是一个在社会学中广泛应用的术语,但是很少有明确的定义。从广义上讲,它是指经济、政治、社会等各个领域多方面的结构状况;从狭义上讲,它主要是指社会的阶层结构。从后者角度而言,理解21世纪初中国从阶层单一的刚性社会结构向阶层多元的弹性社会结构转型并不难。诚然,社会阶层的多元分化是市场化、工业化和城市化的必然结果,背后动因纷繁复杂,然而科技是社会阶层分化与整合的根本动因之一。在近代产业革命中,蒸汽机的发明推动了机器大工业的发展,机器生产代替了手工生产,大工厂代替了手工工场,从而改变了生产过程中人与人之间的关系,促进了社会阶级和阶层关系的重大变化。也正因如此,科技在中国现代社会阶层结构的演变中亦发挥了类似的作用,具体表现为:

第一,科技应用于农业提升了农耕技能并促进农业朝向精细化、园艺化和规模化方向发展,促使农民阶层中分化出农民企业家和农业经营者,并逐步演化为一个新的社会准阶层。另外,农业生产运作效能的提高也将大量富余农村劳动力从农业转向城市工厂谋生,成为"工农民工阶层"。

第二,科技的发展促使决定人与人之间社会阶层地位的因素多元化。从古代社会以来,人们的阶层地位以及人们之间的关系长时期围绕行政权力展开,随着现代经济社会的快速发展和私有资本的地位提升,围绕经济市场权利铺开的阶层地位和关系逐渐流行。科技作为当代社会和市场发展的有利资本,其注入会带来一系列元素的变化,例如劳动力分配、成本改变等,而这些正是构成经济市场权利的优势之一,因此围绕其展开的人类社会阶层地位和关系也必然随科技要素资本的介入而发生改变。科技已成为影响社会阶层和关系的决定因素之一,对相关的经济或市场地位、技能、管理位置、劳动力的影响也在逐渐提升。因此影响人类社会阶层地位和关系的不再是传统的工业社会中单一的经济或市场地位,而是包括科技、经济或市场地位在内的众多影响因素。

第三,科技运用于传统工业加速了中国工业现代化进程,促进了工人阶层进一步分化为从事企业高层管理的"金领阶层"、中层运营的"白领阶层"和技术管理的"蓝领阶层",以及技术操作的"灰领阶层"。

第四,信息科技自身也催生了信息产业和服务产业的繁荣,带来了商业模式的新变革,促进了电子商务、传媒和商务会展等一批知识产业的兴起。"知识精英"由此形成并成为各阶层的"中坚力量",成为社会阶层间互动和对话的新兴代言人并影响政府的管理决策,促进社会群体关系发生了深刻变革,加速社会阶层结构从单一走向多元,由刚性走向弹性。

在社会结构走向弹性化的同时,不容忽视的是"包容性增长"在社会阶层利益整合中的价值问题。学者蔡荣鑫认为,"包容性增长"所期望实现的平等是多维的,具体表现为获得机会的平等、获得公共品与服务的平等,以及社会安全网保障等方面的平等。在政策层面,以"包容性增长"为核心的发展战略应该包括三个相辅相成的层面:一是通过可持续的经济增长最大限度地创造就业与发展机会;二是确保人们能够平等地获得公平参与的机会;三是确保人们能得到最基本的经济福利和社会保障。

需要关注的是:随着社会结构的变迁,社会利益在各阶层的分配仍然存在较大差异,农民、农民工阶层和城市贫困群体仍然是弱势阶层。正如学者宋林飞总结的,中国日趋多元化的社会结构可称为"新社会结构",其主体结构是工人阶层、农民阶层、知识阶层、私有阶层与管理阶层等"五阶层",其中,知识阶层、私有阶层、管理阶层都是新兴社会阶层,他们都和工人阶层一样呈扩张态势,只有农民阶层的规模在不断缩小。新社会结构不再是原来意义上的"差序格局",而是正在向"差距格局"转变的一种新的混合结构。当前,如何在社会各阶层之间,特别是在弱势群体阶层之间构建有效的社会参与机制、利益表达机制和利益分配机制,从而能够共享社会发展成果,已是实现社会"包容性增长"以及增强社会结构弹性的核心问题。

(3) 城乡二元体制向城乡一体化的转型

城乡二元结构一直是中国社会管理体制的基本形态,其原因在于,中国长期以来的户籍管理制度使得农民和市民身份泾渭分明,城乡二元经济以及城乡收入差距使得农村和城市一直是社会中两个相对独立的板块。这种分割体制使得农民群体和城市群体的社会流动性受到限制。在1978年拉开序幕的"改革开放"运动中,城市工业经济的发展和人才流动体制的市场化改革才使得"农民工"成为"准市民"有了可能。同时,一些传统上属于城市的群体也开始逆向选择往"乡村发展",如近些年来"大学生村官"和"城市白领返乡创业"等现象的出现,表明城乡互动的迹象日益增强。

近年来,中国实施的卓有成效的城乡融合政策和地方政府的城乡一体化改革实践,极大地促进了城乡二元体制向城乡一体化形态的转型,使城市和乡村开始趋于某种程度的"融合"。从本质上说,这种融合是一个充分发挥城乡各自优势、互相吸收先进健康因素、理顺交流途径的双向演进过程,但它并不等同于城乡一致,也不等同于中心城市和农村经济的消失,更不意味着社会区域由非均质空间演变成一种彻底的均质空间(姚士谋 等,2004)。

据中国国家统计局公布的《2016年国民经济和社会发展统计公报》中的数据,截至2016年末中国内陆地区城镇常住人口79298万人,占总人口的比重(常住人口城镇化率)为57.35%,比2015年末提高了1.25个百分点;户籍人口城镇化率为41.2%,比2015年末提高了1.3个百分点;居民收入上城镇居民人均可支配收入33616元,比2015年增长了7.8%,农村居民人均可支配收入12363元,比2015年增长了8.2%,相比2015年城镇、农村人均收入差异增加了2896元。收入分配差距扩大会加大城乡之间的贫富差距,加剧彼此之间发展的不平衡性,不利于城乡一体化的推广。因此收入分配也是城乡一体化建设需长期努力的目标,农村收入的增加往往与城市收入的增加存在联动关系,这恰恰也是城乡一体化中另一种成果的体现。

2014年,国家发展和改革委员会发展规划司制定了《国家新型城镇化规则(2014～2020年)》,作为指导全国城镇化健康发展的宏观性、战略性、基础性规划,明确了推动城乡发展一体化的发展路径,以及未来城镇化的主要目标和战略任务。2015年和2016年中共中央1号文件指出,推动城乡协调发展,通过工业反哺农业、城市支持农村的方式补齐农村发展短板,提高新农村建设;2016年国家"十三五"规划则要求加快转变农业发展方式,将绿色、高效、创新等现代工业化发展方式引入农村发展,走产出高效、产品安全、资源节约、环境友好的农业现代化道路。

上述宏观性计划指明了未来城乡一体化转型的进程,但是在具体实践过程中,则有以下四个问题特别值得关注:

首先,城乡一体化并非农村城市化。城乡一体化进程中城市和农村两大板块将会呈现不同的演进路线,农村更多地以构建现代农业体系和完善农业基础设施为途径向新型农村迈进,而城市则表现为不同发展水平的城市分别向更高的层次递进。也就是说,未来城市化进程可以更好地理解为一种总体趋势,即农村向新型农村发展,适度规模的城镇向区域中小型卫星城市发展,中等城市向大型城市发展,以及大型城市向区域城市群发展。

其次,城乡一体化的本质内涵非常丰富。城乡一体化不仅包括体制一体化和经济一体化,也包括社会一体化和空间一体化等多种可能。破除城乡市场要素分割体制和户籍管理制度、推动城乡经济互补发展和平衡城乡的空间布局是实现城乡一体化的重要举措,这本质上需要城乡公共服务差异化向公共服务均等化转型,但是,公共服务均等化并不能简单等同于公共服务平均化,均等化发展更加强调的是城乡居民就业机会、公民权益、收入分配体制以及透明性社会保障的均等化。

第三,农民工边缘化的现实短期内依然存在。从约40年前开始,中国数量惊人的农民人群离开了土地走向城市,但是,数以亿计的农民工群体由于身份限制而一直游离在城市的边缘,经历了数十年仍难以真正融入城市,成为严重扰动中国社会中长期安定的因素,迫切需要在城乡一体化转型中得以解决。

第四,城市化进程是中国短期宏观经济政策和中长期经济布局的重要结合点,因为城市化发展在中长期内会成为区域经济发展的加速器。在未来一段时间内,中国的城市群、城市带、城市圈预计将会有一个较快的增长过程,这种增长会带来大量的城市基础设施的投资和建设,由此带动区域经济的聚合化增长。

3. 以依法治国构建善政体制,提升服务能力,弱化干预能力的政府治理模式转型

(1) 管理型政府向服务型政府的转型

从行政生态学角度而言,行政环境决定了行政行为,行政行为对行政环境也具有巨大的反作用。经济市场化改革与政府体制改革是当前经济社会转型的两大推力,二者相辅相成,不可或缺。换言之,经济市场化改革带来行政环境的变化,需要政府通过治理创新予以回应。中国政府体制由管理型向服务型转型正是应对当前经济社会变革的需求。长期以来,中国政府承担着国家经济运行全面管理和社会秩序维护的双重职责,是全方位的"管理型"政府。随着经济市场化改革,政府行为需要从市场微观领域转向宏观领域,从市场机制本身运行有效的领域向"市场失灵"的公共领域迈进,将市场重新交给企业并进行自我调试和改革,为经济和社会的整体运行提供基础性、保障性的"服务"。政府角色逐步由参与"划桨"的管理型政府转向以"掌舵"为使命的服务型政府。简言之,转型后的政府更加注重面向市场失灵的治理调整而非"事必躬亲"。

服务型政府是政府行政理念的一次革新,更是政府内部自治和外部行为再造的双重转型。一方面是政府的内部再造,包含政府行政文化的革新、政府职能的优化和公共服务供给模式创新三个领域。再造后的政府具有"共享式发展和以人为本"的服务型行政文化;在政府职能优化上,以经济、效率和效益(Economy, Efficiency, Effectiveness, 即3E)为原则进行部门整合,围绕公共事务流程对政府进行部门再造从而形成新型的"善政体制"。同时,在公共服务供给模式创新上,构建社会多元化的治理模式,引导社会资本进入公共服务领域,促进社会公共物品供给的多元化。另一方面是政府对外施政方式的转型,包含三方面要义:第一,强调基本民生性服务的有效供给,包括义务教育、公共卫生、基本医疗、公共文化、就业服务和住房保障等方面。第二,资源环境友好度指标、公共服务均等化水平和生活幸福指数将成为服务型政府服务效能评价的新指标。第三,降低社会风险、构建社会安全网成为政府服务的重点领域,如建立针对社会群体性事件、生产安全事故、食品和药品安全等一系列社会问题的风险预警和消解机制。

(2) 政府治理模式从单一走向多元的转型

治理可以弥补国家和市场在调控和协调过程中的不足,但治理也存在许多局限,如它既不能代替国家而享有政治强制力,也不能代替市场而自发地对大多数资源进行有效的配置。事实上,有效的治理必须建立在国家和市场的基础之上,它是市场手段的有益补充。

多元化主体参与社会治理和共享发展成果是社会发展的重要基础,也是社会发展的最终目的。从全社会来看,治理需要政府,但也离不开企业组织、第三部门和民众等其他社会主体的参与。正如塞缪尔·亨廷顿(Samuel Huntington)所说,社会经济发展促进政治参与的扩大,造成参与基础的多样化,导致自动参与代替动员参与。随着中国市民社会"治理参与"意识增强、非营利组织迅猛发展以及网络虚拟社会的崛起,不同社会主体对社会公共事务协作意向和权威认同正快速上升,一定程度上为政府治理模式从单一走向多元奠定了重要的社会基础。同时,在现实和未来重大社会事务治理过程中,政府对民众和社会组织需求的回应性也在增强,政府也希望非政府组织和个人能够参与到社会重大问题的治理实践中,可以说,构建多元主体协作的治理模式是政府的现实所需。在2008年中国雪灾和汶川地震救援行动中,政府与其他组织及个人在行动上保持了良好的对话与合作,有效提高了抗灾救援活动的效率,其影响力空前提高,这在一定程度上说明"从单一治理走向多中心善治"已经成为政府治理模式变革转型的新趋势。

(3) 运用大数据提升政府公共服务能力

2015年6月,中华人民共和国国务院印发《国务院办公厅关于运用大数据加强对市场主体服务和监管的若干意见》(以下简称《若干意见》),要求政府充分认识运用大数据加强对市场主体服务和监管的重要性,以帮助提升政府公共服务水平。《若干意见》中指出,数量巨大、来源分散、格式多样的大数据对政府服务和监管能力提出了新的挑战,也带来了新的机遇,信息时代的到来为大数据的存在和发展提供了契机和平台。相比传统信息来源方式,大数据在时效性、科学性、预测性上存在优势。例如,网络平台的快捷性可以帮助政府捕捉最新发展动态,多重数据收集为全面多角度分析发展进程提供可能,甚至可以预测发展趋势,因此政府需要摆脱传统上只以暴露的问题或者建言者献言等为依据改善服务范围和行为,收集相关数据平台,准确定位服务现状对象,寻找合适的优劣势互补,同时政府也需建立属于自己的数据平台或智库,实现从"问题应对"到"问题预防"的服务功能转换。

4. 以环境防治和能源优化为重点的生态发展模式转型

经济、资源和环境相互关联,构成了三位一体的系统。经济粗放发展对自然资源尤其是能源的过度利用必然会导致资源供给的短缺,而资源短缺反过来会影响生态发展的可持续性,环境的不可持续性又终将影响经济社会发展的可持续性。从国际角度来看,传统化石能源仍然是世界各国能源消耗的主体,在当今能源趋向紧张的环境下,发达经济体集群正在加剧对全球能源的控制与掠夺,这必然会给中国的未来能源安全带来挑战。此外,全球的"低碳经济"转型也说明现实经济发展模式正在引发世界范围的生态环境保护诉求。从国内来看,长期以来的粗放经济发展模式也给自然环境以及社会带来了负面影响,例如,近年来的异常气候和自然灾变大面积频繁爆发对中国经济和社会造成严重冲击,部分资源型区域正在面临传统资源枯竭、环境负载超标的发展窘境等。传统生态发展模式转型已经紧随国内经济转型而悄然展开。

未来中国生态发展模式应该如何转型?回答这个问题需要正视两点现实:一方面,国际社会的新能源技术和新能源市场仍不成熟,发达国家对新能源技术及产业的垄断会使新能源开发利用技术短期内向其他国家扩散和转移难以实现。另一方面,中国新能源产业的发展是一个长周期的过程,在未来很长的一段时间内,传统能源在中国能源需求体系中的主导地位短期内不会改变。也就是说,生态模式的转型实质上是生态的现代化过程,是现代文明与自然环境的一种良性耦合,包括物质经济向生态经济、物质社会向生态社会、物质文明向生态文明的转变,自然环境和生态系统的改善,生态效率与生活质量的持续提高,生态结构、生态制度和生态观念的深刻变化等。

基于以上考虑,中国当代生态发展模式转型之路在于:

第一,推行节能减排、降低资源消耗是短期内缓解环境压力、实行生态转型的重点。因为传统工业在未来一段时间内仍然是中国的主导产业,在新能源开发和应用技术仍处于成长阶段的今天,工业能源消耗量持续上升与资源短缺的矛盾只能通过改造节能技术和淘汰落后产能、发展循环经济得以初步缓解。

第二，新能源技术的研发和应用是长期的发展方向，即通过开发海洋能源、风能和太阳能等新能源，以此带动新能源产业的发展，构建未来能源供给的新格局。同时，需要强化新能源产业布局的管理，避免"跟风投资"而造成新的产能过剩和资源浪费。

第三，污染防治和生态传播是生态转型过程中的长期行动。当前，受发展资源的限制，大批东部地区产业开始向中西部梯度转移，一些能耗大、污染重的企业的西进势必会对中西部区域的未来环境造成伤害，需要政府及时制定相关政策加以预防和控制，避免污染再度流向中西部区域。此外，农村可能会成为继工业污染城市之后的新污染领域，需要高度重视并采取有效的防治行动。综合而言，中国生态发展模式转型需要通过经济立法、政策管制、生态治理以及科技传播等多种方式来协同完成。

3.3 社会转型引致的社会需求变化分析以及对科技共同体的影响研究

3.3.1 社会转型引致的社会需求的重大变化

当前中国经济社会的转型是对传统经济发展和社会运行模式的系统变革。在转型过程中，经济社会资源将会得到重新调配，社会需求格局也会发生巨大变化。识别转型引致的社会新需求是促进社会转型的基础，同时也是构建未来经济社会稳定和可持续发展的前提条件。就当前而言，未来社会的新需求突出表现在以下六大领域。

3.3.1.1 能源领域

在传统能源优化调配与新能源研究开发的并行过渡时期,如何提升传统能源的利用效率和开发新能源成为能源领域关键的需求点,本书认为至少有以下细分需求值得关注:

第一,新能源产业与生活替代性利用的现实性需求。包括有望成为替代主流的新能源的技术成熟度与社会风险,形成替代能源的结构规模及有效时间,中国从传统能源体系向新能源体系进化的路线图等问题。

第二,与中国产业升级转型积极匹配的能源创新利用模式研究。包括化石能源的产业利用递减标准与实施政策,战略性新能源产业牵引中国高耗能制造业升级的有效路径,智能电网的新能源运营机制变革的战略设计等问题。

第三,节能减排相关技术的需求。涉及能源的精炼技术、循环利用技术和先进生物燃料的开发研究技术,如碳捕获和碳储存技术,资助替代能源研究并提供税务优惠的机制,在"总量管制与排放交易"制度下建立更有效的排放交易机制研究,新能源技术如何促进传统产业与创新科技产业对接研究等问题。

第四,新能源研发与安全控制需求。一是新能源产业的研发需求,包括高效电池、智能电网、碳储存和碳捕获、可再生能源利用如风能和太阳能等方面;二是新能源的研究、开发、应用和回收的循环流程与机制的构建;三是与新能源研发利用相关的环境污染评价和社会危害监控研究,如锂电能源对未来环境污染的风险分析的研究。

3.3.1.2 经济领域

中国未来经济转型突出表现在新兴产业引致的产业结构优化与主体功能

区全面布局这两个层面,社会对新兴服务业和新兴科技产业的需求将成为产业投资的需求点。本书认为至少有以下六个细分需求值得关注:

第一,供给侧结构改革需求。随着国民收入提高,人们对于商品的需求结构发生变化,所消费产品不再仅仅出于基本的生存需要,越来越多的精神层面消费物品受到欢迎,服务性产品受到青睐;同时,人们对于产品的质量要求逐渐提高,技术作为日益重要的投入要素逐渐提高生产标准,甚至改变原有的生产模式。需求侧发生变化,供给侧也需做出相应调整。技术的发展、国际分工格局的变化、低能环保的倡行、资源存量的不足等因素打破了传统的供给秩序,原有的低效高能资源密集型需求逐渐向优化绿色技术创新型的供应模式过渡,为供给侧改革提上日程奠定基础。

第二,未来新兴产业布局需求。一是新兴产业体系的新兴产业范畴、主次比重及优先发展秩序的研究;二是在区域发展不均衡的条件下新兴产业布局的研究;三是东部传统产业向中西部转移的经济效益评价和环境资源风险调控;四是新兴产业投资的盲目跟风致使新产能过剩的风险预警与对策;五是主体功能区构建的政府主导行为,以及如何促进政府调控行为与企业自主创新行为形成良性互动。这些均是传统产业体系向新产业体系转化中需要重点研究的问题。

第三,主体功能区发展需求。一是主体功能区与区域经济发展的联动机制研究;二是主体功能区的园区管理模式和机制创新,包括政府发展引导基金在主体功能区的定位和功能研究;三是社会科技创新与功能区内部创新的协同机制研究,包括社会科技创新成果进入主体功能区的渠道和科技企业孵化器的管理创新研究。

第四,产业投资领域需求。一是新能源、新材料和生物科技等领域是未来社会投资的热点领域,与此相应的政府科技金融资本和社会资本的功能定位与作用途径研究;二是文化产业、传媒产业和旅游产业等新兴服务业成长路径研究;三是在产业结构调整过程中,国有资本在新能源、新材料和传统产业向新兴服务业演进中居于主导地位,其资本转向新兴产业的方式、过程和机制研究;四是民间资本进入基础设施、公用事业、金融服务、社会民生领域与新兴产业的渠道和政策规制研究;五是资本对新能源相关产业的热捧已经出现了不理智的投资行为,盲目投资现象频发,尤以锂电池行业为甚,产能过剩的隐忧已在业内弥漫。如何在新产业体系下防范新产能过剩,包括对企业研发生产项目加强调控和服务,制定新能源产业的相关环保及能耗标准,完善行业进入退出机制等,均需进一步深化研究。

第五,金融系统管制需求。当前,欧美发达国家经济体的高失业率、高负债率和低增长的现实在短期内难以扭转,以中国为首的亚太经济体却持续表现出经济过热、通胀压力预期高涨的经济特征,二者的鲜明对比势必会加剧未来一段时间国内货币流动性过剩压力。新型电子商务平台或者电子金融交易平台的逐渐普及为传统金融行业带来了一定的冲击,也引发了新型金融市场监管问题,为整体行业监管带来了新的挑战。如何让传统金融业与新型电子商务平台或金融交易平台并存,及时应对电子平台引发的新型金融问题,是当前市场监管需要面对的主要挑战之一。如何通过金融体制改革积极应对以上挑战,成为金融系统管制新需求。

第六,经济转型的技术和智力要素需求。国家中长期技术人才的需求计划与补给战略,科技发展路线图中新技术的自主研发、引进创新与国际合作(引进、购买、合作)的规划;国家创新科技研发资金的管理和分配机制创新等研究问题也是不容忽略的规制重建议题。

3.3.1.3 社会民生领域

社会民生是实现包容性增长的重要内容,也是经济发展的终极目标之一。社会民生领域在转型背景下主要存在三个层面的新需求。

1. 中国城镇化进程相关需求

一是中国城市与城镇化的发展阶段特征以及不同层次的城市差异化发展路线和模式选择;二是地方政府推行城镇化发展的系统规划和环境评价需求;三是节能增效技术在城镇化发展中的应用价值研究,尤其是城市建筑材料、家居及生活的节能技术研发与推广;四是城乡一体化过程中农村市场出现的新需求。

关于城乡一体化过程中的农村市场出现的新需求,又可分为三个方面来描述。第一个方面是农村发展项目的招商引资需求,特别是农业增产增效技术和农业特色项目的引进,包括推动传统农业向园艺农业和休闲农业等特色化或集约化发展,构建节能、高效的现代农业体系,促进农民向农业工人转移,增加农民收入以带动农村发展。第二个方面是城市化进程中的农村基础设施的建设需求,包括农村现代商贸、金融服务、现代物流、网络通信、农业科技服务和乡村旅游六大领域。第三个方面是开发适合农村物理环境和消费水平的节能产品,以拓展农村消费市场,实现产能再吸收的需求,包括适合农村的太阳能热水器、家用LED节能灯和沼气能源产品的开发与推广等。

2. 社会风险控制需求

一是国家经济社会转型路线与地方同步转轨的协同和调控机制建设的需求;二是提升经济社会应对自然地质灾变能力的需求,包括如何降低应对自然灾害的经济脆弱性、生态脆弱性、基础设施脆弱性与社会脆弱性,提升综合防灾减灾的能力,以及地理信息产业和相关灾害预警技术的发展需求,突出表现在风暴潮灾、干旱灾和地震灾难的预警和防范技术上;三是在产业向中西部梯度转移的过程中,对依然存在的社会投资流入过剩行业风险的调控和规制手段的研究;四是低碳经济"非理性追求"致使传统投资变相加剧风险的控制研究。

3. 包容性增长需求

包括社会利益分配的失衡走向与均衡机制研究,如形成公平的市场机会问题;产业调整过程中结构性失业和非结构性失业的预测和对策研究;城乡一体化过程中的重点改革领域与改革流程研究;社会转型过程中农民、农民工以及城市弱势阶层生存状态及其对策研究;社会安全网的构建问题,特别是城乡弱势群体的就业、医疗和养老等社会保险的普惠制发展路线和管理改革;社会群体压力聚集化水平的预测和对策研究,等等。

3.3.1.4 生态领域

能源结构和经济结构的双重调整是中国社会领域转型的两个基本方面,它们实质上也是中国向生态型发展模式演进的一次系统转变。参考若干主流文献后,本书认为未来生态领域的新需求主要包括以下几个方面。

1. 环境保护需求

环境影响评价的主体、制度、过程的完善,包括重构适合现代产业体系的行业环境准入制度,建立环境影响评价、公共参与机制以及土地、淡水、能源现状和未来保障供给等方面的研究。

2. 污染治理需求

近年来,随着工业产品在农村全面投放,废弃的家用工业产品因缺乏正确的引导而成为农村的生活垃圾,电能产品在农村的普及也使得电池不正确的处置方式对土壤污染的风险加大;另外,农业生产中工业原料的长期使用对农村水域和土壤造成了较为严重的不良影响,尤其是工业城市近郊的农村污染防治需求尤为迫切。

3. 生态文化传播需求

在政府与公民社会之间构建更加开放和直接的传播通道,提高普通民众对中国生态形势的全面性认知;全民社会投入节能减排实际行动的文化驱动力、社会价值观和社会意识的建构;传统媒体和新媒体在生态传播中的价值、功能和行动体系的构建;不同社会主体在生态文明传播中的网际合作的要素、规则和运行机理建设。

3.3.1.5 政府治理前瞻领域

经济和社会的转型离不开政府的主导和推动,转型过程中的新生矛盾需要政府积极调控和化解。经济社会的转型过程也是政府不断自我调适以匹配现实需求的过程,政府治理以及国家前瞻领域的新需求也会随之发生,主要包括以下几个方面。

1. 多中心治理需求

中国非营利组织、第三部门的发展与管理机制研究;多主体协调方式的制度化问题研究,以及多主体的互动平台和机制研究,其含义是政府要从"决定性"向"参与性"角色转化;政府引导性金融资本和社会金融资本的互动机制研究。

2. 政府信息化建设需求

以电子政务为契机向公共服务型政府转型,实现政府一站式服务的优化机制;公共事务的多元中心治理的机制建设;新一代互联网的信息管控、大数据、云计算、物联网和社交媒介的建设,以及发展趋势及社会影响的研判。

3. 国家前瞻战略领域需求

国际社会的未来转型方向和引致新需求的研究;国际社会主流新兴产业体系结构与未来传统产业转型方向的研究;国际资本流动的趋势以及国际金融市场变革走向的研究;国际技术转移和扩散的机制、可能性路线及其障碍分析;世界多元化和区域一体化的现阶段特征以及未来的演化方向研判;世界文明多样化的碰撞、强势文化与弱势文化的冲击和交融形成的世界文化新生态的研究;文化贸易的全球非均衡态势评估以及中国传统文化安全和全球传播的战略规划研究;深海、深空和深地资源的全球竞争与控制以及周边未来局势演变下中国的应对策略研究;国家安全领域的评估与预测以及西方发达国家在涉及国家安全等战略领域方面的新布局、新动向与新举措的研究。

3.3.1.6 文化领域

文化建设是中国特色社会主义建设的重要方面,物质文明的发展离不开精神文明的支持,因此文化发展伴随着整个社会文明的进步将呈现日益重要的支撑引领价值。同时,新时代的社会发展转型也为文化注入了更具当代性的意义和需求。

1. 创新文化根植的需求

美国哈佛大学教授约瑟夫·奈(Joseph Nye)在其著作《软实力:世界政坛成功之道》中将文化纳入"软实力"的核心构件中,并明确表示,文化会为包括经济、军事、科技在内的"硬实力"提供价值理念和指导思想,当然同时也需"硬实力"为完善"软实力"价值理念和具体操作模式提供参考。创新被视为社会发展的驱动力,其所引发的新技术、新模式、新理念等为社会带来了巨大影响。"创新"口号存在的历史并不久远,中国政府在2015年前后提出"大众创业、万众创新"的社会化创业创新新理论以及"创新驱动发展"的国家新战略,这些都明确地显示,中国社会已经开启了创新引领之路。但是,如何让这些十分重要的新观念系统快速地被吸收和具体实践,取决于创新文化的根植程度。创新文化不仅能够指导社会执行创新体系的思路和方式,同时可以吸收社会想法聚合的巨大能量来不断巩固和完善"创新"指导思路。

2. 平衡文化发展的需求

文化发展与经济发展同步的概率往往偏低,而稍稍延后错位于经济发展的概率偏高。心理学"第三思潮"的领军人物亚伯拉罕·马斯洛(Abraham Maslow)著名的"需要层次理论"将自我需求层次进行划分,生理需求和安全需求为最基本需求,而这些是经济发展能够给予保障的,文化发展带来的情感和归属、尊重、自我实现等高人文内涵需求是建立在基本生存需求之上的,而且基本需求满足之后与追求更高层级的需求必然联系的逻辑并不一定是线性升级的,因此文化发展与经济发展之间存在脱节也是人类文明史上常常出现的现象。所以,如何平衡二者的发展是当代中国文化建设的长期挑战。同时,地域、城乡、行业之间不平衡的发展状况也使得文化发展存在很大失衡,不利于社会同一价值观念的输入,更不利于社会合力的形成,所以如何因地制宜、分类分层地均衡文化发展也是文化领域需要面临的关键挑战。

3. 文化从"事业"向"产业+事业"转变的需求

德国社会哲学家霍克海默(Horkheimer)和阿多诺(Adorno)合著的《启蒙辩证法》一书中最早提出"文化产业"概念,并认为它是一种特殊的文化形态和经济形态的融合体。现代中国长期将文化定位于"公共事业",公益性服务于社会,严格限制将其与物质利益形态挂钩。21世纪初以来,若干先行国家对于文化产业的成功践行,在推广范围上已突破本国的范围,逐渐植入于别的国家的社会生活,在社会效益上不仅推广了文化价值,也突破性地实现了回收利益资本、促进文化建设、缩减政府压力的投入产出目标,如大众熟悉的美国好莱坞电影、日本动漫、"韩流"文化等。中国政府近年来已开始认同文化软实力体系的价值力量,关注到"文化产业"的巨大潜力,逐渐将文化概念从"事业"向"产业+事业"转变,大力提倡文化产业建设,并史无前例地将文化产业纳入国家及地方战略性新兴产业的范畴,文化产业在潜移默化中已上升到中国战略主干产业的位置上。

4. 提升文化公共服务效能的需求

公共服务是文化的主要功能,如何提升文化的公共服务效能是当前文化建设需要考虑的问题和面临的挑战。文化建设的当代核心任务之一是积极引用新技术,保持创新的思想理念。新技术可以为文化服务搭建新型平台,引入全方位的传播渠道提高文化资源获取的便利性,集成大数据对社会文化需求进行高效、精准、实时的分析,提供更高品质的传播服务效果。

5. 价值观不断完善的需求

社会发展会带来许多新挑战,尤其是对传统价值观的挑战。价值观指导着人们对事物的认识,而其根源在于文化设计方案的变迁或演化。新的认知会不断挑战原有价值观,因此就会不断构建新的价值观以应对挑战。例如,20世纪90年代开始,初步成形的信息社会生存与生活方式带来了对信息安全、网络伦理的强关注,因为这是人类文明史上从来没有出现过的虚拟社会的大范围价值构建,必须做出一系列从未有过的价值判断。面临当代多维度的社会转型挑战,作为价值构建的指导思想,文化的建设需不断在重塑和谐的价值观上下功夫,帮助人们树立能有效顺应时代变迁的思想观念,以应对转型挑战带来的价值判断的困惑与迷乱。

3.3.2 社会需求与科技进步的关联性研究

3.3.2.1 社会需求的内涵界定

社会需求,有狭义与广义之分。狭义的社会需求从经济角度出发,指一个国家或地区在一定时期内由社会可用于投资与消费的支出所实际形成的对产品和劳务的购买力总量;广义的社会需求,未见规范的学术定义,文献中泛指与某问题相关的一国或地区基于某种经济结构、社会制度下的与产业、社会相关的需求。本书对广义社会需求的刻画,建立在前述模块的研究基础之上,并将之界定为,以社会发展为目标的一国或地区对其经济、社会发展方式的结构性需求。

不同历史时期,基于社会发展的社会需求不断演变,具体到当前中国语境,通过梳理和提炼基于21世纪初社会转型时期中国社会的细分需求,可以将总体需求归纳为经济发展方式的转变、包容性增长、智慧型发展、可持续的经济增长、政府和行政系统的创新等。在本节中,研究展开的逻辑是凝练相关的经济增长理论,梳理经济发展方式与科技进步的关联,从而得出致力于社会、经济发展的科技共同体需要努力方向的相关启示。在第5章,将根据中国重大社会转型期的具体演化态势,从社会发展角度探讨中国科技共同体的发展战略调整问题,并在社会需求与科技的相互关联中尝试刻画社会转型期中国科技共同体所应肩负的责任所在,提炼科技共同体应如何积极有效地推动自身契合转型期的社会需求。

就整个社会大系统的运行而言,社会需求与科学技术之间是一种协同演化的互动关系。社会需求推动科技进步,科技进步进而深刻地影响着社会需求的变迁,一切科学技术成果都是人类为满足社会的某种需求而创造出来的认识世界或改造世界(当然世界中包含着人自身)的手段。无论是由于科技发展的内在逻辑,即其自身生长机制所导致的各种进展,还是科技响应社会需求所采取的不同发展方式和途径,都必须经过以社会需求为准则的再选择过程,此即社会需求对科技发展的选择作用。而科技研究工作所能满足社会需求的程度,决定了社会可能对它提供支持的程度及其成果在社会中应用的程度,因而也就决定了科学技术继续发展的速度和限度。

在科学技术的历史演进过程中,最初人们大多出于爱好和非组织化的生产活动的需求而自发进行科学技术研究活动,其研究成果可能应用于生产生活,也可能只是研究者纯粹认知目的或自娱自乐的个人兴趣的成果。17世纪欧洲工业革命后,科学同时向广博与精专两个方向纵深发展,单个科技工作者囿于专业限制逐渐变得难以解决生产生活中的复杂问题,因此催生出相应的科学建制,通过各种组织、合作与交流去应对这些变化,于是建制化意义上的科技共同体便应运而生了。

3.3.2.2 经济增长方式转变条件下需求与科技进步的关联性研究

美国加州伯克利大学经济学者布拉德福特·德龙(Bradford DeLong)在《经济增长至关重要》一文中说:"相对于农业时代的祖先而言,现在的世界不啻是一个物质极度丰富的乌托邦。"那么我们为何还如此关注经济增长,希望创造出越来越多的物品,希望我们自己变得越来越富有呢?

从世界范围来看,这个问题的答案可能在于相对于30亿能够吃饱穿暖的人而言,这个世界上还有20亿人的状况只比农业时代稍好以及10亿人的生活仍然停留在传统农业时代。

在中国,1978年以来的经济改革取得了巨大的成就。第一大标志是2010年中国GDP总体规模首超日本,成为全球第二大经济体,并在2016~2017年前后逼近美国的总量数据。第二大标志是中国在扶贫减贫方面取得了出乎意料的重大进展,包括世界银行、联合国开发总署、粮农组织等在内的一批国际机构发现:21世纪初的图景是扣除中国脱贫的2亿人口后,整个世界的贫困人口总量不但没有减少反而在增加。中国经济发展总量和贫困人口脱贫方面建设的成就十分显著,令全球瞩目。

然而在经济的高速发展过程中,很多不容忽视的由快速发展带来的问题日益突出,来自外部和内部的压力促使中国经济结构和发展方式必须进行实质性的改变,必须加快进行"第二次转型"。第二次转型的历史必然性在于中国经济虽然总体上看上去很强健,实际上却存在不稳定、不平衡、不协调、不可持续的结构性问题,无论是经济还是社会结构中都存在着不能与总体发展相协调的脆弱部门或环节。因而第二次转型的基本目标就在于巩固第一次转型期的经济成果并获得经济、环境、社会可持续的全面协调发展。

2008年全球性的金融-经济危机爆发导致哀鸿遍野,世界各国痛定思痛后,开始着力于寻求经济增长方式和社会发展领域的调整与转型。探寻更具可持续性的新兴产业与新经济形态,已经逐渐成为世界各国应对经济与环境危机的主要选择,并希望以此作为国家长期发展的基本道路。2001年诺贝尔经济学奖获得者迈克尔·斯宾塞(Michael Spence)认为,虽然各国目标途径各有不同,然而共同之处均为实现结构转变,后危机时代的主要挑战不是回到不可持续的老路上,而是从旧的非常态转变为可持续的新常态(迈克尔·斯宾塞,2010)。因此危机发生后普遍可见的趋势之一是:发达国家均重新致力于以制造业(包含新型制造业)为主的可贸易部门的竞争力再塑,调整经济结构,大力增加储蓄,发展就业。

在此背景下,中国面临外部需求变化的巨大压力:贸易保护主义的挑战强劲;内部投资率过高,信贷扩张过大,国际收支不平衡;经济、社会、地域发展多向失衡;第三产业发展滞缓,产业比例不协调,消费增长乏力,投资与消费比例失调,内需不足,经济增长过度依赖于固定资产投资和外贸出口,收入分配差距过大;节能降耗和生态环境压力的不断增大严重制约了经济发展的可持续性。内部以固定资产投资而非科技创新为主要驱动的经济增长方式使中国经济过多依赖出口市场;投资极度倚重的制造业在不能继续创造大量的就业机会的同时,却产生对资源的大量挤占,中小企业与民营企业的发展遭遇资源与制度双重刚性缺口;收入分配的差距逐渐增大,基尼系数已超越0.45的国际警戒线(国家统计局,2017),且有不断上升之势,贫富差距成为亟待解决的关键社会问题;资源的过度消耗,在推高资源价格的同时带来严重的污染,环境与健康压力一时有不堪重负之虞。

哈佛大学著名经济学家本杰明·弗里德曼(Benjamin Friedman)在其专著《经济增长的道德意义》中曾提出一个强有力的论断,他将现代社会比喻为一辆自行车,当行驶速度较快时,自行车容易保持平稳;而一旦慢下来,自行车就变得非常不稳。现代社会就像一辆自行车,国家经济增长、社会发展和文化道德建设密切关联,一方面,增长本身带来的更多财富能够让我们更有能力提高生活水平;另一方面,为了得到各种非经济方面的好处,比如机会的开放、宽容,社会的稳定、公平、民主等,经济的稳步增长更有可能让我们达到目标。

因此,经济增长在中国社会发展第二次转型中仍然具有基础性的关键作用,问题是:中国应当如何在发展中促转变,在转变中谋发展,以实现整个国家长期、协调、均衡、可持续性的全面发展目标。

基本经济理论告诉我们,在给定自然资源和劳动的前提下,资本投入的不断增加将造成边际收益递减,只有集约地使用供给量固定的投入资源的增长方式才是发展的长久之道。2006年,中国的投资率达51%,居历史最高水平,相对于日、韩两国"二战"后发展高峰期的40%左右的水平高了10余个百分点,学界普遍认为,中国当前出现的产能过剩问题已经到了必须进行调整的时刻了。本书作者认为,第二次转型期的中国经济增长模式需要从以资本投入为主的模式过渡到"科技-资本双驱动"模式,这一方面是因为中国经济存在区域发展的不均衡性,另一方面是因为资本投入在很多领域仍然会是一个重要的因素,而资本和技术的结合是生产力进步最关键的驱动因素。以下经济增长理论关于科技创新而非资本是经济增长最关键要素的结论,结合中国科技共同体当前实际发展阶段的相关特征做一番思考与梳理:

科技是经济增长的最关键要素;科技知识的积累和外溢将增加全社会的公共知识存量,推动整体经济稳步增长;研究与开发创造新知识,创新是增长的直接源泉,科技创新存在前向的研发溢出效应;自主研发并非创新唯一途径;通用目的技术会引起一条非平稳的增长轨迹,引发增长和社会领域的诸多变革;教育是形成人力资本的重要机制,人力资本自身存在正外部性(赫尔普曼,2002)。

1. 有关增长的事实

2002年,经济史学家安格斯·麦迪森(Angus Maddison)发表著作《世界经济千年史》,书中对时间跨度长达1000多年的经济增长做了估计,他对世界人均收入增长率的估计如图3.8所示。

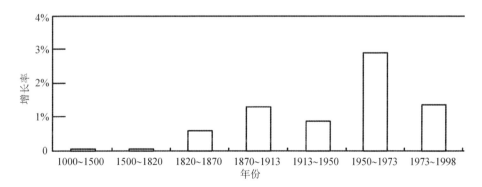

图3.8 公元1000~1998年世界人均收入增长率

根据这些数据,麦迪森指出,从中世纪到工业革命时期的经济增长微乎其微,真正的加速始于19世纪。

那么世界经济缘何起飞于19世纪,并使人类社会迈进经济时代?从另一份有关中国的统计数据来看,中国从公元元年到1880年,人均GDP仅从450美元上升至530美元,近2000年没变!尽管从那以后中国社会持续动乱,但随着晚清洋务运动的深入以及资本全球化对中国的渗透,1978年之后,工业化、全球化发展潮流给中国带来了翻天覆地的变化,当然,也包括了GDP总量与人均量的巨大变化。

2. 技术创新是生产力增长的直接源泉

技术塑造经济活动的过程在长期内发挥着作用,有意识的产业需求因而成为技术进步的助推器。

1956~1957年,诺贝尔经济学奖获得者罗伯特·索洛提出,从长期来看,技术进步是经济增长的唯一源泉。20世纪上半叶美国单位小时产出增长主要归功于知识的进步,特别是技术的进步。当然,这一时期是在近几十年所见证的技术爆炸到来之前。美国国家科学院《站在风暴之上》委员会认为,对未来经济和随之而来的就业机会创造而言,主要的推动力将来自于科学与工程发展的创新。尽管美国劳动人口中科学家和工程师比例只有4%,但这一不成比例的群体为其余96%的劳动人口创造了工作。

索洛否定了经济增长主要取决于资本投入的传统理论观点,并提出,技术进步可以更有效地利用供给最为固定的生产要素——劳动力,从而能够极大地推动经济增长。富裕的经济体的形成来源于较多的资本、较多的人力以及更高的生产率。多位经济史学家通过实证研究认为,技术演变处于现代经济增长的中心地位。兰德斯(Landes)、罗森伯格(Rosenberg)等通过对技术变化研究得出结论:"技术变化不仅对于现代工业的形成不可缺少,而且技术塑造经济活动的过程在长期内发挥着作用。"因此他们敦促人们应该用长期的眼光看待经济增长过程,因为新技术影响的扩散需要很长时间(赫尔普曼,2002)。

从经济发展的角度来看,一般在一国经济增长的早期,资本投入的影响非常显著,机器与工人配比率的上升将提高效率,这与中国1978年改革开放以来的资本投入规模和经济增长成效一致,这也是在当前第二次转型背景下提出"科技-资本双驱动"模式的原因。中国国土广大,经济发展水平也非常不均衡,相对于东部较为发达地区,中西部欠发达地区的资本投入仍然非常重要,对于整个国家而言,科技与资本的共同作用是经济增长的基石,在不同地区不同阶段,科技与资本的比例将有所差别,然而相对于供给量较为固定的资本而言,科技创新才是经济长期增长的关键要素。

3. 产业创新从何而来?

技术进步并非一个纯粹的随机过程,市场力量引导了技术进步的产生。早期研究认为,科学发现是技术创新的首要推动力,如此说来,既然科学进步取决于一国的科技人才资源和科学家们的想法,而科技人员大多是在营利性经济部门之外工作,那么以科学研究为基础的产业创新从何而来?

美国经济学家施穆克勒(Schmukler)在1966年考察了4个行业中的近1000种创新,发现在炼油、造纸、铁路和农业等4个行业中的主要发明创新要么来自于解决成本过高的问题,要么来自于企业对利润的追求,由此他提出:"技术问题是由社会经济需求决定的,有意识的产业需求推动了产业界和科技界的合作,从而产生实际的科技创新。创新活动与企业盈利需求、产品市场需求关系密切,这些需求与人们的预期及其强度决定了产业创新的方向和步伐。"(格罗斯曼,赫尔普曼,2003)

创新经济学创始人熊彼特早在1942年就提出,技术进步较之于科学创新,更多地来源于有意识的产业需求,需求刺激企业家追求技术进步,有意识的产业需求是技术进步的助推器。

总结熊彼特和施穆克勒的观点,即产业革新是有意识的产业需求选择下的结果,人们所观察到的绝大多数的创新均来自于产业界与科学界的结合。因此,处于第二次转型期的中国科技共同体需调整组织行为方式,密切与产业界的交流,才有能力更有成效地大力推动当前阶段的科技创新。

经济学家保罗·罗默(Paul Romer)发现,尽管有起伏,世界经济增长率仍总体表现为上升趋势。首先,世界经济领导者的历史平均经济增长率递增;其次,根据麦迪森关于人均GDP增长率的数据,罗默计算出11个发达国家长达10年的平均增长率。结果为每个国家在随机选取的先后两个10年中,后10年的增长率更高的概率均超过50%,具体表现如图3.9所示,这意味着经济增长虽有起伏,但在总体趋势上发达国家仍倾向于增长速度的加快而非放缓。世界经济的平均增长率自从19世纪中期以来一直在上升(格罗斯曼,赫尔普曼,2003)。

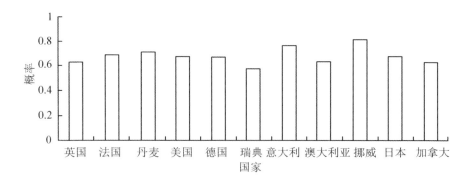

图3.9　居后10年的增长率高于早先10年的概率

经济学家认为,技术的正外部性(技术溢出)是这种经济增长趋于加速的主因。随着技术总量不断增加,人们的总知识存量趋于增加,总体上和平均值上人力资本(从技巧总和度量角度)均趋于上升,从而对产出产生加速性的影响。

4. 技术如何进行外溢?

企业进行R&D投资,其产出为技术。技术作为知识的一种形式,相对于资本而言具有非竞争性和非排他性等公共物品性质(非竞争性,意味着当人们同时使用某技术时不会产生拥堵,而资本品只能在一个特定时点被特定的人使用。在大多数情况下,技术具有一定的非排他性,除非使用某种特定的技术或制度保护,否则不能把其他人排除在对这种技术的使用的知识疆界之外,而资本品总是排他的)。技术的排他性程度通常和一国的政策选择密切相关,实际中虽然通过适当的法律保护,知识和信息可以成为一种具有排他性的私人物品,因而可能存在对信息的垄断,但事实上是无论法律如何保护,无论以何种生产方式来使用信息都必然会出现信息的泄露。因此不断积累私有知识的企业,事实上总会同时对公众总体公共知识存量做出贡献。诺贝尔经济学奖得主阿罗(Arrow)等从多个角度阐释了这一点,即"技术的溢出"是一个不争的事实。

罗默指出,研发溢出的外部性不仅存在,而且是现代经济的主要特征和经济增长的源泉。经济学家们认为技术的溢出对于经济增长意义重大,贾菲和特拉腾伯格明确指出:"研发行动和相关的专利申请、专利数据库索引等都是技术扩散的一条重要渠道。"部分公司与技术研发相关的行为,最终会向公共领域的知识和技术扩散,引致公共知识存量的提高,公共知识存量的提高又推动了整个社会生产率的提升,并且重要的是经济增长理论研究者们通过实证研究认为不存在对总体知识的回报率递减(赫尔普曼,2002)。公共知识存量的增加也会提高学习效应,卡里略(Carrillo)曾经提出技术转移发生在工作的过程中,因此"干中学"是技术溢出时学习的主要形式,学习效应加快,技术溢出的效果得到提升,往往会引来新一轮的技术溢出,而技术溢出时增加的公共知识存量反过来又会进一步提高学习效应,同时加快溢出收益国家或地区的产业配套建设。例如,跨国公司和分公司成为技术溢出的重要载体,当技术溢出伴随着跨国公司或分公司在别处落地时,对于整个产业前后端都会产生带动作用,前端则是需要当地企业为公司提供原材料、劳动力、生产设备、零部件等生产要素输入,后端则是带动下游产品研发或者上市,在整条产业链中技术溢出扮演着承前启后的作用。

以上经济增长理论的研究成果说明,对一个力图以科技创新立国的国家而言,研发行为本身将产生大量的正外部性,积极主动建立关于科技创新信息的共享机制,包括其他在不违背对研发者侵权的前提下的科技数据共享体系的建设,意义更加重大。当前国际社会的一个特征是发达国家的技术人员存在大量的流动与溢出现象,依托便利的网络通信,即使是很小的公司都存在缔结崭新的和远距离的技术共同体的实际可能。科技共同体在推动整个国家的科技及其创新信息共享方面大有可为。

罗默、格罗斯曼(Grossmann)、赫尔普曼等提出:"现在的创新对将来的创新有前向溢出效应,即现存的质量提供了一种基准,创新者试图在此基准上进一步改进产品,导致创造性的毁灭。"虽然各行业的质量改进速度不同且无法确定,但是由众多行业构成的经济体的质量改进速度则表现为一种能体现经济特征的稳定增长。

熊彼特认为,创新是自我强化的过程,资源和存量知识用于生产新知识,新知识扩散至研究领域,并促进了更多的新技术的开发。诺贝尔经济学奖获得者卢卡斯(Lucas)从专业化的人力资本角度出发,指出该种经济的长期增长率将超越技术进步率,经济的增长率依赖于其生产商品和服务的技术特征,以及其生产人力资本的"技术"特征(格罗斯曼,赫尔普曼,2003)。

由上述增长理论可知,一国产业结构中高科技创新产业的比例、企业所处的产业价值链位置、人力资本的质量对长期经济增长至关重要,这说明发展中国家或地区应致力于本国产品与服务技术水平的提高,致力于公共技术与知识存量的提升,致力于向产业界输送"技术型"的人力资本,推动本国科技共同体的有效联结,促进科技知识在整体范围内的有效传播。

5. 自主创新

经济增长理论认为,研究和开发(R&D)创造新知识,自主研发是企业获取技术信息的最主要途径,技术创新需坚持自主研发与引进吸收升级的融合道路。

如果知识的正外部性确实存在,则它们应出现于研发活动中,因为研发可以创造新知识。现代工业经济中,商业R&D是企业获取技术信息的最主要途径之一。1921年美国工业界仅雇佣了2275名科学家和工程师从事研究活动,1946年增至46000名,1962年增至300000名,1985年已接近600000名。在日本,私人企业雇佣的科研工作者人数在十年之间便增长了近一倍,即从1979年的157279名增至1988年的279298名。工业化国家中产业R&D的增长成为潮流。

根据《OECD科学、技术与产业排行榜2003》,OECD国家的知识投资、研发、软件和高等教育投资总和平均约为国内生产总值的4.8%,其中研发投资占一半,在大多数OECD国家,知识投资增长要远远快于固定资产投资增长。

几乎所有的工业化国家均投入了巨大的人力和物力从事产业R&D,但是国与国之间仍然差别显著。不仅各国之间商业性研究经费差距悬殊,而且世界经济中各个行业之间的研究经费亦众寡不均。在OECD国家的所有产业R&D经费中,仅电子机械、电器、办公器材、航空和化学(包括制药业)这几个部门的研究经费就占到总数的3/4,不同产业的研究密度之间存在显著差异(巴里·诺顿,2010)。赫尔普曼和格罗斯曼基于实证分析指出,不同的行业,技术创新的机会存在显著差异。

表3.2是16个国家(地区)研发支出占国内生产总值的比例,以及每千人就业人员中研究人员的比例(括号中数字为年份)。

表3.2　研发比较指数

国家(地区)	研发支出 (占GDP的百分比)	每千人就业人员 中的研究人员	三方专利数
中国	2.067(2015)	1.973(2014)	2582.31(2014)
墨西哥	0.553(2015)	0.607(2013)	17.04(2014)
巴西	1.200(2013)	缺	70.03(2014)
印度	0.800(2008)	缺	422.92(2014)
中国台湾	3.262(2015)	12.983(2015)	360.87(2014)
韩国	4.232(2015)	13.743(2015)	2713.05(2014)
OECD国家	2.403(2015)	8.051(2014)	50948.42(2014)
法国	2.230(2015)	9.758(2015)	2503.45(2014)
美国	2.788(2015)	9.103(2014)	14943.86(2014)
日本	3.492(2015)	10.110(2015)	17121.41(2014)
瑞典	3.262(2015)	14.279(2015)	645.84(2014)
欧盟(28国)	1.950(2015)	7.871(2015)	13457.30(2014)
英国	1.701(2015)	9.246(2015)	1807.77(2014)
俄罗斯	1.132(2015)	6.211(2015)	90.83(2014)
南非	0.726(2013)	1.570(2013)	28.34(2014)
德国	2.875(2015)	8.304(2015)	4509.40(2014)

表3.2中的三个指标从不同方面反映了各国科研状况,中国(不包括中国台湾地区)除了在"每千人就业人员中的研究人员"中较之发达国家差距较大外,其他两项指标统计中不仅为金砖国家之首,而且与发达国家的差距大幅缩减,甚至超越某些发达国家,其中"研发支出(占GDP的百分比)"已超英国、欧盟等部分发达国家,与美国、法国、德国等国差距缩小;"三方专利数"已超英

国、法国、瑞典等国,与韩国旗鼓相当。巴里·诺顿等人认为,这说明在中国传统农业和其他生产服务部门必然存在大量的低水平劳动力,国民教育问题的影响通常不易在短期内被发现,而同样不容易被看到的,且应引起更多重视的是教育的质量问题(巴里·诺顿,2010)。

从总体规模角度而言,根据OECD数据,2001年中国已经拥有世界第二大研发力量,仅次于美国。然而比较各国的创新成果,中国只占很小的比例。根据《OECD科学技术和工业记分牌2015》报告显示,中国是科技创新的重要力量,目光却不够卓越和长远;颠覆性创新正在推动下一轮产业变革,美、日、韩遥遥领先,尤其是韩国突飞猛进。这说明中国不仅要提高研发投入强度,还要提高已有研发队伍的研究质量和能力。中国的研发队伍需要提升其应对来自于社会中有意识的产业需求的能力,从而能对研发做出有针对性的积极选择,这与既有的学院科学和产业界结合的紧密程度、科技共同体的定位与建制、激励机制等有密切的关系。

6. 技术引进

技术引进和企业内部进行的流程创新是除自主创新之外相当有效的技术创新途径。

经济学界和科技界对技术创新含义的理解不尽相同。经济学界认为技术创新是指以一种更高的生产效率代替原有的相对偏低的状态,它不一定是最新的发明,但是它将引致效率的显著提升。

科技界倾向于将创新与发明两个概念等同。发明是从无到有的新事物的产生,发明活动将生产出对于人类总体而言的新知识。然而对特定生产实体而言,技术创新事实上并不完全来自于这种新知识,它也可能来自于人类总体已有的知识在不同实体间的传播。

像美国、日本、德国等产业创新能力发育最前沿的国家,要想取得技术创新绝大多数情况下只能依靠自己的力量进行研发。然而对于一个发展中国家而言,其技术水平与发达国家有很大差距,因此它在很多产业中都可以通过向行业内更先进的国家学习新技术来达到技术创新的目的,具体而言便是进行有目的的技术引进、技术模仿和专利权购买。

随着国际竞争日益激烈,中国国力和技术能力逐渐攀升,发达国家开始警觉并系统加强对现有关键技术的保密工作,撤回许多在中国研发的关键技术项目,限制专利技术输出,使得传统的技术引进方式逐渐受阻。同时,中国国内现有的技术引进存在结构性瓶颈,表现为:

首先,技术引进总体水平仍然偏低,大多集中于咨询服务,真正涉及核心的专利只占约4%。其次,主推的技术"先引进后吸收再创新"的做法,三环节之间经常缺乏联动和统一规划,往往会导致彼此之间脱节,引进后无法消化、吸收并转化为自己的技术,同时很难对其加工再创新形成适合自己的技术,即使存在"创新",多数也只是对原有技术的低端介入,无显著成效型或高端介入型创新。再次,相比其他国家,中国目前缺少引进、消化、吸收、再创新工作牵头协调部门、考核评估机制等的统一部署,也缺乏明确的技术引进目录,使得技术引进陷于跟风状态。因此,对于中国当下技术引进吸收的现状而言,技术引进不仅需要政府的投入,更需要科技共同体的实时参与。许多引进的技术未能被国内产业自己消化、吸收和创新,其中原因之一便是该技术与国内实际发展特征不符,无论是技术、人员还是供应、市场等要素,国内均无法提供该技术直接落地生存的环境,而科技共同体通常会更好地掌握当前技术的发展潮流,对于技术引进对象、方式、效果的分析权威度往往也会高于其他机构。

对于自主研发与技术引进,不同行业、不同生态链分工的人往往会持不同的态度。科研人员作为技术研发主体,基于其自身的激励因素,往往更关心研发的具体成果以及研发过程中的经验积累等研发内容本身,较少关注研发后的技术推广,以及科研机构或企业的R&D部门对研发项目的资金投入。研发对学院科学来说收益总是正的,比起参与意愿大大降低的技术引进,其多半会支持自主研发这一机制。

同时,技术引进的受益产业和企业也需融入其中,为引进提供实际所需和应用领域。经济学家和企业家从实际的企业成本与收益出发,通常更倾向于支持技术引进。一个肩负生存与发展重任的独立经济体必须关注如何能在每一期生产中创造最多的剩余价值,实现最多的资本积累。企业充分利用当前时期的每一个比较优势是关键。因此创新的技术引进需要政府、科技共同体、产业与企业等不同诉求者的协力合作,完善维护其运行的体制和系统。

由于发展的历史时段时间差,欧美发达国家的工业化进程建立在充分利用全球廉价资源基础之上,是建构在以不可再生的物质资源为核心基础之上的、以消费需求强力拉动的社会发展模式。而作为全球人口最多的经济体,中国的工业化必须要面对的是资源价格大幅上升、生态压力快速增加的客观现实。作为全世界最大的发展中国家,中国拥有为数众多的低收入群体,中小企业竞争力弱,地方政府财力有限,中国没有条件,更没有必要追求全面自主研发,否则,由于研发资源必然性的分配不均将导致部分行业发达、其他行业落后的不均衡格局,而不均衡的格局往往是经济和社会危机的根源。对当前中国来说,总体上的更多投入(意味着提高总体研发比例),加之"低成本导向"(表现为以最低成本、最高收益的方式获得技术创新成果),通过合理的引进辅之以消化吸收、创新和升级,普遍被认为是一条更好地结合中国国情的发展途径。

技术引进中的关键问题是:不是简单的"拿来主义",引进的技术必须经过有目的的改进、消化与吸收,才能发挥最大效用,才能成为后续自主创新的技术基础。因此,技术引进有赖于科技共同体间产学研的紧密合作,以增强对生产进行经常性的调整的可能性与能力,这种调整的依据是全球范围内快速变化的市场需求和生产实体的自身技术特征。

一个很典型的示例是:日本自"明治维新"以来,就将引进技术的"国产化"作为一贯坚持的政策目标;"二战"后更是形成了"一号机进口,二号机国产,三号机出口"的不成文的产业技术方针。日本于1949年12月制定了《外汇及外贸管理法》,翌年10月制定《关于外资的法律》,正式展开引进国外技术的制度建设。为保护国内市场,扶植民族工业发展,日本对外资的进入做了严格限制。如"外资法"规定,外国企业在日本国内的投资,股份不得超过50%,且以有益于提高日本国民的收入水平、增进就业和改善日本的国际收支作为外资选择的依据。

在科技管理方面,日本设有国立大学和国立科技机构(如日本理化研究所、产业技术综合研究开发机构等),主要从事基础研究及应用研究,并促进产生了各种科技中介机构,如新技术开发事业团等。政府也制定相关政策支持企业间联合推进引进技术的"国产化"。直到1995年,科技水平已居世界前列的日本才制定并颁布《科学技术基本法》,确立从"技术立国"到"科学技术创新立国"发展战略的重大转型。

日本在产业发展的前期与中期很少引进成套技术,更不允许重复引进。1951～1961年期间,总计引进国外技术1062项,资金为1167亿日元,按当时汇率(1美元兑360日元)计算,仅3.2亿美元。其间,日本把技术创新能力主要用于消化和吸收引进的外国技术上,结果达到了"青出于蓝而胜于蓝"的效果。以上发展轨迹,让我们看到日本战后经历了长时期的"技术引进-消化-创新"的道路。与之相对应的是,1978～2006年,中国用于引进境外技术的资金多达2000亿美元。相比于日本技术引进的消化吸收历程,基于引进基础上的技术"国产化"的代价过高、时间太长、速度太慢。

事实上,对于任何一个发展中国家而言,以上"引进-消化-创新"路径是技术引进传统路径上的必由之路,也是走向技术创新的进阶之路。发展中国家的物质基础和发展现状,决定了发展中国家在起步追赶期无法全面自主创新,必须有所选择、有所侧重并引进创新。

日本的"模仿创新-合作创新-自主创新"道路中的创新联合问题特别值得当前中国科技共同体加以研究和学习。在助推日本创新能力提升的过程中,企业层面的开放与企业间的创新联合发挥着重要的作用。研究者指出,日本的企业几乎是完全开放的,企业间的联系非常密切,合作非常频繁,彼此之间形成了一个错综复杂的网络型结构。在这样的组织结构之下,日本企业的创新能力和创新速度非常快。譬如,面对市场先机,日本企业通常使用化整为零的办法,核心技术自己开发,一般技术让给其他企业开发,企业之间结成伙伴公司,产品上市后利益共享,这种形式类似于组织科研攻关。

现实中一个典型产学研结合的技术创新机制的构建逻辑如下:自然科学成果或引进技术被选择进入技术开发系统后,首先被发展为各种技术科学,经过科技与需求结合的若干中间环节,再进入市场,满足社会需求。其间,科技与需求的结合是一个不断反复和综合的过程,从技术创新方案的提出、论证、经费支持到进入研制阶段、中试阶段和工业生产阶段,直至最终实现技术创新全过程,在不断反馈中形成复合的创新过程,其中技术创新各环节之间联系紧密。

技术创新的关键连接点是社会需求、科学技术和工业生产之间的协调。能应对社会需求的技术创新团队,通常包括研发人员、工程技术人员和市场人员,只有从研究到生产的密切结合才能避免创新机会的大量流失,因为创新机会或存在于新的社会需求之中,或处于某个技术环节生产过程之中,有效把握创新机会并付诸实施,需要构建产学研共同体。若像传统的"学院科学"那样科研机构或研究型大学自我满足与封闭评价,只关注内向需求,不了解或不屑于对接外部性的市场消费或社会发育需求,则其研究成果即使有学术价值也可能因为没有实用价值而被束之高阁;加上大部分科研型机构缺乏研制设计条件,成果利用率必然会低。而另一方面,大部分企业不具备前沿性质的研发平台与资源,企业因此会缺乏创新研发能力,生产力量只配置在生产线上,引进的先进技术面临短时间利用之后的淘汰率就会高。

就中国技术引进的发育现状而言,由于从20世纪80年代以来,政府大规模倡导(官)产、学、研合作,设立了覆盖全中国的高新技术产业开发区和各类旨在成果转化应用的经济开发区,使科研机构和研究型高校与产业的对接成为基础目标;同时,自20世纪末开始,中国政府明确企业是技术创新的主体,要求企业担负起创新主体的责任。于是,在中大型企业建立面向技术创新的研究院、所与中心成为必要的配置,企业的技术引进与创新吸收能力大大增强。当前的新方向在于:中国的科技-产业-市场共同体需要在创新生态系统环境下进一步密切交流与交易彼此的创新与发现,联合起来面对和解决技术创新的高效性问题。

7. 流程创新

流程创新,即企业内部进行的增进生产效率的努力,输出产品本身不发生变化,但以更低成本、更有效率的方式组织生产。生产经理经常用试错法不断调整生产线来改进经营效率,通过"干中学"获得的生产效率增进通常也是以这种方式实现的。

派克(Pack)和怀斯特保尔(Westphal)认为,处于工业化进程国家的技术变革中必须进行相当程度的本地化改良:"与特定环境有关的重要技术要素只有在亲临这种环境,运用现有知识的实践中才能获得。使用有关的技术信息需要付出努力,积累技术信息以评价和选择适用的技术也需要付出努力,掌握和操作生产程序并生产出来产品需要付出努力,追踪产品、生产过程、生产工艺、组织安排方面的变化也需要付出努力,创造新的技术更需要付出努力。这些努力表现为对技术能力的投资,也就是要努力获得有效使用技术知识的能力。"(赫尔普曼,2002)上述阐述表明,产学研只有密切交织与合作,才能产生创新源泉,成为科技革新的有效支撑,简言之,有意识的产业创新需求和有创新研究能力的科技共同体之间必须进行有效的结合。传统工业化国家的增长理论和实践过程表明,有意识的产业创新推动了经济增长,从目前来看,发展中国家的经济发展同样仍在这一逻辑路径之上。

以日本汽车产业为例,日本的汽车厂家通过协会及其他机构对其零部件企业进行细致的评价和技术指导。这种日常交流的一般模式是:在开发阶段,零部件企业的经营管理人员与设计人员密切协作,并与汽车厂家负责设计的开发人员频繁接触;开始生产后,企业间负责生产与开发的人员也频繁交流。其供应关系具有如下倾向:将更多的时间用于面对面交流,利用电子手段进行企业间的调整和协调,有利于促进供应体系效率的提高。

中国在计划经济时期,大量的研发成果属于经典的"任务推进"研发模式的结果。这种做法集结整个国家力量推进优先战略从而完成了"两弹一星""青蒿素提取"等一批水平极高的任务。但是这种方法在市场经济条件下不能解决很多产业创新问题,出于安全考虑,大部分科学家和工程师都会对技术严格保密。由于科学管理部门一般并不具备评估他们资助的技术的能力,所以科学家们自由地从事理论研究,较少从社会需求出发考虑其所从事的研究是否适用于民用经济。科学家和工程师们使自己的研究成果商业化的动机较弱,工厂的管理者寻找和实现实验室创新的能力也不强。常见的情况是科学家的成果常常囿于一种"模型"或"展品",停留在书面,而非经济中的生产资源。某些与世界科技隔离的学科,这些缺陷更为严重,这种脱节的产学研现状,是第二次转型期中国科技共同体需要致力改进的重点所在。

8. 通用目的技术

通用目的技术会引起一条非平稳的增长轨迹,引发产业领域的剧烈变革,是推进经济社会转型的主要动力。

在研究技术对经济长期增长和社会转型的作用时,研究者们发现不同的技术对经济增长的作用有较大差异,革命性的技术进步对推动人类经济社会转型具有更大的作用。1995年布雷斯纳汉(Bresnahan)和特拉腾伯格(Trajtenberg)创造出术语"通用目的技术"(General Purpose Technologies, GPTs),并提出通用目的技术是推进经济长期增长的关键。通用目的技术推动的增长有别于一般创新增加推动的增长,它将引起一条非平稳的增长轨迹。增长刚开始比较缓慢,紧接着会突然加速(赫尔普曼,2002)。其中,最为大众所熟悉的是蒸汽机、电力和计算机的出现。蒸汽机引起的转变持续了一个多世纪,电力引起的转变持续了40多年,但目前仍然不清楚计算机引发的转变会持续多久。

研究普遍认为,通用目的技术的基本特征主要有以下几个方面:第一,能够从初期的一个应用领域实现向后期多个领域的广泛延伸与应用,这是其显著特征。第二,持续促进生产率提高,降低使用者成本。随着新技术的发展和应用,技术应用成本不断下降,技术应用的范围不断拓展。第三,促进新技术创新和新产品生产,与其他技术存在强烈的互补性,具有强烈的外部性,其自身在不断演进和创新的同时,能够促进其他新技术的创新和应用。第四,技术的引用不断促进生产、流通和组织管理方式的调整和优化。通用目的技术的应用,通常不仅能够促进产品和生产流程的技术创新与生产方式的转变,而且还推动生产关系的更新,促使人类社会的产业结构、生产方式、社会组织、管理模式、政治格局等领域发生革命性的变化(安筱鹏,2008)。

通用目的技术使得生产更集约，更高效，进而改变一个产业乃至一个国家的要素禀赋，最终改变一个国家在国际经济中的地位，甚至可能会发生根本性的转变。因为通用目的技术不但推动经济长期增长，并且引致人们行为方式、社会文化、制度等各方面的变化与发展，因此，如何抓住通用目的技术所带来的机遇已经成为当今世界各国在未来发展中的一个共识。对于转型期的中国而言，其意义尤其深远，至关重要，因为这是发展中国家在转型中实现跨越式发展的关键途径。当前中国建立在化石能源和矿产能源上的高资本投入、高污染的行业，比如钢铁，属于极端资本密集、能源密集且高污染的行业，虽然中国产出规模很大，但是即便我们能生产比世界所有经济体都要多的钢铁，我们也不可能在这一部门拥有可持续的长期比较优势，一方面是因为这些行业需要密集使用中国短缺而必须依赖进口的资源(铁矿石)，另一方面则在于这些行业会对环境和生态带来大量的污染。因此重构中国在国际经济中的要素禀赋，在于我们想做出多少努力来推动科技创新，特别是推动在通用目的技术领域应用与研究的全面发展，以促成中国在经济、社会转型中的跨越式发展。

新一轮通用目的技术，即以信息化为特征的计算机革命，使得工业社会传统的能量转换工具智能化。这种改进推动了生产方式的转变、资源利用效率的提高和新兴产业的发展，使信息资源真正成为一种生产要素、无形资产和社会财富，成为整个社会变革的技术物质基础。智能工具的广泛使用，降低了知识传播的成本，提高了知识共享水平、人力资本水平，使生产经营过程发生了根本性的变革，管理组织模式向网络型的分权组织模式转变，企业组织结构日趋扁平化；智能工具的使用还降低了交易成本，推进交易分工细化，提高整个社会的效率，促进经济长期增长，并促使人类社会的产业结构、生产方式、社会组织、管理模式、政治格局发生革命性变化，其影响力可谓极为深远。

研究发现，技术革新进程与经济增长进程在时间上是交错的，技术研发走在经济增长之前,因此,一国需要尽可能早地介入,科技共同体应当承担科技预见职能,通用目的技术初现端倪,亟须发出跟进信号。特别是对于中国这样经过第一次经济转型,积累了一定的国家财富,具备一定的物质基础,存在投资能力和研发能力,同时又面临各方转型压力的国家而言尤为如此。对于通用目的技术的引进与投入-研发-推广是一个系统性的社会大工程,需要制度环境、资本市场、科技领域、商品劳务市场的系统配置,经济增长研究表明史上任何一次工业化进程(通用目的技术的扩散过程)都是一个持续制度创新的历史过程。

9. 教育及人力资本

教育是人力资本形成的重要机制,人力资本存在驱动经济增长的外部性。各层次的教育在经济增长中起着主要作用。戈尔丁(Goldin)和卡茨(Katz)通过增长核算,提出20世纪约1/4的美国工人平均收入增长来自于教育的进步。米奇认为,19世纪晚期欧洲初等教育的普及对经济增长仅有微小贡献,而20世纪中等和高等教育的普及产生了大的影响。芝加哥商学院的杨(Yang)发现,学校教育年限的上升在东亚新兴工业化国家和地区的增长中发挥了中心作用。许多其他国家不同时期的研究都支持类似结论,教育在解释经济增长的历时分析和人均收入的跨国差别时都起到了重要作用。莫瑞蒂(Moretti)提出大学毕业生对其他工人的工资有正的外部性。他发现,在劳动力队伍中大学毕业生占更大份额的美国城市里,相应工人的工资更高。这意味着,高等教育的社会回报率高于私人回报率。赫尔普曼认为,由于工人们相互学习,在处于受过较多教育的同事的环境中,工人的生产率会更高(赫尔普曼,2002)。琼斯对美国经济做了更细致的研究,他发现,1950~1993年人们受教育年限的提高(平均增加了4年的学校教育)解释了每小时产出约30%的增长,剩余的70%

归因于思想存量的上升。

研究增长的经济学家试图努力测量各种外部性,包括教育的外部性,一般来说,估算外部性有很多困难,精确的衡量需要更多的研究和改进,但是教育对经济增长的推动和知识、技术的外部性所造成的公共知识存量的上升及其对经济增长的影响是相对确定的结果。

第4章
中国科技共同体协同创新发展研究:影响力分析视角

科技共同体对于社会经济影响力的形成,不仅依赖于其自身能力建设的水平,而且需要在与其他社会群体互动的过程中才能形成和发挥作用。在发展过程中,科技共同体通过参与政策制定、研发合作与技术支持、科学普及等形式,与政府、企业、社会公众等多元主体在不断的互动过程中形成了日益密切的合作关系,与此相对应,科技共同体在政策过程、经济发展、社会进步等方面逐渐凝聚形成了自身的影响力。本章将从政策影响力、经济影响力和社会影响力三个重点方面,解析科技共同体在推动国家发展和社会进步过程中作用发挥的机制,并尝试在此基础上构建从政策、经济、社会三个维度评价科技共同体影响力的评估模型,以使科技共同体加强自身建设,更好地服务于国家社会经济发展。

4.1 科技共同体政策影响力

随着知识经济的到来,科学技术在推动经济增长和社会进步方面正扮演着越来越重要的角色,与此同时,国际竞争的日益激烈化和科技风险的加大也对国家决策的科学化提出了越来越高的要求。作为横跨官、产、学、研的科技组织,科技共同体承担着不可替代的政策研究和咨询任务。其自身便是政策过程中的一个重要参与者,面对中国社会转型期的宏观需求,如何进一步加强科技共同体的政策研究能力,提升科技共同体在政策过程中的参与度,为国家决策科学化和民主化做出贡献,是摆在科技工作者面前的一项重大任务。本节希望在研究科技共同体政策影响力现状的基础上,能够总结出中国科技共同体参与政策过程的实现途径,并参考国际上对于政策研究机构的政策影响力评估的最新研究成果,构建评价中国的科技共同体政策影响力体系。由于科技共同体的组织边界较为模糊,为了便于描述其政策影响力,在本节作者将重点关注科技共同体内直接参与政策研究的力量,以政策研究机构为立足点考量"科技共同体如何实现政策影响力"这一核心问题。采取这一研究视角的目的之一,也是为了能够与国外相关研究相匹配,从而使研究成果具有横向可比性。

4.1.1 科技共同体政策影响力现状

中华人民共和国自成立以来,一贯重视积极发挥科技工作者在国家重大科技管理与决策过程中的作用。在包括三峡水库、青藏铁路、西气东输、南水北调等一系列国家重大工程的论证和设计方案中,来自自然科学、社会科学、工程技术等各个领域的科技工作者建言献策,发挥了突出的作用。随着中国政策决策的科学化和民主化进程的深入推进,来自科技共同体的专家建议和意见已经成为政府政策决策与管理中最为关键的因素之一,科技共同体在中国重大科技决策中正发挥着越来越重要的作用。本小节根据前文对于科技共同体的类型细分,分别从学院科技共同体、产业科技共同体、政府科技共同体和科技中介组织四个方面,详细叙述科技共同体对国家政策影响的现状。

4.1.1.1 学院科技共同体的政策影响力现状

学院科技共同体的主体主要是指大学等学术机构以及在这些机构中进行科学研究和技术创新的科学家。以研究生院为主体的研究型大学，是当代科学家活动的舞台，也是未来科学家的摇篮。中国高校科技共同体也为国家决策提供了重要的战略支持，在政策影响力方面，主要体现为高校决策咨询研究机构所提供的政策咨询。

目前中国较为著名的高校决策咨询研究机构有北京大学中国经济研究中心、清华大学国情研究中心、北京大学光华管理学院、厦门大学台湾研究院、北京大学国际关系学院、人民大学中国财政金融政策研究中心、清华大学国际问题研究所、浙江大学民营经济研究中心、清华大学国际传播研究中心、中国人民大学中国经济改革与发展研究院、中国复旦大学世界经济研究所、复旦大学中国社会主义市场经济研究中心等。

4.1.1.2 产业科技共同体的政策影响力现状

产业科技共同体人员，主要是指受雇于企业，在企业的实验室中进行与产业紧密相关的产品和技术课题科学研究工作的科学家。产业科技共同体人员更多地对研究工作的实际效果感兴趣，更倾向于解决实际问题，将成果付诸实践，而在国家重点技术创新实践活动的开发和实施过程中，产业科学家也为其提供了重要的政策支持。

与学院科技共同体的政策影响力相比，中国产业科技共同体的政策影响力构建目前尚处于起步阶段。中国目前较为著名的产业科技共同体有华为研究院、中国移动研究院等。

4.1.1.3 政府科技共同体的政策影响力现状

前面已经介绍了政府科技共同体的基本概念,它主要是指国家直接管理的大型科学实验室或科研院所。随着政府和国家科学事业的发展,这一部门中的科学家成了完成科学事业的重要人员,而在科学技术应用及知识社会过渡的进程中,他们对预测科技进展及其社会效应,制定并落实科学高效、符合国情的科技政策等也发挥着重要的作用。国务院研究室、中国科学院、中国社会科学院、中国工程院、国务院发展研究中心等都为国家决策提供了有力的智力支持。在这些机构中,作为国家在科学技术方面的最高学术机构和全国自然科学与高新技术的综合研究与发展中心,中国科学院对国家政策的制定和实施发挥着极其重要的作用。

成立于1949年的中国科学院,是中国科学技术方面的最高政策和发展战略研究机构,目前下设数学物理学部、化学部、生命科学和医学学部、地学部、信息技术科学部、技术科学部等6个学部。中国科学院聚集着全国最优秀的科技工作者,具有跨学科、跨行业、跨部门的综合优势,有能力为国家重要决策提供咨询服务。近年来,中国科学院各学部先后围绕学科发展战略、科学教育、国家安全热点问题、可持续发展战略、西部大开发战略、人口老龄化挑战等问题开展研究咨询,形成了一系列政策咨询报告并报送国务院和有关部门。此外,实施知识创新工程以来,中国科学院构建了学部与实体有机结合的战略研究体系,持续深入地分析了世界科技发展大势,前瞻性地思考了中国经济社会发展和科技进步,提出了《迎接知识经济时代,建设国家创新体系》《创新促进发展,科技引领未来》《创新2050:科学技术与中国的未来》系列战略研究报告及18个重要领域科技发展路线图,在国家发展的关键时期提出了应对挑战的系统科学建议和系统解决方案,引领了中国科技发展的方向。

4.1.1.4 科技中介组织的政策影响力现状

国家创新体系是实现"科教兴国"战略的制度基础,国家创新体系建设是科技工作的一项中心任务。科技中介组织作为国家创新体系的重要组成部分,在国家创新体系中扮演着非常重要的角色,一般来说,它是独立于政府之外的社会组织,依照国家的法律和法规成立并运行,以公平、公正为宗旨,并确保其服务的优质与高效,在国家(政府)与社会之间发挥功能传递作用,在市场主体之间发挥服务纽带作用。

科技中介组织作为社会中介组织的一类,广义上指以法律规范为依据,以技术为商品,以推动技术转移、转化为目的,在政府、创新主体、创新资源及社会不同利益群体之间发挥桥梁、传递、纽带作用,面向社会开展技术扩散、成果转化、技术评估、创新资源配置、创新决策和管理咨询等专业化服务的机构;狭义上指为科技创新主体企业、高校、研究机构等提供社会化、专业化服务,以支撑科技创新活动和促进科技成果产业化的机构。科技中介组织类型多样,分类方法也不尽相同,从其对科技活动的参与形式方面,科技部技术市场管理中心将其分为三类:一是直接参与服务对象技术创新过程的机构,如生产力促进中心、创业服务中心、工程技术研究中心等;二是主要利用技术、管理和市场等方面的知识为创新主体提供咨询服务的机构,如科技评估中心、科技招投标机构、情报信息中心、知识产权事务中心和各类科技咨询机构等;三是主要为科技资源有效流动、合理配置提供服务的机构,如常设技术市场、人才中介市场、科技条件市场、技术产权交易机构等。

科技成果只有进入企业,转化为现实的生产力,才能证明其自身存在的价值和意义。科技中介组织在国家创新系统中是以协调者和中间人的身份出现的,它们比政府更了解大学、科研院所和企业在技术创新中的需求和动态,又比大学、科研院所和企业更熟悉有关技术创新方面的法律、法规和政策,而且还对相关行业内技术创新的现状、发展趋势和人才分布有较全面的了解。科技中介组织依据国家科技发展规划和目标,以专业知识、专门技能为基础,按照市场规律的要求,通过整合科技资源,承担起为技术创新主体——企业和科技成果提供者——大学对接的过程,使得在上游(大学、科研院所)积累的大量科研成果顺利进入到下游(企业),在实现上游经济和社会价值的同时,改善下游的运行质量和竞争力;另外又使得下游的需求信息及时通过科技中介反馈到上游,通过二者的有效沟通达到双赢的目的(如图4.1所示)。

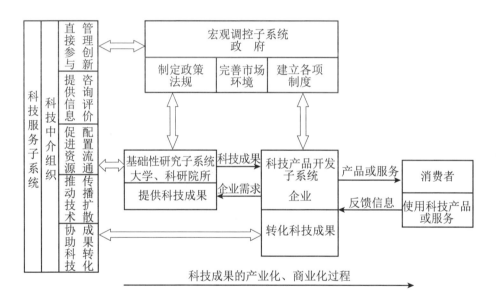

图4.1 科技中介组织的功能定位图

民营政策咨询机构是西方国家,特别是美国智库的主要存在形式。例如,著名的智库兰德公司和布鲁金斯学会。中国民营专业政策咨询机构出现得较晚,但随着中国市场经济的发展,一批适应市场机制运行的政策科学研究机构和咨询服务机构快速涌现,并聚集了一批优秀人才,正逐步成长为除了学院科技共同体、产业科技共同体和政府科技共同体之外的重要力量。独立的第三方地位使得科技中介组织能够灵活地与政府机构、企业、高校以及科研院所开展合作,从而大力地推动了中国科技决策与管理咨询的专业化、社会化发展进程。

4.1.2 科技共同体政策影响力相关研究综述

4.1.2.1 多元主义理论

在公共管理学研究中,多元主义理论(Pluralist Theory)是最广为人知的理论之一。多元主义理论源自于古典自由主义理论对于社会发展和政治权力结构的解读。多元主义理论认为,政府的公共政策决策总体而言受到政府的既定施政框架的约束,但政策过程中的众多利益集团会试图对政策决策过程施加自身的影响力。传统多元主义理论关注的核心问题是权力和影响力如何在政策决策过程中被分配。不同的利益团体希望能够在政策过程中实现利益最大化,因而公共政策制定和实施的过程实际上也是不同利益集团互相斗争与相互妥协的过程。在这一过程中,包括智库在内的各类利益团体政策影响力的此消彼长和权力转移也是不可避免的,多元化的利益竞争则能够保证众多利益集团在长期的政策制定过程中达到动态平衡(Schouls,2011)。

4.1.2.2 国家自主性理论

国家自主性理论(State Autonomy Theory)认为,国家是一个拥有自身利益,不受外部社会和经济因素影响的实体。体现到政策决策过程中,该理论认为虽然国家政策会受到包括国家官僚体系、政治与经济利益集团在内的多方利益团体的影响,但国家作为一个实体始终保持着自身的相对独立自主性(Autonomous)。国家公共政策的决策权始终掌握在国家,而不是某些特定的个人或者利益集团手中,国家制定公共政策的目的是为了维护自身的稳定和扩大既有利益。当然,持国家自主性观点的学者将这种自主性界定为"相对的自主性"(Potentially Autonomous)(Schouls,1980),他们并不认为国家是无所不在及无所不能的存在,相反,在一些特定的条件下,国家是会被"捕获"或者说被特定的利益团体所影响的。

4.1.2.3 精英主义理论

与多元主义理论所强调的政治权力来自于政府和非政府部门间的共同利益联盟不同,精英主义理论(Elite Theory)认为,政治权力实际掌握在很小的一部分具有相当高的经济基础,拥有相似的价值观和利益诉求,以及相对类似的特权背景的社会精英手中,几乎所有阶层的领导人都被视为出自于这一精英团体,且这一部分社会精英群体相当稳定,无论是选举还是政府换届都不会对其政治地位和公共政策影响力产生冲击。精英主义理论认为,这一小部分"权力精英"能够真正支配重要的公共政策。在《权力精英》(The Power Elite)一书中,米尔斯(Mills)认为,在"二战"后,政治精英、经济精英和军事精英这三个主要精英群体共同分享着美国的主要政治权力。戴伊(Dye)更进一步指出,政治精英由真正掌管与运营政府机构、大型企业、银行、保险和投资公司、大众传媒公司、著名的律师事务所、主要基金会和大学,以及有影响力的民间组织和文化组织的那一小部分人构成(Dye,2001)。多姆霍夫(Domhoff)认为,公共政策过程的起始点是政治精英内部的非正式讨论——亟待解决的问题首先由政治精英们在董事会会议或者私人俱乐部中私下讨论和确定,再进一步通过各类基金会向智库提供资助,智库的政策专家们则负责起草具体的政策建议,并需要保证这一政策建议能够体现政治精英群体的利益诉求,最后由政策专家和政府官员共同协商达成一致的公共政策方案并提交国会。公共政策制定的每一个过程都有精英群体的参与,而智库则是这一政策过程的核心,正是智库草拟的公共政策初稿将精英群体的诉求转化为实际的政策草案,并推动其为政府所采纳(Domhoff,1998)。

4.1.3 科技共同体政策影响力评价指标体系的构建

4.1.3.1 指导思想和研究目标

基于前面对于科技共同体政策影响力相关问题的分析可知,政策的制定与实施是各政策过程主体循环互动的过程,科技共同体对于政策过程的影响力也是在交互循环的政策周期内不断演变和发展的。因此,本研究设计希望能够在一定程度上反映科技共同体内政策研究机构对于政策影响力的动态演化过程。本研究将从科技共同体自身角度出发,结合政治学研究理论,从以下三个层次刻画科技共同体的政策影响力:进行政策研究的基础资源和资源配置能力;将基础资源转化为行动的过程机制;政策研究的实际产出及其影响。

4.1.3.2 设计思路

科技共同体政策影响力评价体系构建将从以下三个方面进行递进式的分析和设计:

1. 进行政策研究的基础资源和资源配置能力

政策研究的基础资源投入是科技共同体参与政策过程、实现政策影响力的基本保障;资源配置能力则指对科技共同体政策研究内部协同机制和外部合作网络进行考察。

2. 将基础资源转化为行动的过程机制

立足于科技共同体内的政策研究机构,考察其如何运用已有资源,促成政策研究的实际行动。这既依赖于机构自身的意愿和定位,也受到外部发展环境的制约。

3. 政策研究的实际产出及其影响

科技共同体内的政策研究机构通过实际行动产生政策产出和外延影响。

基于以上三个分析维度,将采取定性和定量相结合的方式,首先对每一维度进行解读和分析,并提炼若干指标对其进行定量表达,以便能较为准确地刻画出每一维度的现状和发展趋势。具体的测算过程和方法将在后面的相应部分进行分析说明。

4.1.3.3 科技共同体政策影响力评估体系的理论模型

科技共同体的政策影响力研究涉及管理学、政治学、社会学、传播学等多学科交叉研究领域,其研究目的在于深入分析政策研究机构活动现状,并对科技共同体政策影响力的作用机制进行解读,从而为科技共同体参与政策制定过程的自身能力建设提供理论指导和政策建议,并为科技共同体不同主体政策影响力的横向测评提供体系框架。

在考察政策研究机构将基础资源转化为行动的过程机制时,考虑到行动过程既有内生因素的推动作用,又涉及外部环境的拉动效应和制约因素,因此将这一动力过程划分为研究机构自身的意愿和机构在社会层面的公信力两部分来考量。

在界定政策研究的实际产出及其影响这一问题时,考虑到科技共同体对于政策过程的影响力是在交互循环的政策周期内不断演变和发展的动态过程,其产出和影响往往交织在一起,在长周期的互动过程中交叉影响,因此将以政策研究机构的行动代表其运用政策产品积极影响政策决策的动态演化过程。

综上所述,作者以政策过程理论为出发点,基于对国家政治传统的考虑,以"资源-过程-产出"为路径,最终界定政策研究机构政策影响力的内涵包括四个方面的内容:一是能力,指政策研究基础资源和资源配置能力,包括财政支持、人力资本、支撑体系、政治资源和合作网络;二是意愿,指机构参与政策过程的内在驱动力,包括研究宗旨、自身定位和参与政策过程的积极性;三是公信力,主要反映机构参与政策过程的外在制约因素,包括机构历史、同行评议和公众形象;四是行动,指机构运用自身资源,与政策过程的各重要主体互动,在长周期内不断以政策产出积极影响政策决策过程,包括政策产品、出版物、公共活动、媒体报道、与政策制定者互动等。以上各要素之间的关系可表现为政策影响力评估理论模型(如图4.2所示)。

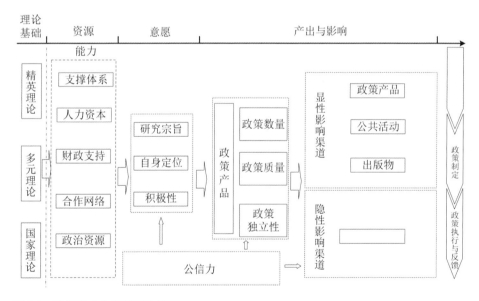

图4.2 政策影响力评估理论模型

以上是反映政策影响力评估体系各组成部分之间逻辑结构的理论模型，在政策影响力定义的基础上，作者建立了一套定性与定量相结合的指标体系，各模块内容如下（如表4.1所示）。

表4.1 政策影响力评价体系

一级维度	二级维度	具体指标
能力	财政支持	预算总体规模(万元)
		预算年均增长率(%)
		人均预算水平(万元/人)
	人力资本	研究人员总体规模(人)
		研究人员中博士/硕士学位拥有者比例(%)
		正高职称以上研究员所占比例(%)
	支撑体系	专业政策研究机构与平台(*)
		专职政策研究人员(*)
		政策研究保障与激励制度(*)
	政治资源	与政策中心的空间距离
		研究机构的行政级别
		机构成员的政府兼职/挂职情况(人次)
		与政策制定者定期交流机制(*)
		研究成果分发途径与提交渠道建设(*)
	合作网络	媒体合作伙伴(*)
		学术合作网络(*)
意愿	研究宗旨(*)	研究领域及对国家政策形成过程的目标影响广度与深度
	自身定位(*)	参与政策过程阶段与服务政府层级
	参与政策过程的积极性(*)	主动模式或被动模式及其研究的持续性
公信力	机构历史	成立时间
		曾获荣誉(件/次)

续表

一级维度	二级维度	具体指标
行动	同行评议	政策研究网络中心度(*)
	公众形象	大众传播形象(*)
		到达政策决策者的声誉(*)
	政策产品	年均政策研究课题数(件)
		政策建议数量(提交政府、人大、政协)(份)
		政策简报/建议批复数量(率)(份/%)
	出版物	书籍销售量(册)
		研究报告引用量(次)
		研究报告分发量(册)
		研究报告网络下载量(次)
	公共活动	受邀参加国际、国内会议与研讨会数量(次)
		每年举办国际、国内会议与研讨会数量(次)
		会议或研讨会的场均参会人数(机构数)(人/次)
	媒体报道	主流媒体报道量(次)
		媒体报道的引用量(次)
		网站点击量(次)
		搜索指数(条)
	与政策制定者互动	参与行政和立法机构听证会的数量(次)
		机构人员出任政府工作人员情况(人次)
		邀请政府工作者参加私人研讨会情况(次)
		政府工作人员前来机构进行短期工作交流情况(人次)
		政府工作人员卸任前来就职情况(人)

1. 能力

能力主要指政策研究机构以年度为单位,对政策研究投入的物质资本和人力资源、与之相配套的制度建设和政策支持以及在此基础上现有资源的配置能力。它反映一个机构为了保持和提升政策影响力而提供的直接投入。物质资本主要指机构在政策研究方面的财政支持,在已有政策影响力研究中,相关实证分析已指出,虽然高额财政投入不一定能带来高水平的政策影响力,但财政支持力度低的研究机构更不可能进入政策过程的核心环节。财政投入会对政策研究范围的广度和时间的可持续性产生直接影响是不言而喻的,作者从财政支持的水平、稳定性和质量三个维度考察总体财政支持力度:以财政预算规模对整体财政支持水平进行评估;以近5年内年均预算增长率来考量财政支持力度的稳定性和可持续性;以机构内政策研究人员人均预算水平衡量政策支持的质量,同时,人均预算水平将被视为隐性资源指标,对人力资本中的高端人才吸引产生直接影响。

机构人力资源作为政策研究的核心力量和知识创新的重要载体,是政策研究不可或缺的重要衡量指标。作者首先考虑机构内政策研究人力资本的总体存量,其次考虑机构内人力资本内部结构与水平,在现有人才评价体系下,主要从现有研究人员学历结构和专业技术职称进行考量。

相关研究表明,财政投入和人力资本的投入与水平决定着政策研究的基础,而机构对于资源的使用和配置能力则将制约着相应的资本投入是否能够产生实际效用。作者选取了支撑体系建设、政治资源和合作网络三个维度,反映机构配置和运用资源的能力。科技共同体作为横跨官、产、学、研的科技组织,其各主体内部对于政策研究的相关支撑体系建设,是科技共同体作为行为主体调节政策研究行为的意志体现。机构内部的机构设置、人员配置、保障制度和激励政策、机构政策研究力量的导向和协调起着基础性作用,这些基础设施的建设水平对于政策产出的影响是不言而喻的。因此本研究将支撑体系建设纳入政策影响力评价体系能力建设的整体框架,从内部资源协调运作的角度分析机构的资源配置能力是十分必要的。

内部资源协调、激励为影响政策过程奠定了内部基础,根据精英理论对于政策影响力的分析,机构政策产出形成政策影响力的关键性推动力,在于研究机构与社会精英的互动关系。这其中与直接参与政策决策的政治精英的联系尤为重要,在本研究中,以政治资源代表研究机构与政治精英的既有社会关系,包括与政策中心的空间距离、研究机构的行政级别、机构成员的政府兼职/挂职状况、与政策制定者的定期交流机制和研究成果分发途径与提交渠道建设。

Dye在进行相关研究时,将原有社会精英的范围进一步扩展到新闻记者、大律师、基金会组织负责人、思想库负责人以及美国名牌高校的校董事等群体。作者采用合作网络这一维度,评价研究机构与精英群体中除政治精英外的媒体精英和学术精英的互动关系。

2. 意愿

意愿是指研究机构将其基础资源转化为政策影响力的内在驱动力。它反映了研究机构进行政策研究,进而参与政策过程的主观愿望。

研究宗旨指其希望通过进行与政策相关的研究,在多大程度和怎样的广度上介入国家政策过程,并准备在哪些领域形成自身的研究优势。科技共同体的主要任务在于促进科技创新与科技成果产业化,其研究范围基本确定在自然科学和工程科学领域,而政策研究则将科技共同体的研究范围扩展到了社会科学领域,科技共同体自身希望在政策研究层面达到怎样的高度、形成怎样的话语权,将直接影响到科技共同体会以怎样的执行力度运用其既有的研究资源和配置能力进行政策研究。

自身定位于科技共同体的不同主体通常在以下两个方面进行探究:一方面,是机构对于自身希望参与政策过程什么阶段的定位。政策过程的主体包括议题设定、政策制定、政策执行与反馈等三个阶段,并非所有机构都有能力和意愿参与整个政策过程,机构对于自身在政策过程不同阶段中所处的角色定位需要明确。另一方面,是机构希望对什么层面的政策产生影响。这主要包括三个层次：一是国家级层面，二是省部级层面，三是地市级层面。

科技共同体参与政策过程主要分为两种模式：一是被动模式，指政策制定者主动就某些与科技问题相关的政策向科技共同体进行咨询；二是主动模式，指科技共同体主动就某些与科技相关的社会问题进行提炼，形成研究报告或政策简报提交给政策决策者。被动模式往往围绕特定的问题展开，与此对应所形成的影响一般是若干个具体问题点，主动模式中，科技共同体内部一般会动员高水平研究力量，对所研究问题进行深入的研究与追踪，形成体系化、有深度的研究成果，并将研究成果通过正式渠道提交给政策决策者，因此其研究一般有较强的可持续性，从而能够形成长期的、全面性的政策影响。因而，就科技共同体自身而言，是否有足够的积极性与主动性参与到政策过程中，将对其如何配置自身的研究资源，形成政策影响力，产生直接影响。

3. 公信力

公信力是指研究机构参与政策过程的外在制约因素。它反映了机构将自身基础资源转化为实际影响力所需适应和与之互动的机构外生存环境。

政策研究是一个讲究历史传统的研究领域，公众和决策者对于机构的信任首先都来自于机构以往的表现。机构历史希望从成立时间和曾获荣誉两个方面对研究机构既有公信力的累积进行评估。成立时间在一定程度上反映出研究机构在其研究领域内的研究深度和水平，它是从研究机构自身的属性对其公信力进行评价的；曾获荣誉则以外部对于机构研究成果的肯定程度这一维度考察研究机构在发展过程中累积的信誉。

现今政策问题的复杂性和多变性迫切需要研究机构的跨领域合作，中国对于决策科学化和民主化建设的政策研究要求向跨学科、多领域、跨地区合作的模式发展，政策决策的过程正由简单的线性架构向复杂的网络化结构转型，涉及多部门、多机构的政策建议网络正在逐步成形。研究机构在政策建议网络中所处的地位与中心性,反映的是政策研究同行对其研究能力和研究成果的认可程度,其在政策研究领域的地位与声望将对机构政策影响力的发挥产生直接的影响。

公众形象主要从大众传播形象和到达政策决策者的声誉两个方面,考察研究机构在普通公民和政治精英群体中的声誉。

4. 行动

行动是指机构运用自身资源,与政策过程的各重要主体互动,在长周期内不断以政策产出积极影响政策决策的过程。它反映的是研究机构最终围绕政策过程产生所采取的行动,以及这些行动带来的影响。在界定政策研究的实际产出及其影响这一问题时,考虑到科技共同体对于政策过程的影响力是在交互循环的政策周期内不断演变和发展的动态过程,其产出和影响往往交织在一起,在长周期的互动过程中交叉影响,因此将通过政策研究机构的行动,代表政策研究机构运用政策产品积极影响政策决策的动态演化过程。

包括政策产品、出版物、公共活动、媒体报道、与政策制定者互动等。

4.1.3.4 具体指标说明

1. 能力

(1) 财政支持

① 预算总体规模(万元)。预算总体规模指财政年度内用于支持政策研究的预算总额,主要考察用于政策研究的财政支持总体水平。包括政策研究直接投入、研究人员薪酬、媒体宣传投入、印刷出版费用、举办会议费用等,可以从不同的侧面反映出机构在政策研究不同阶段的投入情况和竞争力水平。

② 预算年均增长率(%)。预算年均增长率指近5年来用于政策研究的财政预算的平均增长率(%)。该指标用于衡量政策研究的财政预算的可持续性。

③ 人均预算水平(万元)。人均预算水平的计算方法为:预算总额/政策研究人员总数。该指标主要反映用于政策研究的财政支持的质量。

(2) 人力资本

① 研究人员总体规模(人)。研究人员总体规模指机构内参与政策研究的所有人员,其中包括全职研究人员和兼职研究人员两部分。

② 研究人员中博士、硕士学位拥有者比例(%)。本指标计算方法为:研究人员中博士、硕士学位拥有者比例＝研究人员中博士、硕士学位拥有者总数/研究人员总数。

③ 正高职称以上研究员所占比例(%)。本指标计算方法为:正高职称以上研究员所占比例＝研究人员中正高以上研究员总数/研究人员总数。

(3) 支撑体系

① 专业政策研究机构与平台(*)。本指标旨在考察科技共同体主体内有无针对政策研究设立相应的常规化专业研究机构与平台,以及该机构或平台的日常运作情况。

② 专职政策研究人员(*)。本指标旨在考察科技共同体内部是否聘任专职研究人员进行政策研究。

③ 政策研究保障与激励制度(*)。科技共同体的主要任务在于促进科技创新与科技成果转化,现有的保障制度与激励措施主要围绕这一主题展开。如果科技共同体要在科学研究之外更多地参与政策过程,就必须在内部建设中更为重视政策研究保障与激励制度的建设,这些措施应该为进行政策研究的研究者在职业生涯发展、绩效考核和奖励评价等方面做出制度安排,以便鼓励科技共同体内的研究者进行科学的相关研究。

(4) 政治资源

政治资源反映的是研究机构获取和利用政治资源的能力,具体而言,主要指研究机构与政治精英的联系情况。

① 与政策中心的空间距离。相关研究表明,距离政策中心的远近通常会影响到研究机构参与政策过程的能力。位于政策中心及其附近的研究机构将获得更多与政策精英交流的机会,当政府需要就某一问题展开政策咨询时,也会首先想到向位于身边的研究机构和学者进行咨询。据统计,美国的大多数政策研究机构都位于华盛顿特区附近,中国主要的政策研究机构也都聚集在北京地区。

② 研究机构的行政级别。研究机构的行政级别实际上是指机构负责人的行政级别。就中国目前的政策咨询体制而言,行政级别主要对研究机构产生两方面的影响:一是影响到研究机构获取研究课题的能力;二是影响到研究机构研究成果的分发和提交渠道。结合目前中国的实际情况,行政级别的统计拟划分为处级及以下、处级、司/局/地级、部级及以上。

③ 机构成员的政府兼职/挂职情况(人次)。本指标主要考察研究机构相关主要负责人在各级政府、人大、政协的兼职或任职情况。

④ 与政策制定者定期交流机制(*)。与政策制定者定期交流将有助于了解政策制定者最新的关注点,同时,定期交流也是将已有政策研究成果提交给政策制定者,并进而影响政策过程的有效方式。同时,与政策制定者保持良好的私人关系,也将对研究机构政策影响力的提升产生潜移默化的影响。

⑤ 研究成果分发途径与提交渠道建设(*)。研究成果的分发与提交是研究机构将自身资源转化为政策影响力的重要环节。此处所指的分发和提交均以政治精英为对象,考察研究机构将研究成果送达政策决策者手中的能力。研究成果分发途径包括邮寄研究报告文本和通过电子邮件发送电子文本两种方式,这两种方式都依赖于研究机构所拥有的政策决策者分发名录,因而是否拥有结构化的分发名单数据库,以及该数据库信息量的大小,将被视为衡量研

究成果分发能力高低的重要指标。在提交渠道建设方面,主要考察研究机构是否拥有足够的资源,使其能够将比研究报告更为精练的政策简报直接提交到政策决策者手中,以及这种提交渠道是否常规化和制度化。通常而言,拥有正式的、制度化的政策简报提交渠道的研究机构,能够稳定地向政策制定者提供研究成果和政策建议,从而能够通过与政策决策者长期互动而获得其信任。

(5) 合作网络

合作网络主要考察研究机构在政治精英之外,与媒体精英和学术精英的关键性联系。

① 媒体合作伙伴(*)。媒体合作伙伴主要考察研究机构与媒体精英的关键性联系,此处的媒体精英包括各大主流媒体的负责人、在特定领域有广泛影响力的记者与编辑等。需指出的是,这种关键性联系包括两个方面:一是两家单位间通过正式协议而达成的合作关系;二是双方在交往过程中形成的私人联系,例如,机构负责人通过长期合作而与某报纸主编建立的朋友关系。

② 学术合作网络(*)。学术合作网络主要考察研究机构与相关学术精英的合作关系。良好的学术合作网络能够为政策研究提供严谨的理论指导和外援性智力支持,同时,合作网络的建设也有利于机构从外部引进高水平研究人员,从而对研究机构人力资本的可持续发展提供有力保障。

2. 意愿

(1) 研究宗旨(*)

科技共同体进行政策研究的研究宗旨,是指其希望通过进行与政策相关的研究,在多大程度和广度上介入国家政策过程,并准备在哪些领域形成自身的研究优势。科技共同体的主要任务在于促进科技创新与科技成果产业化,其研究范围基本确定在自然科学和工程科学领域,而政策研究则将科技共同体的研究范围扩展到了社会科学领域,科技共同体希望自身的政策研究形成怎样的话语权,将直接影响到科技共同体会以怎样的执行力度运用其既有的研究资源和配置能力进行政策研究。

(2) 自身定位(*)

科技共同体,包括不同的主体,其自身定位旨在将科技共同体的不同主体在以下两个方面进行考察:首先是机构对于自身希望参与政策过程什么阶段的定位,政策过程的主体包括议题设定、政策制定、政策执行与反馈等三个阶段,并非所有机构都有能力和意愿参与整个政策过程,机构对于自身在政策过程不同阶段中的角色定位需要明确。其次是机构希望对什么层面的政策产生影响。这主要包括三个层面:一是国家级层面,二是省部级层面,三是地市级层面。

(3) 参与政策过程的积极性(*)

科技共同体参与政策过程主要分为两种模式:一是被动模式,指政策制定者主动就某些与科技问题相关的政策向科技共同体进行咨询;二是主动模式,指科技共同体主动就某些与科技相关的社会问题进行提炼,形成研究报告或政策简报提交给政策决策者。被动模式往往围绕特定的问题展开,与此对应所形成的影响一般是若干个具体问题点,主动模式中,科技共同体内部一般会动员高水平研究力量,对研究问题进行深入的研究与追踪,能够形成体系化、有深度的研究成果,并寻求将研究成果通过正式渠道提交政策决策者。且其研究一般有较强的可持续性,从而能够形成长期的、全面性的政策影响。因而,就科技共同体自身而言,是否有足够的积极性与主动性参与到政策过程中,将对其如何配置自身的研究资源,形成政策影响力,产生直接影响。

3. 公信力

(1) 机构历史

① 成立时间。成立时间较长意味着研究机构曾长期从事专业研究,因而

其研究成果将被视作更具权威性。就目前中国实际情况而言,本指标将会对成立时间长短进行划分,拟划分为5年以下、5~10年、10~20年、20~30年、30~50年、50年以上等几个层次。

② 曾获荣誉(件/次)。曾获荣誉指研究机构从事政策研究所获得的各类奖励数,其中包括研究机构获奖情况和先进个人获奖情况。在统计获奖情况时,将按照奖项颁发单位,划分为国家级、省部级、地市级以及其他(如非营利性机构颁发的奖项)等。

(2) 同行评议

政策研究网络中心度(*)。政策研究网络中心度旨在考察相关机构在政策建议专业领域所处的地位,以同行专家对其专业水平的评价为考核指标。该评议将以问卷调查的形式,对时下相关政策研究机构负责人进行调查和评价。

(3) 公众形象

① 大众传播形象(*)。大众传播形象体现为两个方面:一是主流大众媒体在对机构研究成果及机构相关研究人员进行报道时所塑造的形象,这一形象的界定需要通过对媒体数据库已有报道进行文本归纳与分析;二是公众在接受媒体报道后所形成的对于研究机构的形象判断,这一形象认知需在对公众进行抽样问卷调查的基础上进行判断。

② 到达政策决策者的声誉(*)。与大众传播形象相对应,到达政策决策者的声誉主要考察研究机构在政策研究领域工作于政策精英圈子内部获得的认同度。这一指标的设定基于这样的事实:有些研究机构在大众传播领域拥有极高的声誉,但实际上它们很少被邀请参与真正的国家政策决策过程;另一些不常见于诸媒体的机构却因其在某一领域深厚的研究积累而获得政策决策者的青睐,从而进入政策过程体系之中。

4. 行动

(1) 政策产品

① 年均政策研究课题数(件)。本指标将以年度为单位,考察机构在一年内承担的政策研究课题数。

② 政策建议数量(提交政府、人大、政协)(份)。本指标将统计研究机构每年提交给各级政府、人大、政协的政策建议的数量。

③ 政策简报/建议批复数量(率)(份/%)。本指标与上一指标相结合,考察提交给各级政府、人大、政协的政策建议获得的批复情况,计算方法为:获得批复的政策建议数/年提交政策建议总数。

(2) 出版物

① 书籍销售量(册)。本指标将统计研究机构上一年度出版的与政策研究相关的书籍的最终销售情况。

② 研究报告引用量(次)。本指标将以主流期刊论文数据库为基础,统计上一年度研究机构公开发表的政策研究报告被引用状况。

③ 研究报告分发量(册)。本指标与"研究成果分发途径"相对应,统计上一年度通过邮寄和电子邮件的方式发送出的研究报告数量。

④ 研究报告网络下载量(次)。本指标将统计上一年度机构公布于机构网站上的研究报告被下载情况。

(3) 公共活动

① 受邀参加国际、国内会议与研讨会数量(次)。本指标将统计上一年度研究机构或机构研究人员受邀参加国际、国内会议与研讨会的数量。

② 每年举办国际、国内会议与研讨会数量(次)。本指标将统计上一年度研究机构自身主办举行的国际、国内会议与研讨会数量。

③ 会议或研讨会的场均参会人数(机构数)(人/次)。本指标以"每年举办

国际、国内会议与研讨会数量(次)"为基础,统计每次会议或研讨会的平均参会人数。

(4) 媒体报道

研究机构影响力的形成,不仅需要获得政治精英的支持,而且需要通过大众传播媒介获得公众的认可。为了达成这一目标,研究机构对于政策研究的财政支持,除了重点支持直接研究投入以外,还应当针对媒体宣传与沟通,设立专项资金。研究机构应制订年度媒体宣传计划,比如,可以动员机构资深研究人员在各类媒体开辟专栏,凭借持续性的、有计划的专家观点来促进研究机构政策观点的表达。

① 主流媒体报道量(次)。本指标以若干家有影响力的主流媒体数据库为基础,统计上一年度机构及机构研究人员被主流媒体报道的情况。

② 媒体报道的引用量(次)。本指标以"主流媒体报道量(次)"为基础,统计机构的政策观点被其他媒体和出版物引用的情况。

③ 网站点击量(次)。本指标考察研究机构网站上一年度访问量。

④ 搜索指数(条)。本指标主要考察研究机构在百度、谷歌两大搜索引擎上的被搜索情况,以及以机构名称为关键词所能搜索到的所有信息总数,以此来初步判定研究机构在互联网上的受关注度。

(5) 与政策制定者互动

① 参与行政和立法机构听证会的数量(次)。本指标主要考察上一年度研究机构受邀或主动前往行政和立法机构听证会与项目论证会的次数。

② 机构人员出任政府工作人员情况(人次)。本指标主要统计机构人员完成在本机构工作后,前往政府任职情况(机构人员担任政府、人大、政协兼职职务不计在内)。

③ 邀请政府工作者参加私人研讨会情况(次)。私人研讨会指机构就某一

议题,邀请政府工作人员参加私人性质的研讨会,以便交换双方在相关政策制定过程中的意见和看法,相关活动一般不会作为机构正式活动见诸媒体。本指标旨在对上一年度研究机构组织此类研讨会的情况进行统计。

④ 政府工作人员前来机构进行短期工作交流情况(人次)。本指标主要考察上一年度政府工作人员前来机构进行短期交流学习、挂职锻炼的情况。

⑤ 政府工作人员卸任前来就职情况(人)。本指标主要考察政府工作人员在退休或离职后,前来机构出任政策研究领域相关负责人的情况。

4.2 科技共同体经济影响力

科技共同体的经济影响力是指由于科技共同体的发展,整个国民经济及其重要组成部分(如宏观经济、微观经济、城乡经济、产业经济、投资和消费等)在其影响和作用下,所发生的总量与结构的变化。用经济学语言解释,这种影响力分为正外部性和负外部性。正外部性包括宏观经济增长、消费扩大、社会发展、区域经济增长、经济运行效率提高等。

4.2.1 科技共同体经济影响力现状

4.2.1.1 高新技术产业促进中国经济结构调整

时代快速发展的今天,"科技决定论"的优势和呼声愈发高涨,高新技术产业也逐渐成为各国竞争的重要筹码。在经济全球化的影响下,发达国家在高新技术产品市场上的优势突出。目前,全球90%以上的高新技术产品贸易产生于发达国家之间。而广大的发展中国家也不甘落后,为了在国际竞争和新的国际分工中抢占先机,把高新技术产业的发展作为振兴民族经济的重要战略选择,从而使得高新技术产业的发展、高新技术产品的贸易交往演变成衡量一个国家国际竞争能力的重要指标。

通过中国海关1999年至2010年10月中国高新技术产品出口统计数据显示(如图4.3所示),中国高新技术产品出口额除了2009年较2008年有微小下降外,其余年份都是逐年增加的。这说明中国高新技术产业正在快速健康地发展着。

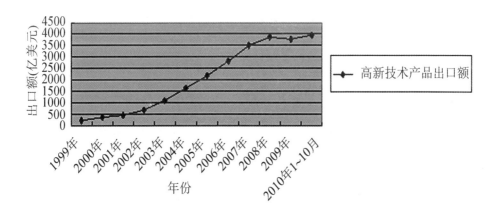

图4.3　高新技术产品出口额变化曲线
数据来源:中国科技统计数据

从1999年开始,国家实施"科技兴贸"战略。经过多番共同努力,中国在高新技术产品出口领域上取得了突破性进展,成绩斐然。如今高新技术产品出口已成为中国对外贸易的重要组成部分和推动力量。联合国开发计划署在《2001年人类发展报告》中指出,中国已经成为世界上第三大贸易国家。

中国自1999年"科技兴贸"工作元年开始,至2006年中国高新技术产业年,高新技术产品出口率已达50%以上,发展速度在全球居首位,强有力地改善了商品的出口结构。

2007年,中国高新技术产业的总收入达6.3万亿元,是2002年的3倍以上,其中增加值占到全国GDP总量的8%。2008年,中国54个国家级高新区实现营业总收入6.5万亿元。

当前,中国生物、信息、新材料、新能源、航空航天等新兴高技术产业发展迅速,已经形成了一批较为成熟的产业聚集区。但相比于发达国家,中国高新技术产业聚集区的发展还存在着很大差距,尤其是在创新条件、投融资等配套设施的环境方面还不算完善。为此我们迫切需要加大力度和加强管理,进一步促进知识、技术、人才等在聚集区域内部的多方面集中,加快科技成果转化为现实生产力的质量和速度,积极培育出一批高质量的新兴高新技术企业,努力抢占未来竞争的制高点,从而使我国在经济发展上有水平、可持续。因此,加快国家高新技术产业基地的发展,是面向未来产业发展的重要方向,更是培育战略性新兴产业的重要举措。

4.2.1.2 政府科技投入对经济增长的重要影响

"十五"期间,国家财政用于科技的投入累计达128023亿元,相比于"九五"期间增长近一倍(如图4.4所示)。全国用于研究与试验开发经费(R&D经费)从1043亿元增加到8286.06亿元,占全国GDP的比重从0.95%提高到1.34%,实现了历史性的重要突破。

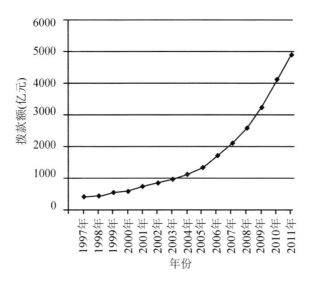

图 4.4　国家财政科技拨款
数据来源：中国科技统计年度数据（国家统计局网站只更新到 2011 科技年度数据）。

目前，中国正面临重要的战略转型，提高自主创新能力、建设创新型国家已成为中国基本国策。虽然已经初步建立了企业、政府多元化的科技投入格局，但由于企业受自身规模和多方面能力的限制，在相当长一段时间内，政府财政的科技拨款仍需扮演重要角色。

一般来说，政府科技投入与经济增长正相关，也就是说政府科技投入能够有效地刺激经济增长。Arrow 认为，科技投入是产生技术知识或信息的一种活动，然而技术知识或信息具有公共产品的性质。R&D 活动的参与者不能够完全地占有技术知识或信息生产所产生的全部利益，所以其企业收益大多数情况下会小于社会收益。倘若把生产技术和信息的研究开发活动从根本上交给市场，而仅凭企业自身产生的积极性，科技投入的资源就会显得不足。另外，由于企业自身从事基础研究和应用研究的回报与社会回报之间差距较大，企业投资基础研究和应用研究这两类科技活动的积极性就较差。因此，社会科技活动的进行需要政府的支持和资助,尤其在基础研究和应用研究方面。

政府科技投入是指国家财政支出中用于科技活动的经费,主要包括资助国家科技计划项目的经费、科研机构的事业费和用于科研基本建设的费用。它的主要投向是支持R&D活动、社会公益和技术基础性的科技服务活动以及辅以一定的科技成果转化和产业化开始阶段的启动资金,包括风险资金和创业资金的基本资金等。

西北大学师萍等人通过对1989～2007年中国政府财政科技拨款对经济增长的贡献和影响进行研究(对政府财政科技拨款、科技活动经费内部支出与GDP的关系进行协整检验),得出的结论是:在样本期内,政府财政科技拨款和科技活动经费内部支出总额对经济增长的弹性分别是22.80674和16.37158,政府财政科技投入对经济增长的贡献和影响明显高于科技活动经费内部支出总额的影响(师萍 等,2010)。

4.2.1.3 产学研推动区域经济发展

高校通过校际联合或合作,以高校团队的优势开发高校名牌科技产品帮助形成有科技优势的企业群体,兴办能带动地方一个行业或一个技术领域发展的高新技术产业是高校科技产业发挥科技转化功能的捷径。

4.2.2 科技共同体经济影响力相关理论综述

在增长的经济学研究方面,西方经济学家进行了一系列相关的理论研究,用以分析科学技术在经济增长中的重要作用,从而相继创立了一系列经济增长理论,比如索洛(Solow)的技术进步理论、新古典经济增长理论、丹尼森(Denison)的经济增长因素分析、熊彼特的创新理论等,并对科技进步对于经济增长的贡献进行了具体的测算分析。

4.2.2.1 区域创新系统理论

国内外丰富的理论研究与实证分析表明,科技创新活动具有明显的区域化特征。继20世纪90年代之后,区域创新系统的产生引起了国内外学术界与企业管理层的广泛关注。

区域创新系统的概念最早由英国卡迪夫大学的库克(Cooke)提出,他在其著作《区域创新系统:全球化背景下区域政府管理的作用》中,从系统构成的视角对区域创新系统的概念做了深刻界定。库克认为,区域创新系统主要是指地理上相互分工与关联的生产企业、研究机构和高等教育机构等构成的区域性组织体系,该体系支持并产生创新。挪威奥斯陆大学的奥拉夫·阿斯海姆(Olav Asheim)认为,区域创新系统主要是由两类主体及它们之间产生的互动构成:第一类主体主要是指区域主导的产业集群中的企业,同时包括其支撑产业;第二类主体是制度的基础结构,如研究和高等教育机构、职业培训机构、行业协会和金融机构、技术扩散代理机构等,这些机构对于区域创新起到重要的支撑作用(Asheim, Isaksen, 2002)。

一个产业聚集区发展成区域创新系统,需要满足两个条件:第一,产业聚集区内企业之间需开展更多的正式创新合作交流;第二,努力建设牢固的制度基础结构,比如在创新合作的过程中引入更多的知识提供者等。20世纪90年代后期,中国开始关注区域创新系统研究。国家科技部政策法规与体制改革司的苏靖和胡志坚认为,区域创新系统主要由参与技术开发和扩散的企业、大学和研究机构组成,同时兼有市场中介服务组织广泛介入以及政府适当参与的一个创造、储备及转让知识、技能和新产品之间相互作用的创新网络系统,这是国家创新系统的子系统,体现了国家创新系统层次性的特征。中国海洋大学区域经济研究所的刘曙光认为,区域创新系统主要是由地理上相互分工与关联的生产企业、研究机构和高等教育机构等构成的区域性组织体系,而这种体系支持并产生创新(刘曙光,2005)。在地理空间上紧密关联的创新生产机构,与从事创新管理与协调活动的区域政府机构、从事区域创新服务活动的区域服务机构一起,构成区域性的具有创新结构与功能特征的整体,从而形成区域性的创新系统。

中国学者对区域创新系统相对一致的看法是:区域创新系统是国家创新系统的基础和重要组成部分,是国家创新系统的子系统。区域创新系统与国家创新系统的共同之处是,强调制度、机构是创新能力的决定性要素,相互作用的学习机制和网络是创新系统的关键要素。与国家创新系统相比,区域创新体系更带有明显的地域色彩,并呈现出更多的特色制度安排,是区域内兼具特色的并与地区资源相关联的,同时能推进创新的组织网络。

从区域创新系统的构成要素看,区域创新系统主要包括三个要素:主体性要素、资源性要素以及环境性要素。主体性要素主要是指地方政府、企业、科研机构、大学以及中介机构等各参与技术创新活动的行为主体(某些主体性要素可以缺失,比如大学);资源性要素主要是指技术创新所需的资金、人力以及知识资源,这类要素具有普遍的流动性,特定区域资源性要素的缺乏可以通过区域间的流动来实现供给,但是基于对资源流动成本等因素的考虑,各区域通常根据自身的资源特征,形成各具特色的创新系统;环境性要素包括硬环境和软环境两个方面,硬环境是指科技创新所需的基础设施,软环境则包括市场环境、制度环境以及社会历史文化。

4.2.2.2 新经济增长理论

1983年,"新经济增长理论"由美国加州大学教授、著名经济学家保罗·罗默提出,他认为科技是一个重要的生产要素,可以提高投资的效益。

此后,罗默、卢卡斯曼和格罗斯等经济学家开始探讨用新的理论来解释经济增长(即新经济增长理论),他们通过对经济模型的构建,来考察创新在经济系统中的出现方式和科技积累对经济增长的影响方式。新经济增长理论认为,科技可以提高投资回报,在计算经济增长时,有必要把科技放在生产体系中考虑,即将科技列入生产函数,这是今天计算机与网络科技对经济贡献的重要理论依据。同时,对科技的投资反过来可以增进对科技的积累,人们可以通过创造更有效的生产组织方式和产生新的、改进的产品和服务来实现以上的目标。这样存在着一种可能性:通过持续地增加投资,可以实现经济上的可持续发展。进一步说,科技可以通过溢散,在几乎不用额外投入资金的情况下重复利用,从而减轻资金短缺对经济增长产生的压力。所以,新经济增长模型的关键是使技术进步内生于经济增长之中,即建立内生增长模型,此模型也可称为收益递增模型。

与古典理论相比,新经济增长理论最重要的特征是承认创新的中心性和强调市场在推动技术交流方面的作用,并把创新看作内生于经济系统。除此之外,新经济增长理论还强调政府在技术进步,特别是技术产生与应用等方面的政策功能。新经济增长理论还解答了传统经济学理论一直无法解释的难题,即在资源总量较少、资源存量有限的情况下,经济如何能持续地增长。技术与其他生产要素不同,它可以一直重复使用,在使用的过程中其价值不仅不会减少,反而会增加。同时技术还具有收益持续增长、报酬递减的特征。正是这一特点提高了资本的边际报酬,使得传统资本增加、边际效益递减规律逆转。

新经济增长理论帮助人们认识了高新技术在促进生产率提高和经济增长中的重要作用。一方面,高新技术产业在实践中的作用开辟了经济学研究的新领域,同时以高新技术产业为代表的知识经济的发展也促进了经济学理论的发展;另一方面,新经济增长理论的提出,标志着高科技产业的发展在理论上有了基础。新经济增长理论不仅将知识和人力资本因素引入经济增长模式,更重要的是它确认了制度与政策对经济增长的重要影响,并总结出一系列政策来促进经济发展。

4.2.2.3 内生增长理论

内生增长理论产生于20世纪80年代,代表性理论由西方学者罗默和卢卡斯提出。内生增长理论认为,经济可以不依靠外力推动而自行实现增长,其增长的推动因素是内生的技术进步。

在罗默和卢卡斯之前,经济学家们对经济增长的原因、内在机制和途径进行了不断探索,比如亚当·斯密、卡尔·马克思、大卫·李嘉图等,而真正建立经济增长理论现代形式的是20世纪30年代的经济学家哈罗德(Harrod)和多马(Domar),经过研究,他们得出经济长期增长的均衡路径。1956年,索洛对他们的研究理论进行修正,将技术引入生产函数,寻找到一种稳定的持续增长路径。不过,索洛创造的模型假设技术进步是外生的。

与前人不同,罗默认为,经济发展利用的资源不仅仅是传统理论中的自然资源而需要考虑知识资源。他认为,有效的知识和技术是推动经济增长的来源,这种资源一方面存在很强的复制性,另一方面知识和技术可以随时间而不断丰富积累,从而推动经济的持续增长。卢卡斯则将人力资本作为经济增长的主要推动力,与知识资源不同,人力资本存在着边际递减效应,一个区域内的知识资源可以无限制积累,但人力资本的数目会受到人口和教育资本的限制。在两人的观点中,技术进步是促进经济持续增长的根本关键因素,一个地区要想实现经济的持续发展,关键在于源源不断的教育资本投入和技术人才吸收。

与传统的经济理论相比,内生增长理论的优点在于解释了经济长期持续增长的原因所在——技术因素,并详细解释了技术进步的来源,即由正规教育和职业培训所产生的人力资本和科学研发、发明创造中产生的知识资源所共同形成,并最终促成了经济的长期可持续增长。

4.2.2.4 CSH模型理论

CSH模型理论由大连理工大学教师姜照华提出,是一种计算科技进步在经济增长中贡献率的理论方法。

20世纪20~80年代,有多种方法可以测算科技进步在经济增长中的贡献率,比如20世纪20~30年代的生产函数法、20世纪50年代索洛计算科技进步贡献份额的"剩余法"、20世纪80年代罗默等提出科技进步内生增长模型。

但是,这些方法都是从生产函数出发对GDP的增长进行分解的,各自前提不同,得出的结论也不同。肖洪钧、姜照华认为,有许多因素决定经济增长,但这些因素处于不同的层次上,它们对经济增长的作用方式是不同的。其中处于第一层次上的因素是科技、不变资本和劳动力,它们是决定经济增长的直接因素;处于第二层次上的因素是生产资料、劳动力、组织管理和研究开发;处于第三层次上的因素是投资者、管理者和员工;处于第四层次上的因素是政府、社会和市场;处于第五层次上的因素是文化背景、自然条件、历史基础等。在同一层次上,各因素之间是相互作用的,而在不同层次上,上一层次的各因素受下一层次的影响,同时互相有反作用(肖洪钧,姜照华,2003)。

姜照华认为,按照马克思经济学的观点,用于购买生产资料的资本C(不变资本),在生产过程中随着生产资料物质存在形式的改变而将价值转移到产品中去,并不发生任何量上的变化,不发生增值,即Q(产品价值)=C(消耗掉的生产资料的价值)+S(科技所创造的价值)+H(劳动力所创造的价值)。通过CSH理论,姜照华对美国1947年、1982~1997年新经济增长因素进行分析,得出如下结论:1982年以来美国经济之所以"新",在于其科技进步、劳动力增长和资本增长的高度均衡(姜照华,2001)。

4.2.3 科技共同体经济影响力评价指标体系的构建

4.2.3.1 指标体系构建的指导思想

在指标体系设计中,采用以信息革命和经济全球化为背景,以基础能力、经费、设施和人才为依托,将研发过程和创新服务能力作为主要推动力,在技术成果、技术应用、高新技术产业贡献力等方面表现出经济增长力。其中科技共同体的影响力在高新技术产业化的动态过程中均有渗透。基于以上界定,我们构建了科技共同体经济影响力评价指标体系,用于评估科技共同体在高新技术产业产出、过程、资源方面所彰显出的影响力。

需要指出的是:科技共同体经济影响力的指标体系构建并非一定涵盖一个国家或地区的整个经济系统,而很可能存在于经济系统的局部、某些产业的某些因素之中。

4.2.3.2 指标体系框架说明

本指标体系采用了科技共同体在高新技术领域产出、过程和资源方面表现出的动态框架,测度了科技共同体在通过高新技术创造来综合利用资源,最终获得高水平的经济绩效方面的成就。优良的经济绩效又会支持在维持经济影响力持续发挥作用方面所必需的关键资源上的投资。

产出类指标：主要体现科技共同体影响技术成果、技术应用、高新技术产业贡献力等方面，从而在商业上和社会效益上获得成就。产出类指标所彰显出来的经济影响力更多是直观、显性的，该指标容易量化、比较。

过程类指标：主要指科技共同体在资源转化为成果的动态交互过程中所显现出来的影响力。过程类指标是不断变化的，其波动的原因和幅度更容易受到主客观因素的影响。

资源类指标：主要体现科技共同体对日常科技研发等创造经济价值的高技术活动，在公共领域或资源开发、人才凝聚方面的投入。资源类指标保证高技术活动产生良好的经济效益。

三类指标中存在互相渗透、推动的动态逻辑关系（如图4.5所示）。另外值得注意的是：产出类指标在经历了时间和空间的变化之后，也会转化成资源类指标。过程类指标也会随着周围环境的变化和产出成果情况的不同，不断地进行自我修正和调整。

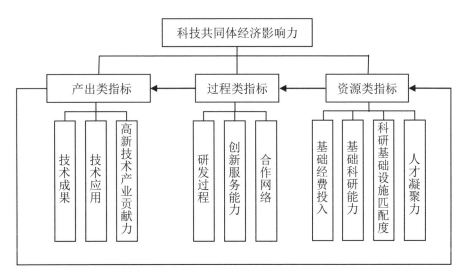

图4.5 科技共同体经济影响力指标框架图

4.2.3.3 指标体系构建

1. 一般指标测度方法说明

(1) 产出类指标

① 技术成果。

知识创造(专利、论文)可获收益:指科技共同体各组织主体对于技术产品以外的科技成果(专利、论文类)可获得的收益方式和影响力。包括经济方面,如专利转让收益、专利产业收益等;社会方面,如专利和论文的各种获奖情况、论文引用状况等。

年发明公布数和专利申请数:指基础科技研发机构对外公布的已获国家认可和法律保护的年发明公布数与专利申请和获准数量。该指标侧重对科技共同体自主研发能力和水平的测量,并通过观察同比和环比的增长情况,可以量化出科研机构的基础研发创新对于科技共同体影响经济的意义。

科技成果获奖数:指科技共同体内部从事基础研发工作的机构技术成果荣获国家级、省部级科技创新奖、科技进步奖、科技合作奖等重大科研突破奖项数量的统计。该指标对于衡量机构的基础研发能力、科技创新能力、社会公信力等方面具有重要的作用,为机构引进社会资本、提升自身经济价值产生重要的意义。

② 技术应用。

技术成果转化率:科技共同体内部(尤其是企业自有)科技专利,通过努力成功完成的专利转化数量与所有技术转化(包括转化未成功)的数量之比。其比值与技术成果转化状况呈正相关态势。该比值越高,技术成果转化额则越高,反之越低。

技术成果应用成功度:重在强调对技术成果转化方面的测度。指技术成果转化以后,成果价值得到社会认可,并能够创造经济效益,应用到相关技术领域的成果转化。

外地高新技术企业年引进量:主要指当地政府,通过一系列招商引资手段及优惠政策,结合自身产业需求和转型定位,对外地有而本地无的高新技术企业的年引进数量。同时,通过统计该数量的同比和环比增长,可以对该地区政府行为下的科技共同体聚集速度和质量有一个直观的认识,并能够表现出区域内科技共同体对当地相关经济(配套服务设施建设等)的部分影响力。

技术更新推动原产品资金收入增长额:主要指企业内原有产品的技术得到了更新升级,其生产出来的新产品相比于技术升级前的产品在资金收益上的增值。主要算法为:新产品所获收益额与原有产品产值之差,再减去生产成本增加额,所得结果为技术更新推动原产品资金收入增长额。其结果不排除出现负数的情况。

技术市场成交额:本指标的技术市场是指技术商品交换关系的总和,包含了从技术商品的开发到技术商品应用的全部过程,涉及与技术开发、技术转让、技术咨询、技术服务等相关的技术交易活动及其关系。此处的技术市场成交额对科技共同体内部来说,主要指区域经济内高新技术产业的技术市场成交额。通过该领域技术市场成交额同比和环比的比较,可以看出科技共同体对于经济影响力的重要贡献。

自有技术产出效益占公司总营业额的比重:自有技术产出效益主要指企业自有专利技术转化成功后所产生的效益。测算方法为:自有技术产出营业额除以全公司总营业额。此指标主要是对以企业为主体的科技共同体自主研发情况的测算,比值高则说明企业自主研发所得的市场收益好,反之则差。

③ 高新技术产业贡献力。

高新技术产业市场增加额:统计高新技术产业在市场上所占份额的增加

情况(主要指总体市场份额),也就是高新技术企业对市场控制能力不断增强的情况,主要统计方法为高新技术企业的销售量(额)在整个行业中所占比重的同比和环比情况。数值越高,则说明高新技术产业在市场上所占份额比重越大,成长速度越快。

国际合作、合资项目数:国际合作项目是外国企业、其他经济组织或个人与中国的企业或其他经济组织,按照《中外合作经营企业法》,经中国政府批准,在中国境内设立的,依照共同签订的合作合同,规定合作各方权利和义务的项目。国际合资项目是外国公司、企业和其他经济组织或个人与中国的公司、企业或其他经济组织,按照中国的法律,经中国政府批准,共同为项目提供经费支持。该指标旨在通过统计高新技术企业的国际合作、合资项目数,体现高新技术企业的对外开放程度和新技术成果的引进情况与开发情况。

高新技术产品出口创汇额:指高新技术产业商品通过出口所获得的外汇情况。主要体现高新技术企业对外经济往来情况,以及中国高新技术产品在国际市场上被认可的情况。该指标能够比较客观地感知中国高新技术产业在同领域国际市场上的占有情况,比较准确地判断中国高新技术发展水平。

高新技术产业在三大产业中所占比重:主要指高新技术产业在第一、二、三产业所占比重情况。该指标主要可以体现出中国三大产业领域的高科技化现状,即高科技农业、工业、服务业的现状。该指标的统计结果还能够很好地反映出高新技术产业对于三大产业结构的优化影响力以及效益提升的影响力。纵向比对这一指标对了解中国传统农业、工业和服务业的转型状态有着重要的意义。

(2) 过程类指标

① 研发过程。

年项目完成率:指高新技术企业及高校院所等科研机构对于已签订合同

或计划内项目的完成情况。具体算法为：预完成的高技术项目总数除以已完成的项目数量。该指标是过程类指标中的重要指标，是技术成果成功转化的重要条件。

技术更新周期：主要指原有技术成果在研发过程中的更新升级周期情况。包括新的生产成本资金到位情况、技术突破的研发周期、原有技术转化为成果的时间周期等一系列对技术革新产生影响的因素的时间消耗情况。技术更新周期越短，则表示其能产生经济效益的空间越充分，生产效率也越高，对高新技术产业市场增加值有着重要影响。

人均开发项目数：指企业研发中心或高校院所研发机构中，R&D从业人员人均项目持有数。即科研机构项目承接总数与组织内部R&D人员总数的比值。该指标通过统计该机构现有项目数量与参与项目研发人员之间的关系，衡量机构整体的研发实力，是一个重要的研发过程类指标。

② 创新服务能力。

现有政策与高新技术产业发展现状匹配度：主要用于评估政府、科技中介服务机构等具有科技政策制定权与科技服务政策管理办法制定权的主体机构所出台的政策与现有的高新技术产业发展相匹配的情况，主要表现在政策调整频率、新政策出台周期等方面的统计。该指标对于清除高新技术产业发展障碍、助力产业结构调整等方面有着不可忽视的重要作用。

资金投入配置有效性：指政府对于存在资金困难的高新技术生产中小企业的资金扶持情况。包括该方面专项基金设立情况、专项资金申请条件、资金投入占所需成本的比例、资金供应渠道畅通与否、资金到位周期等相关因素。资金投入配置的有效性为财力方面尚有欠缺的中小企业的高新技术生产创造了有利的条件，保护了其积极性，更为高新技术企业的成长与发展产生着重要的作用。

行业技术垄断情况统计：指政府或科技服务中介机构对某一高新技术领域内技术垄断状况的统计情况。通过对此项指标的调查，能够对存在垄断现象的产业有一个总体的认识，并通过相关政策的制定，努力破除技术垄断现象，引导不同研发机构主动寻找贴近自身发展的生产链不同端点，为行业领域内科技共同体的和谐发展创造良性环境。

创业中心在孵高新技术企业数：创业中心的主要功能是以科技型中小企业为服务对象，为入孵企业提供研发、中试生产、经营场地和办公方面的共享设施，提供政策、管理、财务、法律、市场、融资、推广和培训等方面的相关服务，以降低企业的创业风险和创业成本，提高企业的成活率和成功率，为社会培养成功的科技企业和企业家。该指标立足创新中心的服务对象，通过统计在孵中小企业的数量，有效地评估当地创业中心的创新服务能力。

毕业企业占孵化企业总数的比例：毕业企业是指创业中心在孵企业中在人均年收入、产品销售、R&D研发人员数量、科研经费投入情况、企业合法性等相关方面达到所在创业中心的各方面要求，并申请毕业得到审批允许的企业。该指标通过测算符合毕业资格的企业与当年在孵企业总和的比值，观察高新技术企业成长速度，从而深层次地总结在孵高新技术企业的成长轨迹和规律。

高新技术企业管理办法制定的时间周期：主要指政府制定的对高新技术企业管理等相关政策、办法出台的时间周期，是政务效率的体现。通常测量该周期不仅要注重时间长短方面的因素，更要考虑到所出台政策办法与现有高新技术产业运行的匹配程度。二者皆优则表明政务效率高，政府的创新服务能力也较强。

③ 合作网络。

对外技术合作机会率：主要指与组织机构外部高科技团体的任何技术交流、技术交换等合作方式的统计方法。对外技术合作机会率越高，技术领域的交流就越多,也就更能够促进高新技术产业经济的发展。

官产学研相互合作项目数:主要指科技共同体内部四大组织主体(企业、高校院所、政府、科技服务中介组织)之间任意二者或三者的项目合作数量。统计过程中可根据具体的参与主体数量分成不同的类别,通过横向和纵向的比较则能直观地看出合作最活跃和最不活跃的相关主体,寻找症结及相关解决办法,促进官产学研间互相沟通与合作。

(3) 资源类指标

① 基础经费投入。

R&D支出所占行业比重:通过统计R&D支出的经费来源(企业、高校院所、政府),分别计算R&D支出与总体生产成本之间的比值。同样需要重点考虑的还包括外资在中国高新技术产业中的R&D投入与中国自身R&D经费投入之间的差值。该指标对于测算中国自主研发投入和能力有着重要的作用。

高新技术风险投资占GDP比例:风险投资不仅可以解决高新技术中小企业的融资难题,还可以提高企业创新能力,改善经营管理,对高新技术中小企业的发展具有巨大的促进作用。该指标通过测算高新技术风险投资(尤其可关注科技成果转化资金中的风险投资)占GDP比例,透视高新技术中小企业的发展环境和活跃性,并针对有可能出现的高新技术风险投资市场不活跃的现象,进行有针对性的政策支持服务。

外部资金实际到位额:指企业或高校院所用于合作研发的外部国际资金实际到位情况。通过该指标可以发现该企业或专业研究机构在技术研发过程中,是否与国际相关组织建立联系,并获得资金援助;同时对资金到位的实际情况与合同中签订的资金额是否一致(如不一致,差额为多少)、未到款实际原因等均可进行实际的调研跟进,并对下阶段的资金落实有一定的修正作用。

② 基础科研能力。

R&D人员占所在机构总人数的比重：指机构编制总人数中R&D专属从业人员的比重。在科技共同体的基础研发能力测算中，人才机制是一个重要的衡量指标，其中R&D专职人员是机构中直接进行研发或技术转化的重要的一线人员。该指标统计结果比值越高，则可以反映出该机构在基础研发层面的能力越强。同时在统计R&D人员比重的过程中，还要对该群体整体的学历层次和架构有一个大致的了解。

拥有自主知识产权的产品数：该指标主要是对机构内部自主研发能力的评估。通过统计拥有自主研发知识产权的产品数，可以进一步测算出比值情况，从而与同领域其他机构在此方面进行横向比较。

③ 科研基础设施匹配度。

行业领域企业研发中心所占比率：该指标主要针对的对象为企业研发中心，主要测算行业领域内拥有研发中心的企业总数与行业中所有企业总数的比值。比值越高，则证明行业领域能自主研发的中心数量越多，自主研发动机和能力越强，反之则越弱。企业研发中心对于企业自主创新具有至关重要的作用，作为科技共同体企业主体方面的重要组成部分，企业自主研发能力越强，才越能在技术成果市场上取得良好的销售业绩和行业地位，即对社会经济发展的贡献就越大。

可提供技术专利的科研机构数：该指标主要针对的对象为高校院所、企业研发中心等专门从事基础科研的重要研发机构。可提供技术专利的科研机构数之和对于推动技术创新、成果转化有着有效的量化意义，并便于统计不同专业领域拥有自主专利的科研机构数量，对于中国自主研发的整体概况具有全景把握的意义。

已有的合作企业数量：该指标中的"企业"主要指具有产品生产和成果转

化能力的合作企业数量。该指标与上一指标具有一定的互动关系,即将自主研发与技术成果的自我转化相结合。二者结合能够从宏观上感知科技共同体对于研发和成果转化应用等方面的作用,不需借助外力便可达到自我实现效果的能力。

④ 人才凝聚力。

人均技术开发经费:该指标为机构总体R&D投入情况与机构从事R&D工作人数总和之比,该比值可反映人均获得的技术开发经费情况。该指标对于个人在基础研发层面的激励和积极性的调动方面有着重要的意义。人均技术开发经费越多,个人可支配的基础研发资源就越多,激励效果也就越明显。人才是科研机构能力发挥的重要因素,充分调动个体积极性对于专利的生成、技术成果的实现有着至关重要的作用。

人才流动速度:该指标包括两个方面。第一方面为人才内部流动的速度,主要表现为部门和岗位间人才流动的频率和周期,以及个人在职称、职务方面的晋升空间和速度。该结果与人才凝聚力正相关,内部人才流动越快,则说明人才受到的激励和保护越全面,员工忠诚度越高,凝聚力表现越强。第二方面为人才外流速度,即由于多种原因造成个人需求未能得到满足而造成的人才外流频率。该结果与人才凝聚力负相关,即人才外流越快,则说明机构内部人才激励和保护措施不显著,员工忠诚度越低,人才凝聚力越弱。

R&D从业人员工资状况:该指标主要是对科技共同体科研机构内部R&D从业人员薪酬状况的调查,包括基本岗位工资、奖金、福利待遇等方面的考评。薪金收入是吸引人才的重要手段,工资状况设计原则首先要与员工的工作付出相匹配,其次要考虑激励机制,同时还需体现出人性化的因素。科学的薪酬设计方案对于人才的凝聚力起到关键作用。

2. 定性指标测度方法说明

（1）重大科技项目领先度

重大科技项目是国家科研计划的重要组成部分，通常由服务于某项国家战略目标的一系列技术、产品、产业所组成，它涉及国家创新体系的各个组成部分，在很大程度上体现了国家发展的战略意图，是科技共同体参与国家科技创新体系、发挥经济影响力的重要平台。

① 指标维度。科技项目的领先度可以理解为科技项目在同类研究活动中位居前列的程度。对领先度做出的评价可以是定量的，也可以是定性的，目的在于全方位揭示重大科技项目的领先情况，为科技项目管理和科技发展战略等领域的决策提供支撑。

领先内容主要是指对重大科技项目成果实施过程的领先情况进行评估；领先程度旨在了解项目研究成果或研究过程处于何位置，是否处于全面领先的前沿位置，监测当今国际相同领域前沿研究出于何处，有何进展，如表4.2所示。项目管理决策者根据对领先程度评估所获得的信息，对科技项目运行的环境、状态、问题以及机遇取得更全面的认识，并有针对性地调整研究策略（如图4.6所示）。

表4.2 重大科技项目领先程度评估的主要维度

领先内容	领先范围	领先程度
成果领先 过程领先（进度领先）	国际领先 国内领先	全面领先 关键环节领先 落后于领先者

② 评价路径。定量分析法主要通过对相对客观的指标量化进行分析，说明科技项目在内容、范围、程度等方面的领先情况。需要量化的指标包括发表

论文与专著的数量情况、论文被引用的次数情况、项目获奖与专利取得情况、项目的关键技术参数等。

此外,专家评议法、辅助评价方法(科技查新、技术预见)也是重大科技项目领先程度评估最主要和比较常用的评估方法。

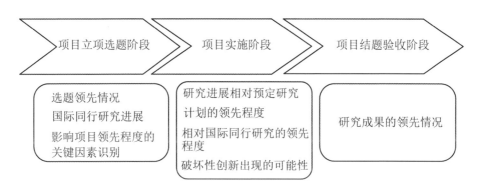

图4.6 重大科技项目领先程度评估的主要内容

(2)同领域学术合作深度

同领域学术合作深度是指相同学科范围内或某一技术行业内,各科技组织以同领域技术背景为依托,采取各种交流合作形式加大行业间的沟通,并在现有的合作机制上不断深化探索,使同领域学术间得到最稳固扎实的合作。就科技共同体而言,主要分为各组织主体间的内部合作和同行业不同组织主体间的合作。

同领域间的合作形式是多种多样的,主要包括学术会议、科技工作者互访、外部科技工作者聘请、技术专利获取、共同研发机会和数量、资金往来等方面。既可以定量又可以定性,除了以上列举的合作方式外,各组织间也可以自行制定更适合于自身发展的合作机制。同时加入合作时间、合作范围和数量、合作合同完成数量等因素,会使对该指标的考虑更加周全、准确。

(3) 相关招商引资政策

招商引资是指政府利用可支配的资源进行政策引导,舆论宣传,开展基础设施建设,创造一流投资环境,吸引投资者到本地区进行生产经营活动。一个地区招商引资政策的制定对于外地高新技术的吸引力不容忽视。从整体上来看,招商引资政策的主要内容包括地方政府对引进企业提供的政策优惠条件、税收相应减免、基础设施等硬件设施的使用年限和权限以及政府层面为引进企业提供的一系列便利服务和专项资金的建设。

招商引资评估企业对象的通用标准主要体现在以下十个方面:是否符合国家的产业政策;是否符合国家的区域外资政策;技术水平是否先进适用;能否提高原有企业的经营管理水平;是否创造出了中国自己的品牌;合资企业是否由本国资本掌握控股权;合资产品的市场结构是否优化;合资是否有利于增强原有企业的活力;合资企业的利税指标是否达到要求;合资企业是否具有长期持续发展的后劲。

(4) 区域内高新技术机构分布密度

该指标为过程类指标合作网络中的重要指标。主要指区域内部高新技术机构,包括高校院所、高新技术企业等分布的数量和密度以及内外部的相互作用。

通常某区域内高新技术机构分布情况能够真实地反映出该地区产业机构分布、调整的情况以及经济发展的主要驱动力和区域经济定位。通过该指标的测度,探索促进特定区域而不是某一企业经济增长的途径和措施以及如何在发挥各地区优势的基础上实现资源优化配置和提高区域整体经济效益,都将为政府的公共决策提供理论依据和科学指导。也会为国家未来的区域规划提供客观参考,从而优化国家资源配置。

(5) 不同领域学术交叉能力

相对于同领域学术合作深度而言,不同领域学术交叉能力是指不同领域的科技共同体各组织主体之间学术合作从而产生的学术交叉实力,如化学领域与生命科学领域的交叉、物理学领域与工程学领域的交叉等。

不同领域的学术交叉能力有助于学术创新的出现,也更容易造成新技术成果及专利的产生。该指标同样也是采取定量和定性双重测度方式,考察某高新技术组织机构的外向合作意愿、精神和能力。通常学术交叉愿望强烈、能力较强的组织机构,能够获得的经济回报也更多元、丰厚;反之,坚持内向型发展模式的高新技术机构,则容易产生创新艰难、科研拓展缓慢等现象。但这不是绝对的,还要结合机构具体的发展阶段和现状以及内外部因素来综合判断。

科技共同体经济影响力指标体系如表4.3所示。

表4.3 科技共同体经济影响力指标体系

一级指标	二级指标	三级指标
产出类指标	技术成果	知识创造(专利、论文)可获收益
		年发明公布数和专利申请数
		科技成果获奖数
		重大科技项目领先度*
	技术应用	技术成果转化率
		技术成果应用成功度
		外地高新技术企业年引进量
		技术更新推动原产品资金收入增长额
		技术市场成交额
		自有技术产出效益占公司总营业额的比重
	高新技术产业贡献力	高新技术产业市场增加额
		国际合作、合资项目数
		高新技术产品出口创汇额

续表

一级指标	二级指标	三级指标
过程类指标		高新技术产业在三大产业中所占比重
	研发过程	年项目完成率
		技术更新周期
		人均开发项目数
		同领域学术合作深度*
	创新服务能力	相关招商引资政策*
		现有政策与高新技术产业发展现状匹配度
		资金投入配置有效性
		行业技术垄断情况统计
		创业中心在孵高新技术企业数
		毕业企业占孵化企业总数的比例
		高新技术企业管理办法制定的时间周期*
	合作网络	对外技术合作机会率
		官产学研相互合作项目数
		区域内高新技术机构分布密度*
资源类指标	基础经费投入	R&D支出所占行业比重
		高技术风险投资占GDP比例
		外部资金实际到位额
	基础科研能力	R&D人员占所在机构总人数的比重
		不同领域学术交叉能力*
		拥有自主知识产权的产品数
	科研基础设施匹配度	行业领域企业研发中心所占比率
		可提供技术专利的科研机构数

续表

一级指标	二级指标	三级指标
		已有的合作企业数量
		人均技术开发经费
	人才凝聚力	人才流动速度
		R&D从业人员工资状况

4.3 科技共同体社会影响力

4.3.1 科技共同体社会影响力现状

4.3.1.1 社会影响力现状的基本分析

科技共同体是先进且应承担社会责任的科技工作者的集合体,通过提高公众科学素养、繁荣学术交流和推动科技创新来实现促进科学和技术发展的社会责任。工业化社会,特别是知识经济社会以来,整个社会对科技团体和科学家们都充满期待。面对如此期待,以及期待中漫溢出的责任和压力,作为社会高知群体,在"推进科技发展,服务社会大众"之路上,科技共同体任重而道远。

1. 学院科技共同体的社会影响力现状

知识经济是"以知识为基础的经济,知识成为生产力的内在基本要素。发现、传播和利用知识的人才能成为推动经济和社会发展的主要力量"的经济形式。大学在知识的提供、人才的培养及经济发展软环境的营造等方面对经济发展起着无可替代的作用。在新的社会经济背景下,社会对学院科技共同体不断产生新的期望和新的要求,要求大学为社会发展提供直接服务,许多社会不同领域甚至希望大学能直接为其解决所面临的各种问题,同时希望大学能够为其提供更多的人才。

首先,大学为社会经济发展提供高层次的智力支持。仅从文字方面,我们就可以看出,在知识经济时代,知识是社会发展的动力及智力支持,知识经济时代的到来使得社会经济发展与专业知识的存量息息相关。当人类进入知识经济时代,社会经济发展所需要的知识就主要体现为高深的专业知识以及各种具有深厚基础的宽泛知识,这些知识仅仅依靠日常生活中的模仿学习是无法获得的,单纯等待某个天才的灵光一闪也不能达到目的,更是大学以外的任何机构和个人没有能力提供的。

其次,大学为社会经济发展提供丰富的人力资源。知识经济时代经济的发展与相应的人才发展是不可分割的,一个社会人力资本存量的多少将直接成为决定经济发展水平高低的关键因素。学院派作为科技共同体的一类代表,有着相当深厚的研究功底。作为科技工作者的培养基地,大学每年向社会输出大量的科技人才。

再次,学院科技共同体通过高科技创新、技术开发和产学研结合的模式为社会经济发展服务。近年来,中国大学直接参与高科技企业的发展,例如,作为国际国内著名语音识别和人工智能代表的科大讯飞公司,由于与中国科学技术大学的密切关系,才能够更好更便捷地将其基础研究、应用研究、教学与培训、开发、试验、生产、市场和顾客服务等整合成一条龙系统,极大地促进和提高了科技成果转化的效率和效益。

2. 产业科技共同体的社会影响力现状

社会不断向前发展以及一个既充满活力又富有秩序的和谐社会的构建，都需要调动一切劳动、知识、管理、资本和技术的活力。产业科技共同体作为资源优势的拥有者，在这个过程中具有其他社会成员所无法比拟的地位和作用。

第一，增加就业岗位，缓解国家就业压力。产业科技共同体一方面通过增加科研工作岗位来解决就业问题，另一方面将技术创新应用于具体产业中，通过产业链的释放来增加就业岗位，还可以使企业通过增加投资、新增项目等方式扩大就业，创造不减员而能增效的效用。

第二，产业科技共同体的创造能力与企业效益有着直接的联系。通常而言，企业效益有利于缓解社会的贫富差距，在一定程度上可以消除社会不安的隐患。一方面，大中型企业在资本、管理、人力资源等方面具有明显的优势。大企业在贫困地区投资，既可拓展自己的经营业务，获取新的企业利润增长点，又能在一定程度上利用当地富余劳动力和闲置资源，解决当地就业问题，进而有利于当地脱贫致富。另一方面，大企业的慈善公益能力更强，慈善公益活动也更为丰富。这对于解决落后地区的教育、社会保障和医疗卫生事业具有明显的作用。

第三，产业科技共同体有利于资源和环境的保护，实现可持续发展。企业对于社会公民道德的培育以及社会可持续发展具有重要的责任，而科技共同体的存在，将有利于企业进行技术革新。企业技术创新水平的提升，采用了一项新型的技术，将有利于减少生产活动各环节对环境可能造成的污染，同时还将有利于企业降低能耗、节约资源、减少生产成本，并使得企业的产品更具竞争力。

3. 政府科技共同体的社会影响力现状

政府科技共同体最大的职责在于感知国家及社会的重大需求，并做出积极响应。近年来,科技共同体着力突破制约经济社会发展的关键技术,不断发展基础研究、前沿技术研究和社会公益性技术研究。在研究所中进一步营造鼓励创新的环境,培养和造就世界一流科学家和科技领军人才,为中国经济社会的健康发展及社会主义和谐社会的构建不断贡献力量。政府科技共同体还将从以下几个方面对社会发展产生影响:

首先,政府科技共同体通过科技传播将科学技术转化为生产力。科技传播是实现科学技术是第一生产力的关键因素,而科技共同体在科技传播中占有举足轻重的地位。科学技术总是最先被少数的科技工作者所拥有、掌握,由于马太效应现象的存在,各种优势资源聚集到科学共同体中,科学共同体成为某种先进技术及思想的发源地,但是科技的发展要依靠全社会的力量,科技对社会的作用也必须借助于社会的力量。这就要求科学技术必须变少数人掌握为多数人掌握。要达到这一转变,就必须通过科技传播。通过科技传播、科学技术与生产力三要素相结合,将研究成果转变为现实生产力,应用于社会,造福于社会。大量的创新成果要靠科技传播系统来扩散。

其次,提高科学活动的效率。科技共同体在研究活动中形成的一系列科学方法,被许多社会领域借鉴。移植科学方法,可带动其他领域的发展。科技共同体在研究与开发活动中形成了一系列科学的方法,如系统论、信息论、控制论,将其广泛应用于经济、教育、环境保护等领域,兴起一大批交叉学科、边缘学科和综合性学科,取得了卓著成效。许多科技术语成为社会舆论甚至日常生活中的常用语,如系统工程、信息量、网络、反馈等。

最后,政府科技共同体还承担着对其他类型科技共同体的管理、引导和监督的责任,并通过承担国家级课题攻关项目为政府部门提供咨询,以实现决策科学化、民主化,社会和谐。政府科技共同体将为国家重大方针决策提供有力的参考。此外,政府科技共同体还通过举办各类学术论坛、会议等,普及科学文化知识,促进各类科技共同体之间的交流和沟通,以及科技共同体和社会团体之间的沟通,推动科学技术的发展,增强国民的民族自豪感和自信心。

4. 科技中介组织的社会影响力现状

科技中介组织作为国家创新体系的重要组成部分,在国家创新体系中扮演着重要的角色。一般来讲,它是独立于政府之外的社会组织,依照国家法律、法规成立并运行,确保其服务的优质与高效,在国家与社会之间发挥功能传递的作用,在市场主体之间发挥服务纽带的作用。在科学技术迅猛发展的现代社会,科技更被视为"第一生产力"。因此,科技中介组织面对的是一项具有重大意义的社会事业,它业已成为社会生产活动中一个重要的环节,并在其中发挥着巨大的作用。

科技中介组织可以为技术创新主体和技术知识的供应提供专业化、社会化的服务,起到优化创新环境基础设施的作用。提供专业化、社会化的服务是科技中介组织的基本功能,提供服务的方式多种多样,总的来说,有两种主要形式:一种是指信息服务、咨询服务、策划服务、营销服务等;另一种主要是指专业化的技术服务,比如提供中间试验、产品设计、性能检测、高新技术企业孵化等。目前,中国创新体系中由于科技中介组织的功能较弱,创新系统中技术知识扩散、流动不畅,创新资源的有效整合受到限制,严重制约了创新体系整体功能的发挥。因此,科技中介服务体系的完善,将会促进中国创新体系功能的跃升。

4.3.1.2 社会影响力机制分析

1. 社会影响力的基本概念

哈佛大学心理学家赫伯特·凯尔曼(Herbert Kelman)教授将社会影响力(Social Influence)定义为在社会生活中发生作用的控制力,这种控制力表现为影响力的发出者对于影响力的接受者,在其认知、倾向、意见、态度、信仰和外表行为等方面以及目的性的控制能力。社会影响力发挥作用,一般通过被影响主体的三种形式表现出来,即屈从、认同、内化。屈从是指由于外界压力,违背自己意愿服从于别人的约束;认同是指对于权威的社会团体,尊敬的人表现出愿意接近、归属的愿望;内化是指在思想观点上与他人的思想观点相一致,自己所认同的新思想和自己原有的观点、信念,结合在一起,构成一个统一的态度体系。这种态度是持久的,并且成为自己人格的一部分。科技共同体的社会影响力是指科技共同体的主体对于社会公众的态度、情感、意向等所起的作用力。其具体特征和运行机制将在后面展开论述。

2. 社会影响力的基本特征

依靠社会传播的力量来传递社会影响力的科技共同体,本质上是以力的形式来发生作用与被作用。对于科技共同体来说,客观地认识社会影响力,应该全面把握其主要的运动特点。

(1) 力源决定特征

社会影响力的作用大小取决于社会影响力的主体,即力源状况。而单个自然人的社会影响力,取决于其收入水平、声望以及职业等因素;一个国家的国际社会影响力,取决于该国的综合实力,而这种综合实力又是文化、政治、经济、人口等诸多因素交织耦合的结果。一个科技共同体的影响力,取决于该科技共同体的综合实力,包括其社会价值的创造、对人们需求的满足程度等因素。

科技共同体的社会影响力大小,表现在以下三个方面:一是科技共同体的主体实力,是指科技共同体在政治、经济、文化、社会等方面的综合指标因素状况。主体实力越大或越强,其社会影响力就越大。二是科技共同体的社会价值。通常而言,一项科技发明、一件文艺作品、一个科技团体等,如果其本身没有社会价值,那就不会被人所接受或传承,也不会在社会上产生重大影响。三是科技共同体的社会公信力。人们需要根据科技共同体影响力源的可信程度,对其本身的价值做出判断。

(2) 社会需求特征

从广义上来说,社会影响力是一种社会资源,与社会需求具有很大的关系,当然,其本身也是社会需求的反映。能够满足人们社会需求的人物、思想、文化、建筑、符号、风俗以及器物等的社会影响力相对较大;反之,其社会影响力就相对较小。社会需求就是主体能否对客体产生影响,以及产生多大程度的影响。社会公众对于科技共同体有科技惠民、社会公平、社会创新等方面的需求。

(3) 互动强化特征

社会影响力产生作用的过程,是一个人际互动与强化的过程,因此,社会影响力具有互动强化的特征。科技共同体与社会的互动作用主要表现在科技共同体通过借助社会网络等媒介的力量,不断扩散、渲染自己的影响力。这种影响力将在互动强化的作用下不断叠加,并产生像滚雪球一样的作用,不断扩大。互动强化的关键要素包括从众效应和媒介放大效应,社会从众效应首先表现在心理上,进而体现在行动中。科技共同体在社会中扮演多种角色,有些角色是社会公众所能迅速感知的,例如,国家级重点实验室所扮演的重大科技攻关角色,致使社会公众对其印象产生先知特征,一旦国家重大实验室偏离社会期待,那么社会公众就会对其产生负面评价。同时,媒介在社会影响力中充当着重要的角色,社会影响力的大小以及如何发挥作用受一定的媒介支撑影响,不同媒介也将导致不同的社会影响力。

(4) 惯性运动特征

由于具有惯性,社会影响力往往具有历史传承性,其主要表现在联系、继承、延续或发展等方面。科技共同体一旦形成一定影响,那么社会对其感知将很难改变。因为惯性思维是人们的一种常规思维形式,也是人们认识和判断事物的主要方式。政府政策制定一般具有所谓路径依赖特征,即政府对于智库具有依赖性,一旦遇到问题就会想起曾经为其做过最大贡献的智囊团队。既然惯性的消减较为缓慢,那么惯性思维的形成也同样缓慢。所以科技共同体在重塑社会影响力时需要注意历史和现实的耦合程度、历史传承路径、现有地位以及重塑形象的时间等因素。

3. 社会影响力的运行机制

社会影响力的主要运行方式包括垂直影响、横向平行影响和复合型影响。

(1) 垂直影响

垂直影响主要是指信息主体的上行和下行之间的影响。就科技共同体来说,下行影响主要指其科技共同体的历史对现实发展的影响,以及科技政策通过科技共同体对社会民众的影响等。具体来说,科技共同体的历史对现实的影响,是指科技共同体的具体历史事件、历史上的科技人物、科学技术的历史经验等对社会现实的影响。以中国为例,几千年的中国科技历史文化以及近代以来的中国科技发展,对当代科技、社会和经济等均产生了重要的影响。这种影响既体现在科技共同体的内部治理上,又表现在科技对社会和自然界的影响上。政府的科技政策可以通过科技共同体对社会民众产生影响。一般来说,政府科技政策将影响科技共同体的内部治理机制,进而影响科技对社会需求的反应,从而对民众的生产、生活乃至社会创新能力都产生影响。科技共同体的上行影响,主要包括科技现实对历史的影响、科技共同体对政府政策的影响、草根文化对主流文化的影响等。

(2) 横向平行影响

横向平行影响主要是指各种不同形式、不同类型的科技共同体主体之间的相互影响和作用,以及科技共同体对民众的生产、生活所产生的影响。这里所谓科技共同体的主体既包括学院科技共同体,也包括各种政府科技共同体和企业科技共同体等。随着现代高科技传媒技术的发展,尤其是国际新型互联网媒体的发展和普及,社会不同类型的科技共同体之间的影响越来越大。毫无疑问,信息技术的发展为科技共同体的影响力传播在空间上缩短了距离。虽然早期科技共同体通过点对面的传播工具来影响其各主体之间,以及社会生产中人们生活的各个方面,也即纵向影响力(Vertical Influence)较为发达,但是随着现代社区网络的发展,科技传媒的横向影响力(Horizontal Influence)也正在迅速崛起,并且其影响力仍然还在进一步扩大。社交网络的迅速发展,有利于促进科技共同体主体之间的交流:一方面,从宏观视角来说,全球化和经济一体化步伐同时进行,很多国家、地区之间都在科技、政治、经济、军事、文化制度层面存在精密的联系(包括横向和纵向的联系)。另一方面,全球化和经济一体化对科技共同体之间的影响更为深远。

(3) 复合型影响

复合型影响是指科技共同体的垂直影响和横向影响的综合体。在社会影响力的作用中,往往是多种影响因素综合作用的结果,很难找到绝对单一的、纯粹的作用途径和方式。换言之,社会影响力的作用,既存在垂直层面的上、下影响,也包括横向层面不同组织类型主体之间的相互作用。比如"中国航天研究院"所产生的种种影响就是典型意义上的复合型社会影响。其中既有对政府政策、社会主义事业的上行影响,如对国防事业、国家安全等相关政策的推动,也有对同类科技共同体相关学术领域的影响,如对高校相关科技团体的科学研究有促进作用,同时还对树立公众民族自豪感、自信心产生作用。

在实际中,很难绝对地找出单一的、纯粹的影响作用方式,科技共同体的社会影响力往往是复合型的社会影响力。科技共同体社会影响力主要表现在民主法治、社会公平、社会创新、社会风险、科技与自然和谐等方面。

4.3.2 科技共同体社会影响力相关理论综述

4.3.2.1 和谐社会理论

和谐社会是指社会结构均衡,社会系统良性运行、互相协调,人与人之间相互友爱、相互帮助,社会成员各尽其能,人与自然之间协调发展的社会。

构建社会主义和谐社会是当前中国最重大的理论和实践课题。自从中共中央提出"构建社会主义和谐社会"命题以来,它就成为当今中国社会科学研究的最热门话题之一,从经济学、政治学、法学、社会学、哲学等各个方面研究它的专题文章不断出现,具体包括:这个命题的时代背景和现实意义;同当代中国特色社会主义、全面建设小康社会和科学发展观的逻辑关系;同社会稳定、民主法治、公平正义、经济发展、收入分配、社会管理、和谐文化、和谐世界的内在关联等。如今,包括"和谐"在内的24字当代中国社会核心价值观表述已经成为中国社会价值体系培育和建设的核心理念。

4.3.2.2 社会公平理论

社会公平是指社会的政治利益、经济利益以及其他利益在社会主体之间的合理分配。社会公平表明社会权利平等分配、司法公正以及社会机会均等。社会公平是社会主义的核心价值,是衡量社会全面进步的重要标准,本质上是要消除社会中的不公正、不平等现象,使全社会人民在政治、经济、文化等方面享有平等的权利。因此,维护并实现全社会的公平与平等,关系到全社会的稳定与和谐,关系到人民群众对政府的公信力,进而关系到执政党和国家的长治久安,甚至关系到人的全面发展和社会的全面进步。

公平和效率是社会主义的两大基本价值诉求。要实现社会的公平,必须处理好公平与效率的关系。既要避免社会差距过大,又要防止平均主义。按照马克思主义经典理论的阐述,在社会主义制度条件下,公平与效率从本质上说是没有矛盾的。将公平作为社会的基本价值,并追求实现公平与效率的统一,是社会主义的本质和内在要求。

4.3.2.3 循环经济理论

循环经济是物质闭环流动型(Closing Materials Cycle)经济的简称。循环经济以物质能量的梯次和闭路循环的使用为特征,并运用生态学规律来指导社会的经济活动。因此,从本质上说,循环经济是一种生态经济。它按照生态规律来利用自然资源,并实现经济活动的发展向生态化转变。生态化经济是实现可持续发展的重要保证。

传统的经济形式是一种"资源-消费-污染排放"的线性发展流程,其显著特征是高投入、高消耗和高排放,并通过对生态环境负荷的加重来实现经济增长。在这种经济增长模式中,尽管人们以最大的可能来开发和探索世界上的物质和能源,但是在生产、加工、消费的过程中又会大量地排放废物,对环境造成破坏。换句话说,这种经济增长方式可以实现数量上的经济增长,但是也导致了自然资源的进一步枯竭,并对自然环境造成了极大的伤害。作为一种新型的经济增长模式,循环经济更加强调自然资源的低投入、高利用和废弃物的低排放,甚至是零排放。

发展循环经济就是充分考虑了自然界的自我承载能力和净化能力,并模拟自然生态系统中"生产者-消费者-分解者"的演化和循环路径,将经济活动组织逐渐演变成"资源-产品-消费-再生资源"的循环式流程。循环经济所倡导的经济发展模式,就是建立在物质不断利用循环的基础上的一种经济发展模式,并使得经济系统(尤其是生产和消费系统)的形成过程不产生或者很少产生废弃物。循环经济强调构筑"工业食物链",通过对废弃物进行回收利用、无害化及再生的方式,达到资源的永续利用,促进社会经济的可持续发展,表现出低开发、高利用、低排放的特征。循环经济发展模式的实施将使得经济发展与自然资源、环境有效兼容。

由此可见,一个理想的循环经济系统应包括四类行为者,即资源开采者、资源处理者(或者说制造商)、消费者以及废物处理者。由于存在反馈式、网络状的相互联系,系统内不同行为者之间的物质流远远大于出入系统的物质流。循环经济为优化人类经济系统各个组成部分之间的关系提供整体性的思路,为工业化以来的传统经济转向可持续发展的经济提供战略性的理论范式,从而可化解长期以来环境与发展之间的尖锐冲突。

中国共产党第十八届五中全会在总结过去发展成就的基础上,针对经济发展的新常态,提出"要破解发展难题,厚植发展优势,必须牢固树立并切实贯彻创新、协调、绿色、开放、共享"的发展理念。其中创新、协调、绿色都与循环经济紧密相关。中国新近制定的"十三五"规划建议提出,要"推动低碳循环发展,建设清洁低碳、安全高效的现代能源体系,实施近零碳排放区示范工程",将生态环境建设和清洁安全发展提高至重要地位。学者们认为,这表示在国家宏观层面上,将会更加强化完善循环经济法律法规和政策体系,将循环经济发展从过去关注废弃物再生和循环利用,转向将循环经济纳入生态文明建设体系之中,通过环境保护法律法规和政策倒逼等机制,促使循环经济成为经济发展的普适模式。

4.3.2.4 风险社会理论

德国社会学家乌尔里希·贝克(Ulrich Beck)认为,从某种意义上来说,人类历史上不同时期的不同社会形态都表现为一种风险社会,因为几乎世界上所有有主体意识的生命,都能意识到死亡的危险。实际上,风险与人类是相互共存的。但是,在近代之后,人类开始逐渐成为风险的主要制造者,并且风险的结构和特征开始发生了根本性的变化,产生了现代意义上的"风险",也开始出现"风险社会"的基本雏形。这主要体现在两个方面:一是风险的"人化",换句话说,随着人类活动的频率增多、活动范围的进一步扩大,人们的决策行动对社会、自然、人类本身所产生的影响力也逐渐增强,从而使得风险结构由以自然风险占据主导,逐渐演变成以人为的不确定性占据主导,而不确定性则是风险产生的根源。二是风险的"制度化",以及"制度化"风险。冒险是人类的天性,但人类也有寻求安全的本能。近代以来,社会创建了各种制度,但是制度本身存在各种风险,而人类正是在各种制度框架的协定下进行生产和生活的,这就很容易使得人类的生产、生活遭受风险的困扰。与市场有关的各种制度(比较典型的就是股票市场)为人类冒险提供了激励,当然,现代国家制度的建立则又为人类的安全提供了保护。无论是有利于冒险取向的制度,还是安全取向的制度,其本身可能带来另外一种风险,即运转失灵的风险,它使风险变为"制度化",并转变成为"制度化"的风险。

近代以来,社会经济的千变万化塑造出了现代意义上的风险社会。人类对社会生活以及自然界的干预能力增强,干预范围也不断扩大,但是,人类的决策和行为本身开始成为风险的主要原因。在现代社会,贝克认为人为风险已经超出了自然风险,并成为风险结构的主要内容。借助现代社会的治理机制以及各种治理手段,人类本身应对风险的能力也在不断提高,然而与此同时,人类又将面临着社会治理带来的新风险,即制度化风险和技术性风险。制度化风险和技术性风险已经成为现代风险结构中的主要风险类型,它们具有向全球传递的特征,尽管出现的可能性小,但是其后果极其严重(比如核泄漏)。这类风险诱发了全球风险意识的形成,并使得人类在应对全球风险上达成一定共识。

4.3.3 科技共同体社会影响力评价指标体系的构建

4.3.3.1 指导思想和研究目标

设计思路及评估模型:社会影响力一般可以通过被影响主体的屈从、认同、内化三种形式表现出来,科技共同体的社会影响力并非想让社会公众屈从于科技共同体来提高影响力,而是通过科技为公众带来便利、提高公民科学文化素养等途径来实现其影响力。本研究认为科技共同体的社会影响力指标设计主要包括民主法治、社会公平、社会活力、科技与自然和谐以及社会风险等不同层面。

按照和谐社会理论,民主法治既是构建和谐社会的首要目标和任务,也是构建和谐社会必须遵循的一个重要原则,还是实现国家长治久安、社会公平正义与和谐稳定、人民安居乐业的重要制度保障。科技共同体的民主法治影响力包括有利于决策主体的决策科学化、决策民主化、法制建设等。

社会公平是指社会的政治利益、经济利益以及其他利益在社会主体之间的合理分配。社会公平表明社会权利的平等分配、司法的公正以及社会机会的均等。社会公平是本质要求,既属于社会构建的核心价值,也是衡量社会全面进步的重要标准。因此,维护并追求实现全社会的公平与平等,关系到全社会的稳定与和谐,关系到人民群众对政府的公信力、国家的长治久安、人的全面发展和社会的全面进步。科技共同体的社会公平影响力主要通过教育、医疗、就业的公平性体现出来。教育、医疗、就业是当下中国已确定的重大民生工程,科技共同体的重大功能无疑必须承担科技惠及民生的责任。

社会活力是指社会有机体内生的自组织力、自创造力和自我演化力的发挥与实现。科技共同体的社会活力主要包括社会创新能力和科技成果惠及面两个方面。和谐社会理论指出,生态社会、生态文明是人类社会可持续发展的必然和归宿。人与自然和谐需要重视对环境污染的治理,做好退耕还林,搞好水土保持,不断改善生态环境,提高资源利用效率,确保社会系统和生态系统协调发展。科技与自然和谐包括循环经济和低碳环保两个维度。科技共同体的社会风险影响力主要是指外部风险和人为风险两个方面。具体指标构建的框架如图4.7所示。

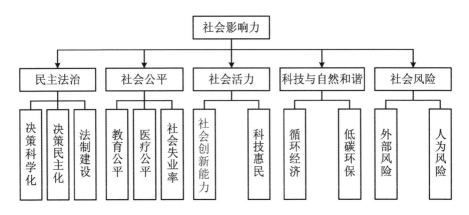

图4.7 科技共同体社会影响力指标构建框架

4.3.3.2 具体指标说明

1. 民主法治

（1）决策科学化

① 议题设置科学化水平。科技共同体作为社会参与政治民主化的重要组织，科技议题的科学水平是指科技共同体向国家有关部门提出的议题，能被政府机构组织采纳的程度。

② 决策制定科学化水平。政府重大决策制定的科学化的评判标准，主要表现在决策过程中民主参与程度和决策效用水平。科技共同体参与政府咨询决策的程度和作用强度，可以用以衡量政策制定的科学化水平。

③ 决策工具科学化水平。决策工具科学化水平主要是指科技共同体所能提供政府政策制定的高科技辅助作用。例如，网络电视会议、远程控制技术、办公自动化等工具的应用，在为决策带来便利的同时，也提高了科技共同体自身的影响力。

（2）决策民主化

① 参与项目年听证次数。听证制度是社会民主的重要形式，科技共同体参与项目听证次数，指的是在一定时间内（通常为一年）由科技共同体组成的委员参与涉及公民、法人或其他组织切身利益的重大决定的次数。一般来说，参与的次数越多，意味着决策越民主。

② 政协、人大会议关于科技的提案数。政协、人大会议关于科技的提案数是指科技共同体在一定时间内（通常为一年）向政协、人大关于科技类的提案数。提案数越多，其对于政府的作用也越强。

（3）法制建设

① 科技立法率。科技立法率是指国家权力机关按照一定程序制定或修改

的法律中,与科技直接相关的法律数占总法律制定或修改数的比率。该比率越高,则说明科技共同体对于国家法治建设的作用越强。

② 科技犯罪率。科技犯罪率是指各种犯罪案件中与科技相关的犯罪案件比率。科技犯罪率越高,科技工作者的社会公信力就越低,其社会负面影响力也越大。

2. 社会公平

(1) 教育公平

① 可提供的人均教育资源数。可提供的人均教育资源数是指人均可接受初等教育、高等教育等一切资源的总和,包括师资、资金、政策等。反映在科技共同体上,则表现为:科技共同体为社会提供的教育资源越多,教育公平的价值就越大,社会影响力也就越大。

② 人均受教育年限。人均受教育年限是指社会各群体人均接受学历教育的年数。一般情况下,人均受教育年限越高,社会越公平,科技共同体的作用也越强。

(2) 医疗公平

① 医疗过程中的高科技含量。公民在接受医疗过程中,所享受的高科技医疗程度,包括高科技医疗器械、高级医师等。高科技含量实际上是一个相对的概念,今天人们利用的技术和知识,50~60年后就只剩下1%是可以利用的,高科技不是一个单项技术,而是科学、技术、工程等前沿的新技术群。这些技术往往由单个科技共同体或者多个相互合作的科技共同体来完成。因此,公民在接受医疗过程中享受的医疗水平越高,该领域的科技共同体的公信力将越强,其社会影响力就越大。

② 人口平均寿命。人口平均寿命是指一个地区总人口从出生到死亡所生存的平均时间,通常用以反映一个国家或社会的医学发展水平。一般来

说,平均寿命越高,其所享受的医疗质量就越高,医疗水平也就相对越公平。

(3) 社会失业率

科技共同体对于就业的公平性,主要体现在高科技吸纳就业率和高科技促进就业增长率上。

① 高科技吸纳就业率。高科技吸纳就业率是指科技共同体促进的新兴行业、高技术产业、服务业等行业的就业人口数与总人口数的比率,该比率越高,则说明科技共同体促进就业水平越高,社会失业率越低,对于改善社会公平性影响力越大。

② 高科技促进就业增长率。就业增长率是一个矢量,有正负方向之分。科技共同体对就业增长率的贡献越高,其社会影响力就越大。

3. 社会活力

(1) 社会创新能力

① 高等教育普及率。高等教育普及率是指高中毕业人数中能够进入大学的人数与当年高中毕业的总人数之比,科技共同体作为高等教育主要的机构,对于高等教育普及率具有正向作用,进而有利于促进社会创新。

② 科技社团数量。科技社团数量越多,越有利于社会创新。

③ 万人科技工作者数。万人科技工作者数是指每万人中所拥有的科技工作者数量。科技共同体规模越大,万人科技工作者数将越高,社会创新能力也越强。

④ 公民科学文化素养。公民科学文化素养是指公民具备基本的科学知识,掌握一定的科学方法,能够正确认识科学技术和社会的关系,用科学思想来思考与分析生活和工作中的问题,并自觉用科学精神来塑造个人的世界观和价值观。科技共同体有利于培养公民科学文化素养,公民科学文化素养越高,社会创新能力就越强。

（2）科技惠民

① 科技论文引用率。科技论文引用率反映科技工作者科技成果的被认可程度,引用率越高,则科技工作者的社会认可度和被利用率就越高,进而科技惠民水平也就越高。

② 科技成果与公众需求的耦合度。科技成果与公众需求的耦合度是指科技共同体的科技成果满足社会公众的需求程度,即社会运用科技成果的满意度。社会对于科技工作者的工作越满意,科技惠民程度也就越高。

③ 科技共同体对社会需求的敏感度。科技共同体对社会需求的敏感度是指科技共同体对社会公众需求的反应速度,即面临社会需求的行动速度。科技共同体的反应速度越快,则社会公众认可度就越高,其社会影响力也就越大。

④ 科学家社会兼职情况。科学家社会兼职情况可以体现科技贴近民生程度,社会兼职的科学家数量越多,则科技与社会民生的需求就越密切,社会可资利用的科技成果也就越丰富。

⑤ 科学知识普及率。科学知识普及率越高,则公民科学文化素养的提升就越迅速,进而社会创新能力、社会活力就越大,科技共同体的社会影响力也就越大。

⑥ 科普场馆建设数量。科普场馆的建设直接关系到公民对科普知识的学习。科普场馆数量越多,则公民可进行的娱乐活动就越丰富,科学文化素养也就越高,进而社会活力也越强。

4. 科技与自然和谐

（1）循环经济

① 万元GDP综合能耗。即每万元GDP所消耗的能源情况,计算公式可以用"能源消耗总量与GDP之比"来表示(单位:吨标准煤/万元)。该比率越低,则说明GDP产出水平越合理。而GDP的单位能耗情况与一定时间的技

术水平显著相关,科技共同体技术研发水平的提高,将有利于降低GDP的单位能耗。

② 循环经济产值比。循环经济产值比是指具有节能减排、循环经济的工业产值占国民收入的比重。该比率越高,表明人类发展对于环境越友好,科技在其中的作用越强,社会正向影响力也就越高。

(2) 低碳环保

① 环保投入占GDP比重。环保投入占GDP比重是指相比传统产业,企业、政府以及社会居民为环境保护而进行的额外投资占国民生产总值的比重。通常来说,环保投入占GDP的比重越高,科技与自然越和谐。

② 低碳产业产值比。低碳产业产值比是指一定时期(通常为一年)全社会所有低碳产业产值的总和占GDP的比重。低碳产业所占比重越高,科技与自然越和谐。

5. 社会风险

(1) 外部风险

① 科技应对重大疫情灾难反应速度。科技共同体对于重大社会疫情灾难的反应速度,决定了社会对科技共同体的信心。如果反应速度过慢,那么其未来潜在的社会影响力将越弱。

② 科技应对重大自然灾害处理水平。自然灾害的发生不受科技左右,甚至现有科技还不能准确地预测灾害的发生,但是灾害发生后,科技工作者对于灾害的反思以及对于科技进步的努力将影响社会对于科技共同体的期待。

(2) 人为风险

① 高科技犯罪率。高科技犯罪率是指高科技犯罪量占总犯罪量的比率。较高的比率将降低科技共同体的社会公信力,即高科技犯罪率越高,负面影响力越强。

② 高科技社会风险隐患。高科技的发展往往具有一定的风险隐患,例如核技术、转基因技术等,该变量主要描述这些技术的潜在社会危害,如果这种风险危害给人们带来潜在的压力,并且被社会公众所感知,那么科技共同体所面临的危险不仅仅是科技风险本身,还包括来自于公众认知的压力。

上述指标结构如表4.4所示。

表4.4 科技共同体社会影响力的指标体系

一级指标	二级指标	三级指标
民主法治	决策科学化	议题设置科学化水平
		政策制定科学化水平
		决策工具科学化水平
	决策民主化	参与项目年听证次数
		政协、人大会议关于科技的提案数
	法制建设	科技立法率
		科技犯罪率
社会公平	教育公平	可提供的人均教育资源数
		人均受教育年限
	医疗公平	医疗过程中的高科技含量
		人口平均寿命
	社会失业率	高科技吸纳就业率
		高科技促进就业增长率
社会活力	社会创新能力	高等教育普及率
		科技社团数量
		万人科技工作者数
		公民科学文化素养
	科技惠民	科技论文引用率
		科技成果与公众需求的耦合度
		科技共同体对社会需求的敏感度
		科学家社会兼职情况

续表

一级指标	二级指标	三级指标
		科学知识普及率
		科普场馆建设数量
科技与自然和谐	循环经济	万元GDP综合能耗
		循环经济产值比
	低碳环保	环保投入占GDP比重
		低碳产业产值比
社会风险	外部风险	科技应对重大疫情灾难反应速度
		科技应对重大自然灾害处理水平
	人为风险	高科技犯罪率
		高科技社会风险隐患

第5章
社会发展需求新趋势下的中国科技共同体战略调整研究

2008年以来,全球性的金融-经济危机推动世界各国积极进行社会转型,寻求化危为机的新经济入口,科技创新便是其中的核心抓手之一。科技创新是无数科学工作者协作的产物,而"科技共同体"正是这种协作的平台。科技创新会带来经济、生态和社会治理上的多元创新,因此,在危机与转型需求特别高涨的时期,需要通过制度创新、平台建设、要素聚集、政策促进等发挥科技创新在各式治理上的功能,使不同学科的研究成果可以为社会治理助力。在目前中国社会发展模式重大转型这个关键时期,中国科技共同体必须快速且坚定地强化自身对社会、经济转型新需求的认知,突破学院科学的工作范式,思考自己的工作与发展模式,积极主动承担起转型时代对科技共同体赋予的重任,以科技创新助力整个国家转向包容性、智慧型与可持续的发展模式,伴随着政府系统化的行政创新来整合广域尺度的资源,推动中国社会走向高就业率、高生产率以及高度社会凝聚力的理想路径。

为实现上述目标,中国科技共同体在战略上需要进行多方调整,摸索"小科学"和"大科学"的合理比例,追求基础研发与应用技术、产业开拓之间的平衡,加强与国际相关机构和组织的全系列合作。科技共同体能否成功进行这种战略调整与中国当代社会第二次转型成功与否密切相关,对自身的发展亦影响重大。

5.1 科技共同体调整组织行动战略服务于经济发展方式的转变

转变经济发展方式意味着必须加强科技创新,消除科技与经济领域在传统上的脱节,提升与拓展科技共同体的科研能力、边界、质量,促进知识创新和成果转化,以实现创造就业、促进发展、培育长期增长潜力的目标。

旗舰计划:建立各层次的工业研究实验室及其长效运行机制;推动广泛的创新联盟的形成;通过不同学科领域中各有专长的科技工作者的协作,形成各领域共同认可的、经得起检验的、系统的知识库与平滑的协作网络。

本旗舰计划旨在提高科技共同体的科技创新能力,强化科技共同体的内部联合,拓展与产业界的联系并建立长效协作机制。从科学家的"自由探索"到商业化链条的每个环节都必须进行创新,并不断加强与完善创新机制,顺畅官产学研经的协作通道并建立相关激励机制。科技共同体须致力于技术引进和过程创新,最大限度地利用和发展通用目的技术的辐射与关联性。通过科技中介的发展,顺畅从科技创新向成果转化的实现机制。

要点1:以制度创新促进原始创新能力的培育与提升。

政策导向与激励管理的创新是提升科技共同体原始创新能力的重要基础条件,因此,我们需要多角度更具灵活性地激励制度,避免以单一指标维度去激励科技工作者。

要点2:以满足社会需求和发展作为研究的总体目标,在保持一部分自由探索性研究的同时,主体研究资源应围绕社会和国家需求展开。

中国科技共同体从研究的组织形式上,除纯粹的基础研究之外,其他的研究应寻求基础研究-技术创新-发明专利-成果转化这几个环节的紧密连接和反馈机制,改变对于大部分科技工作者而言几个层面脱节的状态。

要点3:通过建立各有所专、加强协作的机制,成为共同为总体目标服务的科技群体。

在面向国家和社会需求时,科技工作者不能成为或被要求成为万能工作者。公平分配科技资源,重视专业化和劳动分工,淡化科技共同体内部的等级关系,用科技成果的质量而非数量来衡量科技工作者的绩效,进一步完善对科技共同体群体内成员的激励机制。

要点4:科技共同体的内部组织如学会、科协等应成为建立科技工作者与工业界和新型服务界紧密联系的纽带。

由于科技管理部门无法了解各行业需求,因此主要依靠科技管理部门无法胜任科技工作者与工业界紧密联系的纽带职能,只有大力发挥科技工作者组织的作用,通过吸纳学界和工业界、新兴服务界人士共同成为学会会员,共同开展长期性学术活动,才能为研究选题和成果转化建立平台。目前科技共同体的内部组织往往过于纯学术化,缺乏与工业界和新兴服务界的联系。

要点5:积极推动校园孵化企业、工业研究实验室等研究机构与产业之间的合作,共同承担上游研发、下游产业化的主要职能,同时提供信息咨询等辅助职能。

创新不仅包括发明创造,还包括产业化的投入使用,如果未能投入下游生产,则该发现只能称为发明,不能称为创新,因此创新需要上下游环节的积极互动。在工业化和信息化结合,中国经济实力快速提升的时代,中国科技工作者要转变思路,勇于进入工业界和新兴服务界,致力于本领域专业知识的技术化、产业化;积极应对必须进行经常性调整的生产需求,和工业界与新兴服务界保持密切的、日常性的、长期性的合作。之前研发机构与企业之间的独立分工,并未向创新所有环节提供一个统一或互动的空间,校园孵化企业和工业研究实验室的建立则打破了空间上的分割。校园孵化企业已成为研发机构走向下游生产的重要形式,实现研发成果的技术转化;而工业研究实验室则是下游生产与上游研发的无缝对接,实现自主研发生产。技术转化作为创新的重要环节,连接上游研发和下游生产,一旦该环节出现问题,则创新过程无法贯通。校园孵化企业和工业研究实验室不仅为上下游生产提供了统一和互动的空间,同时还为外界开放信息咨询服务,帮助其他类似机构的创建和运营。

要点6:基于通用目的技术强大的经济、社会推动力,科技共同体应坚持对科技发展的监测,持续进行科技预见活动。

推动相互之间既有竞争又有合作的企业与研究机构共同攻关。推动具有竞争关系的国内企业与公共科研院所共同成立研究组合,共同进行10~20年内有实用化困难的核心技术的研发,并推动相关技术研究组合的法规建设与完善。这对于改善中国多数企业规模不大、研究经费少、无法与欧美日等大企业抗衡,却又面临着打开国内市场竞争的尴尬局面有着极为重要的意义。

要点7:通过对科技共同体激励机制的调整,促进科技共同体协同社会科学工作者积极投身科技传播与科技咨询活动。

科技共同体作为社会的智库为科技政策提供积极可行的建议,面对公众进行科技传播和提供科技咨询,科技传播与咨询是科学技术转化成为社会知识存量的重要途径,是中国科技共同体应承担的一项重要社会职能。从咨询角度而言,广义的科学不仅指自然科学,还包括社会科学,科技咨询有助于保持政府和市场之间的动态平衡,社会科学的研究人员相对而言对社会风险更敏感;自然科学领域的科技咨询在发达国家一般都很普遍,这是一种软性的社会贡献,科技共同体内部需要提供更好的激励机制来引导科技工作者承担此项重要的社会职能,从而通过提升整个社会的知识存量来推动经济社会的全面发展。改变当前科技工作者普遍缺乏从事科普工作激励的现状,科技共同体须从激励机制、评价体系等方面推动面向公众的知识传播与科学普及,使得科技界的专业知识能够尽可能多地向公众转移。

要点8:发展科技中介,像重视高科技企业本身一样重视科技中介产业的发展。

构建机构合理、功能完备的科技中介服务体系和运行机制,把科技创新服务机构的培育放在各类中介结构的首位。培育以科技产业发展为服务对象的高层次第三产业服务群,力争使国内外技术创新思路和成果能够形成一个从思路引导、提供投资咨询到成果价值认定、合作方式选择、实体构建直至管理咨询和受托经营等一系列服务的系统。科技中介是技术创新的必然结果,是实现科技成果转化的重要途径,因此必须得到足够的重视与支持。

要点9:建立各式联盟,提高不同行业中科学共同体的互动效率。

各行业"联盟"的出现频率越来越高,这些联盟集结了同一领域分配于不同行业的科技共同体,也包括其他助力于该行业发展的工作人员。联盟一般包括学会、科研机构、企业、地方政府、赞助机构等可能涉及某一行业创新的各式机构,科技共同体分布于这些机构中,因此联盟可以高效率地将这些不同机构中的科技共同体结合起来,为其互动提供平台。联盟相当于一个中枢式平台,各方通过其建立联系,提高了不同行业中科技共同体的互动效率。联盟的主要功能有整合行业数据、收集发展建议、传达发展策略、拟定发展战略、调整资源分配、建立各方联系、提供发展咨询等,统一解决某行业中供和需的分配以及发展优势互补,同时削弱某一方在行业中占有的绝对主导权,使各方可以站在同一起跑线上。

5.2 科技共同体应对社会发展需求新趋势的战略调整

5.2.1 科技共同体通过人力资源提升与民生科技服务于包容性增长

包容性增长意味着通过平等的社会发展机会的创造,协助劳动者与贫困做斗争,通过对劳动者的技能进行投资、建立现代化的劳动力市场、提供有针对性的培训和社会保障体系,从根本上提升人的能力,从而提高他们获得更高收入的能力,也为国家发展提供和谐健康、可持续的内部环境。包容性增长通过以提高收入初次分配为主,改善不平等和不均衡的社会发展状况,降低社会风险,建立一个和谐的社会。

旗舰计划:提升人力资源水平,改善结构性就业困难;提升劳动者特别是青年劳动者的科技水平与创新能力;推动中国从人力资源大国向人力资源强国迈进。

思想是行动的根源,教育是思想的摇篮。科技共同体需要从国家整体发展的战略高度来认知教育与人力资源培养,不仅要着力于对硬的可以看到的科技知识的教育,还应尽力推动软的看不到的文化教育与之匹配。指向世界中心国的中国的复兴必须从教育革命起步,教育是创造新文明的原动力,是培养能创造新知识、新信息、新科学技术、新文化和新人才的神圣事业。

要点1:致力于为经济增长和结构转型提供合格劳动力的各层次科教研究。

依据2010年9月的《亚太经合组织技能开发促进项目》,从应对危机的实践中汲取教训和经验,针对经济发展方式转变、产业结构调整和劳动者技能更新提升过程中就业结构性矛盾尖锐的现状,加快建立与经济社会发展相协调的人力资源开发长效机制。以促进就业为宗旨,大力开展面向全体劳动者的职业技能培训,为经济增长和产业转型供给合格的劳动力。以高层次人才、高技能人才为重点,统筹推进各类人才队伍科技教育。

要点2:着力于推进高等教育与社会需求的结合,配合工业研究实验室发展,推动工程科技工作者教育,提高技师的社会认可度,壮大工业科学家规模。

为消除科学与生产技术、经济领域的脱节,科技共同体从教育角度须着力于制度建设以促成创新所需科技人才培养条件的完善,搭建科学与生产技术、经济发展的桥梁,将高等教育部门的科技与工程人才培养、工业研究实验室的科技创新以及商业领域的制造和销售有效地连接起来。通过将科学、生产技术研究人员和管理人员聚到一起,提高对生产变革可能性的认识,降低变革风险,将社会中各种资源存量进行有效组织与连接以促进变革和增长。

为达到上述目标,科技共同体在高等教育纬度上需要从三个方面入手:

首先,在高等教育系统内部更注重与产业领域进行联合培养,推动各种"预备联合培养"项目。以工程专业"卓越工程师计划"教育为例,通过将学校培养向企业后延、企业人力资源向学校前伸、从科技共同体内部培养科技人才,为人才的成长以及产学研的结合奠定基础条件,同时促成高等教育与产业间人才培养共同体的形成,顺应市场快速发展对行业人才的需求。

其次,科技共同体应为产业部门提供更灵活、更具实践性与应用性的继续教育平台和机制,适应知识更新速度不断加快的现实,各行业专业化程度不断提高,在职人员必须不断地学习,应对不断提升的现实发展需求。探索理论与实践能力兼具的工程人才的培养,协同企业界共建课程体系和教学内容,联合承担和实施培养过程,采用理论与实践的双重标准来评价培养质量。

再次,科技共同体内部应提高技师的社会认可度。技师在当今社会中占有重要地位,也是科技共同体的组成部分,不论是在科研机构还是在生产企业,其实验设备和生产设备的更新、改造和维护都离不开技师,但是由于存在非理论发现或产品发明者地位偏低的传统滤镜,技师的社会认可度一直较低。在中国大学的实验室中,实验设备维护岗位工作人员的职位和工薪认可度明显不如研究人员,同时缺乏技师评定的完善体系,这种生态环境的营造不利于技师行业的发展,甚至可能造成人才流失海外。技师作为科技共同体的重要一员,应类同于科研人员给予恰当的、作为科技工作者所应享有的荣誉与激励,建立独立的评定系统和标准,提供类同的资金扶持和研发机遇,提高其作为科技共同体一员的研究创新条件和社会认可度。由于教育的偏重不同,研发人员往往在实验设备上不具有合格的改造和维护水平,对外援依赖程度较高,因此教育中也应培养科研人员兼具设备维护的技能,技师兼具产品研发的实力,避免二者之间的脱节,或通过推进二者之间的深度互动来促进有效合作的形成。

国际金融危机以后,美国等发达国家将"再工业化"作为重塑竞争优势的重要战略,通过大力发展先进制造业,重新回归实体经济,创造新的经济增长点,带来新的就业岗位,摆脱当前危机。发达国家实施"再工业化"战略将对中国的工业化产生巨大的影响,使得彼此之间的竞争更加激烈。美国工程院院长查尔斯·韦斯特(Charles West)指出:"拥有最好工程人才的国家占据着经济竞争和产业优势的核心地位。"(陈希,2010)很多国家都将工程科技人才培养提升到国家战略的高度,因此对于科技共同体而言,这是一项面向当前和长远都同样重要的科教重任。

要点3:配合国家实施各层次"特别职业培训计划",为全国范围内产业转移与承接、主体功能区建设做出有针对性的教育、培训和联合研究。

应对世界金融危机对中国经济的影响,保持就业局势稳定,充分发挥职业培训对于促进全方位就业和服务经济稳定发展的重要基础作用,其中在岗农民工、新成长劳动力培训是重点。

应对全国范围内产业转移与承接,科技共同体应致力于提升产业转移承接地与功能区建设地的技术、人才、研发能力等综合优势,以及信息基础设施、体制条件等。定向培养中高级技工和熟练工人,培养科技人才,推进公共实训基地建设。为承接产业转移和功能区建设提供必要的科技资源和智力支持,推动科技人才与科技资源的合理流动。

要点4:特别重视对年轻人的各层次科技教育与资源的支持。

作为世界上人口最多的经济体和最大的发展中经济体,中国老龄化问题不久将会日益突出,科技共同体应面对中国在人力资源开发领域的新挑战,从对内和对外两个角度高度重视对年轻人的各层次科技与教育支持。

英国哲学家约翰·洛克(John Locke)曾说:"教育的事业并非使年轻人能完美地从事科学研究,而是要开阔年轻人的心胸,使其能尽力运用己之所长。"支持年轻人积极参与教育与科研活动,符合科学发展的规律。年轻人是一个国家未来的希望所在,年轻的科学技术人才将决定中国一二十年内真正在科技领域全面与世界领先水平接轨。建立支持年轻人的体制也是改变中国学术风气的关键举措之一。当年轻人能够以学术实力获得支持,就会将更多的时间与精力投入学术研究,从而改良风气,净化学术环境。

在外部,科技共同体应正面青年劳动者的就业压力问题,特别是处于城乡发展和工业化、城镇化快速发展过程中的城镇青年新增劳动力和农村青年劳动力的转移就业问题,着力于提升年轻人的科技水平,提升年轻人面对未来的职业技能,提高年轻人应付生活中的变化与风险的能力,这也是教育中非常重要的一环。

要点5:研究高等工程与科学教育的质量标准及其保障机制。

高等工程与科学教育的质量是一个多层次的概念,其合理的"质量标准"是什么值得科技共同体进行研究,考虑应用多样性的而非单一的、统一的尺度来衡量是必须要进行的改变;面对教育对象、教育方式和教育提供主体的多元化,从教育理念上树立大众化高等科技教育质量观的思想,研究相应的"质量标准"与"质量保障机制"并予以推广,寻求以更灵活有效的方式认证教育效果与能力。

要点6:科技共同体应优化内部激励机制,培育更加合作的组织文化。

1996年,经济学家曼瑟尔·奥尔森(Mancur Olson)在《经济学展望》(Journal of Economic Perspectives)上发表题为《大面额的钞票掉在地上没有人捡:为什么有的国家富裕,有的国家贫穷》的著名文章。文中提出,能够在国家这一层次上解释贫富差别的只有两种可能:一是资源的禀赋不同;二是公共政策和体制不同。奥尔森在文中应用排除法让我们明白,决定国家贫富的主要因素不是包括技术、知识、土地、资金和市场交易型人力资源在内的资源禀赋,而是一个国家的体制和公共政策以及影响体制与政策质量的公共物品型人力资源。公共物品型人力资源指公德心、诚信、对公共政策的贡献以及为了做贡献而学习的知识。有关公共政策的知识和为制定正确政策做出的努力具有公共物品的属性,无法在市场上交易。

当前科学的发展已经进入"大科学"时代,科技共同体成为科学、技术研究和发展的结合体。作为科技共同体成员的科学、技术人员,其公德意识在科学、技术的发展运用中具有极其重要的意义。现代的科学家不仅从事自己的专业工作,作为社会精英,他们还经常参与政府和工业的重大决策和管理,享有特殊的声誉,他们的意见会受到格外的信任并产生重要影响。集体化的需求使得科技共同体需要对内部成员即科学工作者和工作人员实行管理,管理者有权决定具体项目的实施、资源的供给和研究结果的承认,这与科学家的"学术自由"观念存在一定的矛盾。科技共同体须理解经济增长进程的演进动力不在于科学技术本身,而在于导致技术发现和改进的社会态度以及人的雄心的变化。因此,科技共同体应致力于激励机制的梳理,合理引导利益关系,并加强公德教育,建设科技共同体的道德规范和更利于合作的组织文化。

旗舰计划:以民生科技推动包容性增长。

作为引导经济社会发展的重要力量,科技进步与创新是服务民生,让广大人民群众共享科技成果,共创和谐社会的重要途径。在科技进步方面体现"包容性增长",不仅要使中国在经济上位居世界前列,更要注重在质量上的提高,提供更加丰富的科技成果,使人民群众对高科技成果的需求得到更大满足。同时,发展民生科技也是应对国际金融危机,建设"资源节约型、环境友好型"社会,落实促增长、惠民生、保稳定目标的需要。

要点1:自主创新与技术扩散并重,以民生科技促进人与人、人与自然以及不同区域之间的和谐发展。

加倍关注与国民衣食住行、教育、医疗、就业、环境及公共安全等关系最为密切的科学与技术,把民生科技放到与产业科技同等重要的位置。

改善与生态环境相关的民生科技工作,推进生态退化区的综合治理技术,围绕节能减排开展新能源开发工作,通过对可再生能源技术的利用与推广,提供更宜居的生活条件;在防灾减灾领域,着力于灾害预测技术的研究,尽可能减少天灾人祸及其所造成的不良影响,使人民拥有安稳、祥和的生活环境。

通过民生科技在全国更广范围内的扩散,促进区域及城乡间科技的协同发展。一方面,以不同区域间的民生科技合作加强政府、企业、科研机构和中介服务机构等创新主体的沟通与交流,推进相关产业集群、知识集群和创新集群发展,促进区域融合,在一定程度上减轻因发展不均衡导致的区域隔阂,使区域间保持团结共进的融洽关系,为国家发展创造良好的内部环境;另一方面,通过扩散与推广民生科技,改善各类社会资源的配置,形成各具特色、互相促进的区域科技发展格局,最终实现不同区域之间的协同发展。

要点2:对科技经费的投入方向进行战略性调整,加大国家科技计划对基础研究、民生科技的资助力度。

根据中国国家统计局数据,2015年全国研究与试验发展(R&D)经费支出14169.9亿元,比2014年增加1154.3亿元,增长8.9%,其中全国基础研究、应用研究和试验发展经费支出所占比重分别为5.1%、10.8%和84.1%,分别比2014年增长0.4%、0、11.6%。铁路、船舶、航空航天和其他运输设备制造业,仪器仪表制造业,计算机、通信和其他电子设备制造业,医药制造业,专用设备制造业为规模以上工业企业研究与试验发展中经费支持最多的五大行业。值得注意的是:基础研究经费改变了自2007年一直在4.7%的比例左右徘徊的局面,但是相比发达国家的15%还有很大差距,因此未来科研经费改革可能会倾向提高基础研究经费比,因为基础研究是面向科学前沿的原始创新能力基石,其投入规模和水平更能反映一个国家的科技实力。

重点支持关系节能、环保、健康、安全等民生问题的课题,加大政策与科技经费投入。调整科技资源的配置,引导资源向教育保障、医疗保障、就业保障、社会保障、住房保障、环境保障和安全保障等关系群众切身利益的领域倾斜。从国情出发,近期民生科技应重点支持环境保护技术、资源节约技术、重大疾病防治与治疗技术、防灾减灾技术以及以食品安全、生产安全为代表的公共安全技术等。

要点3:完善现行的科技评价体系,注重横向和纵向评价机制的分类、一次和二次评价机制的融合,科技业绩评价向民生科技研发成果倾斜,引入公众参与科技绩效评价的评估机制与激励机制。

科技评价可以分成横向和纵向分类评价、一次和二次评价两大类。横向分类评价主要依据学科领域,纵向分类评价主要根据产品上下游,例如有些发现目前仅能立于上游理论阶段,还需很长时间投入下游运转,因此不能统一将其与别的已进入下游生产或即将进入下游生产的科技成果采取统一标准评估。对科技成果、科技人员进行评比时需依据具体情况具体评价,不能采取统一标准。一次和二次评价主要根据成果的被接受程度进行划分,一次评价是例如论文式评审人对于论文准确性、创新性、前沿性、重要性做出的直接判断,而二次评价则是以后期人们对于该论文引用程度做出的评价,其更具有市场应用性和实践操作性,因此可以适度融合一次和二次评价结果作为对科技成果评价的依据。科技共同体应重视解决关系民生的重大科技问题,真正使科技创新成果惠及亿万群众。民生科技的业绩评价,应改变现存的以论文数量、科工贸收入等片面指标作为衡量标准的评估方式,更多以技术推广度和民众认可度或其他有意义的新指标来评判,鼓励科研人员投入民生科技的自主研发;引入社会公众参与科技绩效评价的评估机制与激励机制,从而将民生与科技更紧密地联系起来。

要点4:探索科技攻关新形式,重视民生科技相关产业的经济运行模式的创新。

科技共同体应把民生科技创新纳入国家创新体系建设和科技管理范畴,引导科研资源有目标地转向民生科技;为推动科技创新与社会需求的结合,应推动民生科技服务平台的多点创建,真正做到围绕社会需求进行科技攻关;推动相应创新联盟的建立,以多部门、多地区联合的"研产用一体化"创新模式面对民生科技的实际问题,建构其协同机制。其中,中小企业民生科技研发需求较之从前,应受到科技共同体更多的关注,科技工作者应被充分激励和引导,以使其有意愿关注和投身中小企业的民生科技研发活动。

5.2.2 科技共同体通过智慧中国理念服务于智慧型发展

当今,人类生产活动和社会活动已经进入了信息化和智能化发展时代,信息技术推动着社会生产力发展和人类文明进步。全球经济和社会发展的方方面面(劳动生产率的提高,资源消耗和生产成本的降低,环境污染的减少等)都离不开信息技术持续性突破发展。科技共同体需积极面对作为通用目的技术出现的信息技术在社会生产与社会需求中引起的系列性巨大变化,重视信息化和工业化在现代化发展中的支柱作用,以及信息化在工业化发展中的催化作用与倍增作用,为"以信息化带动工业化,以工业化促进信息化"的新型可持续、智慧型的发展模式助力。

旗舰计划:科技共同体聚焦于中国信息社会进程以推进智慧型发展。

智慧型发展意味着充分发挥先进信息技术的潜力,促进整个创新系统的协同互动,将知识与创新作为未来增长的推动力。金融海啸、气候变化、能源危机和能源安全等严峻现实迫使我们审视过去,而"智慧型发展"在转型视域下成为全球关注的重要议题。中国正处于信息社会的发展进程中,科技共同体作为中国创新系统中的重要智力资本与创新行动者,应着重关注中国信息社会发展进程,不断推进智慧型发展理念的深入与实践边界的扩大,实现智能基础设施与物理基础设施的全面融合,实现信息产业与其他产业的深度融合,以前所未有的科学和智慧的方式促进科技、社会、生态等多维性的包容性增长与可持续发展。

该旗舰计划的宗旨是科技共同体聚焦于中国信息社会发展进程,推广智慧型发展的价值观与生活方式,理性而有意识地开发信息核心技术的未来应用潜力,增强信息技术自主创新能力,抢占"技术与连接"的高地,前瞻性地思考信息社会发展道路上可能存在的陷阱与障碍,大幅提高国家信息安全水平,优化信息化基础设施架构并扩展其服务与应用价值,促进多元、平等、共享、安全的智慧型社会发展。为此,中国科技共同体在信息社会发展进程中的重点规划为:

要点1:联合社会科学组织,进行未来社会构想与发展战略研究,传播推广智慧型发展价值理念。

信息技术的突破性发展及其在经济和社会领域的广泛应用正在改变着全球生产、生活方式,而信息社会的发展进程也在重构全球社会经济发展形态。2009年IBM正式提出的"智慧地球"战略,从表面上看是信息技术领域的产业革命,但其实质上是针对全球性的能源危机、环境恶化及金融运行制度危机等严峻现实,先行利益集团从总体产业及社会生态系统出发,"充分发挥先进信息技术的潜力以促进整个生态系统的互动,以此推进整个产业和整个公共服务领域的变革,形成新的世界运行模型"。这一战略引起全球各国对信息社会时代的智慧型发展战略的热情以及对国家信息安全的理性思考。中国科技共同体作为社会经济发展重要的推动力,需联合其他社会科学研究组织,结合人文和科技知识,结合国际信息技术发展趋势与中国的具体国情,对智慧型发展的未来社会结构、生活方式、技术体系等进行研究并提出建设性与应对的系统策略,在社会各层面传播、推广智慧型发展的价值理念,通过利用新一代信息技术的应用推广来改变政府、企业和个人交互理念的方式,提高交互的明确性、效率、灵活性和响应速度。

要点2:创新性地聚合资源着力物联网等关键核心技术的研发,抢占信息技术产业的发展高地。

以美国、欧盟、日本为代表的发达国家把物联网和未来网络等信息技术的发展提高到国家战略的高度,部署了相应的国家级研究计划,并将之作为发展战略型新兴产业的重要方向和应对国际金融危机的利器。中国科技共同体在物联网战略性新兴产业中的作用已经得到国家重视,国家在部署新一轮信息技术的发展中,强调要着力突破传感网、物联网等关键技术的研究,使信息网络产业成为推动产业升级、迈向信息社会的发动机。同时,中国科技共同体也在积极努力融入参与技术-社会重构进程(例如"无锡物联网产业研究院"便是在中国科学院、江苏省、无锡市三方合作框架之下所建立的)。

在上述基础上,科技共同体应调整方向与路径,突破既有的惯性制度安排,抓住机遇,做出系统技术战略发展部署,创新性地聚合资源着力突破物联网等关键核心技术的开发,集中优化创新资源,采取有效的合作形式集中突破,构建信息产业技术创新体系,增强产业核心竞争力,抢占技术和产业制高点,避免在技术上受制于人,以威胁国家的信息安全。

要点3:推动工业化和信息化的高度融合,以促进智慧型城市、共享型信息社会的发展。

在信息时代,必须重视信息技术在工业化发展中独特的催化与倍增作用,促进高附加值行业的发展,改变主要依靠物质资源消耗的经济增长方式,走出一条"以信息化带动工业化,以工业化促进信息化"的新型可持续、智慧型发展道路,促进智慧城市和共享型信息社会的发展。为实现工业化和信息化的深度融合,工业和信息化部先后发布了《两化深度融合专项行动计划(2013~2018)》和《贯彻落实〈国务院关于积极推进"互联网+"行动的指导意见〉行动计划(2015~2018)》,《中国制造2025》规划中明确提出"以加快新一代信息技术与制造业融合为主线",政府一系列条令的颁布明确了通过"两化"培育经济转型升级新动能,全面支撑制造强国建设和完善制造业创新体系,为未来打造智能化生产体系和发展模式,重塑国际竞争优势。中国科技共同体需积极面对通用目的技术在社会生产与社会需求中引起的系列性巨大变化,在信息产业研发、系统集成、典型应用示范及产业化的创新价值链中找准自身定位,促进先进的嵌入技术、连接技术、传感技术和海量信息处理技术的产业及生活应用示范,推进城市中的基础设施、教育与科技、公共安全、市民服务等方面进入全新发展阶段,以应对智慧型城市系统整合的挑战。此外,科技共同体也特别要关注城乡之间、区域之间、人群之间的数字、信息、技术鸿沟问题,注重信息技术应用的普惠推广与差距弥合,支持重点人群数字信息素质教育及信息获取能力的培育,推动共享型信息社会的发展。

5.2.3 科技共同体通过资源节约与社会、经济发展的储备服务于可持续发展

可持续发展意味着在人与自然的关系、人与人的关系不断优化的前提下,实现经济效益、社会效益、生态效益的有机协调,从而使社会的发展可持续。从发展领域的角度而言,这种新发展观包含着生态持续性原则、经济持续性原则和社会持续性原则;从结构性角度而言,则包含整体协调性、未来可持续性、公众的广泛参与性、新的全球伙伴关系。

旗舰计划:科技共同体通过科技进步与创新,结合制度创新引领可持续发展,服务于"两型"社会建设,为未来长期发展储备力量。

该旗舰计划的宗旨是推动中国向资源有效利用、环境友好、着眼于长远的发展方式转型,以有效的方式利用一切资源,支持向低碳经济的转变,并在实行已承诺的本土气候与能源战略的同时,在气候变化问题的全球解决方案中寻求与世界的合作,强化中国的国际竞争力,促进资源安全。以科技进步与创新促进资源的节约利用,将科学的防治技术与科学的管理方法相结合,并着眼

于可持续性,从科技层面为长期发展提供储备力量。

《中国统计年鉴2015》中表明2015年中国能源消耗总量达430000万吨,为2005年的2倍,虽然总量在大幅攀升,但是非清洁能源的使用量较之以前出现下降,例如煤炭和石油,2015年煤炭使用量占总能源使用量的64%,已连续5年下降,相较于1978年以来历史最高值1990年的76.2%以及当年国民生产总值,煤炭在中国国民生产中的使用率大幅下降;石油虽未出现连续下降,但是2015年18.1%的比例相较于1978年以来历史最高值22%也下降了将近4%,如果将其与两年交通运输工具保有量等其他石油可利用领域的数据进行对比,石油平均使用量已大幅下跌。相反天然气和一级电力及其他能源逐年提升,2015年在所有能源所占比中达到5.9%和12%。这表明中国在"两型"社会中的建设已初步取得成效,但是还需加强以下方面的工作:

要点1:构建可持续发展的科技范式,加强对能源与资源等可持续发展领域的基础性研究。

进入后工业社会以后,由于单纯发展观的影响,科技知识和生产力发展只重视能源与资源的开发利用,而忽视节约资源、提高资源利用效率、控制污染以及保护环境方面科学技术的研发和应用的价值,资源的有限性和发展与资源需求的无限性之间的矛盾冲突越来越突出。为此,必须变革传统的资源耗用型、征服自然型、适应单纯发展观的科技范式,代之以资源节约型、环境友好型、与可持续的科学发展观相适应的科技范式。新范式要求以节约资源、保护环境、提高资源利用效率作为科技发展的目标方向。科技共同体在科学思想理念和精神道德方面,要将过去以征服自然为荣转变为与自然和谐相处,将过去资源耗用型消费观转变为资源节约型消费观,将过去的单纯发展观转变为可持续的科学发展观。在科技知识、科学方法和科技资源分配方面,要将过去偏重资源开发的科技研发与推广转变为资源节约和综合利用的科技研发与应用,推动可持续发展领域的基础研究。

要点2:致力于资源节约与环境保护的科学技术推广与生活理念传播,推进节能环保科技成果、科学管理方法在工农生产中的应用与扩散,推动相关的产业聚集。

推进可持续的协调性发展,首先需要做好的是充分利用现有的资源与技术,其中的困难包括:一方面受科技发展水平的制约;另一方面囿于人力资源的科技水平与认知观念。因此要科学地实现经济效益、社会效益、生态效益的有机协调与可持续发展,任务艰巨。科技共同体应以科技资源更为合理的配置为后盾,推动科技教育与技术流动,并结合科学管理助力低碳的社会生产、生活理念与生活方式的形成,社会组织变革乃至经济发展方式的转变。

要点3:以技术创新来解决发展的瓶颈,围绕新的清洁能源和资源利用、清洁生产等关键科技攻关,解决可持续发展相关领域的重大问题。

金融危机后,以美国为代表的西方国家普遍反思"去制造业"为发展趋势的经济发展模式,经济刺激计划不仅针对当前的金融问题,更将重点放在长期的结构性调整上,主要表现为对经济结构的调整和对未来长期新经济增长点的探寻,注重恢复、发展第一产业和第二产业的实体经济并依托于此着力将绿色经济、培育和壮大新能源、清洁产业作为着力攻关的目标,低碳和绿色经济成为转危为机以及新一轮产业竞争的主要方向领域。

从世界范围来看,当前新科技革命主要集中在以下几个领域:生物技术、信息技术、节能增效、新能源开发、环境保护、修复和再生等。这些领域的技术创新将减轻人类受自然条件约束的程度,减少对资源的依赖,因此相关领域的关键科技问题应成为科技共同体重点关注和研究的对象。

要点4:加强对重大工程项目和战略性新兴产业的科技支持力度;围绕人口、资源、环境领域的重大问题,开展前瞻性、战略性、未来性研究,为各级政府决策提供科学依据。

资源环境承载力研究是指从资源、环境等自然条件的制约方面进行人口供养能力的研究，该研究关联层面多且复杂，是资源与环境系统内多种要素耦合状况的研究，这些要素互为叠加，相互放大且互为制约。资源环境承载力在时间和空间尺度上处于不断变化之中。在时间上，其量级变化可以由量变到质变或突变（如遇突发性自然灾害的破坏），包括在气候变化和人类活动作用下，区域资源环境承载力时刻都处在变化之中；在空间上，由于技术能力和经济水平及社会组织结构的差异，其量级和变化也存在整体性与区域性、单元性的差异。

针对可持续发展，科技共同体应建立相应的实际考察机制。在充分调研的基础上，以经济社会可持续发展和小康社会建设的实现为目标，根据国家主体功能区规划，将各主导产业、支柱产业与其开发密度、社会发展潜力、人口承载能力密切结合起来进行统筹研究，为各级政府的科学决策提供科学依据。

要点5：致力于战略决策研究、科技创新基地建设、领军人才培养和产业化模式创新，为可持续发展提供长期的储备力量，奠定中国产业参与国际竞争高端的基础力量。

大力促进全方位的科技创新是从根本上解决中国资源环境约束，适应国际需求结构调整和国内消费升级的变化，全面提升国民经济发展质量、效益和国家竞争力，促进经济可持续发展的战略重点。

原始创新是一个国家竞争力的源泉，中国要抢占未来经济科技发展的制高点，必须依靠自己的原创能力，不断增强集成创新和引进消化吸收再创新能力。美国纽约联邦储备银行发表的一份研究报告，对23个发达国家1788～2001年两个多世纪以来的数据进行了实证研究，结果表明，诸如纺织、钢铁、通信、大众传播、信息技术、交通运输、电力等行业的各项重大发明，首先产生于发达国家并为发达国家采用,然后才逐步向落后国家转移。而落后国家消化吸收新技术的速度和能力取决于以下几项因素:现有技术水平、人力资本状况、政府治理模式和经济开放程度。2004年度诺贝尔经济学奖获得者爱德华·普雷斯科特(Edward Prescott)通过研究提出:中国工业化的发生之所以远远落后于发达国家,根本原因在于中国吸纳可应用技术方面的制度性缺失。即使是集成创新和引进消化吸收再创新,也需要不断深化政治、经济体制改革以及教育、科技体制改革,更不用说对制度环境有着更为苛刻要求的原始创新。因此科技共同体不但需从自身出发着力于制度创新和领军人才培养,且需充分发挥其社会影响力与未来影响力,推动有利于科技进步与创新和科技产业化制度的创新与建设。

要点6:加强"两型"社会的科普宣传和新能源科技的科学传播,使人人可以通过自己行动助力"两型"社会建设。

传播是提高"两型"社会观念深入人心的有效方式,也可以鼓励人们通过低能环保的新方式助力"两型"社会的建设,如节约能源、使用清洁能源。由于涉及的内容需要以科学知识为背景指导,因此需要科学共同体的共同参与。科普宣传一直是科技为民所用的关键环节,好的科学家可能具有研发产品的卓越水平,但是不一定具备宣传自己成果的能力,所以越来越多的传播人员为宣传科学而努力,由此他们也成为科技共同体的新成员。目前关于"两型"社会的建设,国家已在众多公共媒体投放"绿色出行""熄灯一小时"等宣传广告,但是如何让这些观念更加深入人心,从而不满足于仅在某一角度上推行绿色环保,还要覆盖于农村或较为偏远地区,同时收集各方建议来鼓励相关政策法规出台并普及,都需通过切实深入的科技传播来达成。科技共同体中的任何一员,都需重视科技传播在助推"两型"社会建设中的重要作用,积极参与并分享成果。

5.2.4 科技共同体通过推动科技服务均等化服务于小康社会建设与民生改善

"十三五"规划时期是全面建设小康社会的最后时期,到2020年末中国计划实现居民收入较之2000年翻两番。民生的保障和改善是增长的重点,人民生活水平和质量将普遍提高,现行标准下的贫困人口脱贫,解决区域性整体脱贫,同时提高国民素质和社会文明水平。逐步完善各方面制度符合国情、比较完整、覆盖城乡、可持续的基本公共服务体系,提高政府保障能力,推进基本公共服务均等化。公共服务均等化成为中国新时期改革与发展的宏观愿景,体现出中国从生存性社会向发展型社会演化进程中社会需求的新趋势,这是经历高速发展的中国经济必须要补的一课。科技公共服务均等化是公共服务均等化的重要部分,是区域经济发展的重要决定力量。

旗舰计划:优化科技资源配置,促进开放共享,助力区域经济的平衡发展,推进科技公共服务均等化。

本旗舰计划宗旨为:通过科技服务的均等化,引导科技资源的跨区域合理流动,推进区域经济社会平衡稳定地增长与发展;满足公众对科学知识和科学技能提升的基本需求,尽量使每个公民平等享受普惠性的科技服务。

要点1:为科技资源调查工作提供支撑,改善科技与经济脱节的现状,实现科技资源的优化配置和开放共享,切实加强科技资源配置与国家规划的衔接。

自2008年以来,科技资源调查工作已为中国科技管理和决策提供了一定的依据。科技资源调查是一项复杂的系统工程,今后科技共同体仍需继续为该项工作提供重要的科技与制度支撑,逐步完善科技资源数据信息的采集与获取机制,提高数据的动态性、准确性、完整性和权威性,进一步完善科技基础条件资源数据库。科技资源的基本信息是科技公共服务均等化的基本支撑,是合理配置科技资源,更好地加强科技资源与国家规划之间衔接的基本前提。

要点2:积极介入国家经济社会发展规划,积极参与主体功能区规划相关研究;突破传统的科技管理格局,打破部门主导的科技资源配置方式,根据全国各地的资源环境承载力、开发密度、发展潜力,合理配置科技资源。

科技共同体应发挥自身的专业所长,加强内部合作和外部联系,积极参与国家经济社会发展规划。例如,关于全国主体功能区的相关研究,调整内部的激励机制,推进科技资源在全国主体功能区的合理分布与流动,改善当前科技资源分布相对集中、马太效应较为明显、科技支撑服务短期化和表层化、部分低水平重复建设、重物轻人等现状,通过激励机制创新与合理的引导与管理,推进科技人才与资源向各功能区的流动和转移,并从整个国家的层面出发,统筹分配,尽量平衡地配置科技资源。这些问题必须通过改革政府和研究机构的行政管理行为,才能真正取得突破。

要点3:推动科技政策立法,完善科研管理体制、公共研究机构运行模式,顺畅科技产业化道路;推进创新技术向产业转化的市场培育,推动孵化器产业快速发展。

为推动官产学研结合,科技共同体须推动相关立法以及管理条例的制定,顺畅科技园(城)、孵化器、技术中心、技术推广网等科技企业孵化机构培育和推动高新技术发展的道路。依托科研院所和高校,正确处理科技创新组织与科技产业孵化组织的关系,充分发挥和利用内外部资源,以市场为导向,孵化和造就高新技术企业的区域性集群,以科技成果转化推动区域经济发展,加速科技产业化进程,增强中国各区域企业的产业竞争力与整个国家的平衡发展。

要点4:大力支持并按地域相对平衡农业科技产业孵化中心建设,支持多元化的农村科技服务微观组织基础再造和服务模式创新。

农村是中国社会经济系统中的薄弱部门,新农村建设是和谐社会建设的关键环节,也是整体经济社会平衡发展的必然要求。中国农村科技发展的不平衡性是经济社会不平衡的重要表现之一,面向农村的公共服务均等化并不一定会带来科技资源在广大农村地区的平衡分布,而随着科技资源的流动,农村地区科技水平的提高是转变经济增长方式、提高农村地区劳动力的职业技能、提高农村地区资源利用能力与水平最有效的方式。一个国家或地区农村科技服务体系与其农业和农村资源禀赋、产业特色、发展基础、发展阶段乃至制度、文化等因素密切相关,具有很强的路径依赖性。因此科技共同体应着力于支持农村地区的科技服务组织的建设,夯实农村科技服务体系的微观组织基础。改变现存的农村地区科技服务体系发展的路径依赖,注入新生的科技资源和支持力量,推进科技共同体内部的农业科研院所、农业大学等各种组织共建农业科技项目的孵化中心,以及其他多种在实践中有效地向农村地区进行的科技资源转移。

5.3 科技共同体积极参与全球化资源布局的战略调整

进入21世纪以来,全球一体化迅速推进,成为当今世界经济社会发展的重大趋势,全球化的发展不仅推动着发达国家从工业社会向知识社会形态的过渡与转型,而且在此背景下,不同国家的技术变革、经济发展、生活方式、价值观念、意识形态等力量的跨国交流、碰撞、冲突与融合也不断深入。而传统的国家科技环境已经逐步被这一全球化科技环境所超越。在更深入的层面,世界各国为了应对诸如气候变化、环境污染、贫困和老龄化、恐怖主义等一系列全球性问题,跨越传统的国家和地区边界的科技共同体之间的合作与交流已经成为世界主要国家战略合作与对话中的重要组成部分。

旗舰计划:配合国家全球化战略,科技共同体积极参与国家在全球的国际化资源布局,预见和培育新的高技术产业中心;配合中国产业的国际投资战略;打造区域科技共同体联合体,促进区域科技合作与经济一体化;建设高水平国际智库,寻求全球化问题的话语权与主导权。

本旗舰计划旨在充分推动科技共同体发掘自身潜力,以"科技-经济-社会"为切入点,以便为国家参与全球化一体化竞争提供有力的支撑和保障。科技共同体在国家全球化战略中的作用发挥主要可以体现在以下三个层面:首先,在产业层面,以科技共同体内部的有力资源整合推动产业技术升级与科技创新,从而打造新的可能的产业中心;同时,以技术预测为先导,为中国产业资金的国际化投资与并购提供可选的战略方向。其次,在区域层面,以区域科技共同体联盟或联合体为中介,积极推进区域社会经济合作。最后,在全球层面,通过打造国际一流水平的智库,配合国家外交战略,积极谋求全球问题的话语权和主导权。

要点1:以科技共同体整体性优势推动具有国际战略意义的新兴产业创新与产业中心聚集。

在经济全球化浪潮中,以信息技术、新能源、新材料为代表的知识经济在推动全球经济增长、创造就业岗位、提高人们生活水平方面发挥着日益重要的作用。中国目前正处于由传统制造业向高新技术产业升级的关键时期,如何甄别和判断具有国际战略意义的、需要优先发展的高新技术,并在此基础上推动该产业的产业创新与产业聚集,是科技共同体需要重点关注和考虑的问题。这一过程需要在国家主导模式下,经由基础研究机构、技术创新机构和产业创新主体间的长期合作与互动方能推进,目前已开始着手实施的战略性新兴产业计划正是这一创新模式的最新举措。中国科技共同体在未来发展过程中,应积极参与这一产业创新与产业聚集过程,争取推动形成若干具有国际竞争力的产业中心。

要点2:配合中国产业资金的全球化投资与技术引进。

目前,中国已经积累了较为雄厚的外汇储备和其他相关可投资资本,但是仍旧缺乏相关的国家化投资经验。针对这一问题,科技共同体应结合自身优势,以科技问题为切入点,基于广泛、深入的信息搜集和技术预测,提出战略性投资价值的新产业、新技术与新型企业,以便国家与产业资金在进行资本运作时择优进行投资、并购或技术引进。这一过程既可以通过直接投资买断的方式大幅度缩短中国技术创新的周期,又能够有力地促进国有资产的保值增值,同时可通过多元化投资增强中国在外资产的安全性。

要点3:以区域科技共同体联合体为载体,推进区域科技合作与经济一体化进程。

加强与区域内其他重要科技共同体的资源共享等形式的合作,打造以中国为主导的区域科技共同体。不同国家的科技共同体通过知识传递、知识分享和集成等多维互动的知识溢出过程,形成"区域科技共同体"联合体,借此加速区域内知识积累和技术进步的速度,同时在合作过程中能进一步开发出单一国家共同体难以开发的新知识和新技能。对中国而言,如何在与欧美强势科技共同体合作的基础上,构建新的区域内科技共同体的战略合作势在必行。纵观地理因素、合作基础和发展潜力等诸多因素,东盟、东北亚地区等都是可供选择的合作区域。借助"区域科技共同体"联合体这一形式,以科技合作为传动,积极匹配区域内的经济交流与贸易发展,从而推动区域自由贸易圈的形成,将有利于区域国家共同面对全球化的挑战。就中国而言,通过科技合作,推动中日、中韩、"中国-东盟"等自由贸易区的形成,将有力地促进国内经济发展,并有力增强包括中国在内的东亚地区抗击全球化风险的能力。

科技合作是"一带一路"中的重要合作内容,面对日趋合作紧密的"一带一路"项目,各参与国基于资源优势互补和合作需求趋同逐渐形成统一的共同体,而科技合作将会打造跨国界的科技共同体的形成,这个科技共同体不仅面向"一带一路"合作框架内的各国科学家,也融入了与"一带一路"参加国合作的其他国家科学家,使得各国科学家可以在某一具象化的主题下进行具体化合作。"一带一路"中的参与国并不是19世纪以来的传统科技强国,但是进入21世纪以来这些国家的科技发展速度全世界有目共睹,因此其合作带来的效益潜力是巨大的。为进一步做好"一带一路"中的科学合作以及支持其他类型建设,中国科学院于2016年初启动了"'一带一路'国际科技合作行动计划",牵头打造"一带一路"沿线国家"科技创新共同体"。中国科学院院长白春礼2017年5月表示,争取通过5年的时间,形成在战略咨询、科技合作、人才培养与成果转化等方面工作合作网络的雏形,到2030年形成"一带一路"科技合作网络体系,同时把中国科学院打造成亚太、亚欧、亚非地区"协同创新网络体系"中的"龙头"和"中心枢纽"。到21世纪中叶,该合作网络体系将成为亚太、亚欧、亚非地区"科学共同体"建设的重要支柱。

要点4:建设国际一流智库,以高水平的政策研究能力与全球影响力,为中国争取解决国际问题的话语权与主导权提供支撑。

2016年9月28日中国首个智库垂直搜索引擎和数据管理平台CTTI上线并开始收录资源,该数据平台发展极为迅速,截至2016年12月12日零点,CTTI收录来源智库489家,拥有专家数据7443条、智库活动数据7127条、成果数据32866条,每条记录平均内含数据点20个,合计数据项98万个,成为中国体量最大的、具有完整知识产权的智库垂直搜索引擎和数据管理平台。由于智库建设落后于某些发达国家,国内近年来极力重视该方面的建设,广泛组织各方面专家为智库建设助力,同时执行严格的参照标准和运营准则维护中国智库的实力,例如,CTTI七项参考指标的制定有利于筛选出长期关注政策研究且有一定学术基础和基本资源保障的智库,而摸底、推荐、评审、审核的评选过程则为筛选出优良的智库提供保障。

面对全球化进程中所产生的各种世界问题,在协商与合作中,整体性行动框架都是各国利益博弈的结果。而目前的众多全球性问题都需要科技力量的介入方能解决。例如,以应对气候变化为诉求的低碳经济日益成为全球各国追求可持续发展的新选择。在国际社会普遍探寻低碳经济的行动框架和实现路径的过程中,科技政策的支持与演进扮演着举足轻重的角色,全球碳减排目标的设定、全球碳交易方案的制订等,无不需要以科技手段为基础。中国科技共同体需要着手考虑在诸如气候变化与低碳减排等全球化问题的解决过程中,中国作为东亚地区性大国和发展中国家代表所应承担的责任,并提出与发展中国家相适应的"中国模式"的问题解决方案,以此为契机构建世界一流的政策研究机构,从而为争取解决国际问题的话语权与主导权提供支撑。

增长是变化的一种形式,变化意味着革新与发明。中国科技共同体在全球金融危机与社会转型的背景下,所面对的是一个需要做出多方调整与变化的时代。历史上科学与技术的分离被19世纪后半叶两者之间越来越密切的联系所代替,政府、科学、产业技术、市场间的协作与交流日益密切,并表现出长期化、日常化的趋势,这种新趋势使科技能够成功应用于经济增长,成为连接科技创新与经济发展的纽带。今天中国科技共同体能在多大程度上提高研发水平,提升组织效能与集体行动的能力,更多的是作为尝试与创新的推力,而不是已有方式的保护者,积极应对来自产业界和社会发展的现实需求,以科技创新引领经济增长与社会发展,推动自身从学院科学向后学院科学的合理转化,既是国家经济社会转型发展的关键,也是自身创造美好未来的关键。

同时,必须重视的是科技管理与制度的创新,如果科技创新未得到社会主流人群的认可,那么这些科技创新就只能有狭小的市场与空间,科技知识的长期增长也就不可能转化为经济的持续增长,因此相关的激励机制与共享机制的调整和完善必不可少。

参考文献

REFERENCE

安筱鹏,2008."全球产业技术革命视野下的信息化与工业化融合"之二:基于通用目的技术的能量转换工具的智能化、信息化与工业化融合的物质基础[J].中国信息界(3):28-31.

巴里·诺顿,2010.中国经济:转型与增长[M].安佳,译.上海:上海人民出版社.

贝尔纳,1982.科学的社会功能[M].陈体芳,译.北京:商务印书馆.

曹洋,陈士俊,王雪平,2007.科技中介组织在国家创新系统中的功能定位及其运行机制研究[J].科学学与科学技术管理(4):20-24.

陈漓高,齐俊妍,2004.技术进步与经济波动:以美国为例的分析[J].世界经济(4):35-43,80.

陈漓高,齐俊妍,2007.信息技术的外溢与第五轮经济长波的发展趋势[J].世界经济研究(7):26-33,87.

陈强,鲍悦华,2009.重大科技项目领先度跟踪体系初探[J].中国科技论坛(10):9-13.

陈希,2010.着力培养卓越工程师后备人才[N].人民日报,2010-07-09.

格罗斯曼,赫尔普曼,2003.全球经济中的创新与增长[M].何帆,牛勇,平唐迪,译.北京:中国人民大学出版社.

国际货币基金组织,2017.2017世界经济展望(4月版)[R].

国家统计局,2017.2016年基尼系数为0.465 较2015年有所上升[N].中国新闻网,2017-01-20.

哈斯金斯,2007.大学的兴起[M].梅义征,译.上海:上海三联书店.

赫尔普曼,2002.经济增长的秘密[M].王世华,吴筱,译.北京:中国人民大学出版社.

郝韵,杨德刚,陈曦,等,2017.俄罗斯科学基金管理模式与资助重点分析[J].世界科技研究与发展,39(3):232-238.

洪进,郑梅,余文涛,2010.转型管理:环境治理的新模式[J].中国人口·资源与环境,20(9):78-83.

黄茂兴,叶琪,2010.近代以来世界性经济危机爆发的主要特点及成因分析[J].当代经济研究(3):42-47.

姜照华,2001.科技进步与经济增长的CSH理论[J].科学学与科学技术管理(3):20-21.

杰里·加斯顿,1988.科学的社会运行[M].顾昕,译.北京:光明日报出版社.

凯恩斯,1997.就业利息和货币通论[M].徐毓枬,译.北京:商务印书馆.

科尔奈,2005.大转型[J].比较(17).

库恩,2003.科学革命的结构[M].金吾伦,胡新和,译.北京:北京大学出版社.

库恩,2004.必要的张力:科学的传统和变革论文选[M].范岱年,纪树立,译.北京:北京大学出版社

李克特,1989.科学是一种文化过程[M].顾昕,张小天,译.北京:生活·读书·新知三联书店.

李醒民,2010.科学共同体的功能[N].光明日报,2010-11-23.

梁立明,2006.科学计量学:理论探索与案例研究[M].北京:科学出版社.

林风,2005.美国科学技术:战略·政策·创新[M].福州:福建科学技术出版社.

刘泉,2010.我国战略性新兴产业分"三步走"[N].人民日报(海外版),2010-10-25.

刘曙光,2005.跨海一体化与区域产业升级:山东半岛案例研究[M]//李耀臻.海洋世纪与中国海洋发展战略研究.青岛:中国海洋大学出版社.

刘则渊,2003.现代科学技术与发展导论[M].大连:大连理工大学出版社.

马克思,恩格斯,1972.马克思恩格斯选集:第3卷[M].北京:人民出版社.

迈克尔·斯宾塞,2010.美国的就业和增长挑战[J].财经(24).

默顿,1982.科学的规范结构[J].科学与哲学(研究资料)(4):121

尼·康德拉季耶夫,1979.经济生活中的长期波动[J].李琮,译.国际经济评论(7):2-13.

齐格蒙特·鲍曼,2007.共同体[M].欧阳景根,译.南京:江苏人民出版社.

师萍,韩先锋,任海云,2010.中国政府科技投入对经济增长的影响研究[J].西北大学学报(哲学社会科学版),40(1):84-87.

宋怀时,1985.科学共同体在科学活动中的作用[J].自然辩证法研究(4):11,12-16.

唐龙基,2009.科技革命背景下的企业组织结构演变[J].现代商业(8):128.

王春法,2001.韩国金融危机后科技政策的调整[J].科学决策(6):58-63.

王晓林,1996.高新技术发展战略[M].太原:山西人民出版社.

文珺珺,1987.关于"无形学院"[J].自然辩证法通讯,9(2):33-41.

吴易风,2010.当前金融危机和经济危机背景下西方经济思潮的新动向(续)[J].经济学动态(4):31-45.

肖洪钧,姜照华,2003.科技进步与美国新经济[J].科学学研究,21(6):615-618.

薛敬孝,2009.当前世界金融-经济危机的性质及原因:基于理论、历史和现状的比较分析[J].南开学报(哲学社会科学版)(4):65-73.

姚士谋,汤茂林,陈爽,等,2004.区域与城市发展论[M].合肥:中国科学技术大学出版社.

约翰·齐曼,2002.真科学[M].曾国屏,匡辉,张成岗,译.上海:上海科技教育出版社.

张勇,王海波,郭胜伟,2003.技术共同体透视:一个比较的视角[J].中国科技论坛(2):105-107,113.

张志旻,赵世奎,任之光,等,2010.共同体的界定、内涵及其生成:共同体研究综述[J].科学学与科学技术管理(10):14-20.

中山茂,容华,1991.科学中心的转移[J].世界研究与发展(6):24-32.

周冰,2004.中国转型期经济改革理论的发展[J].南开学报(2):30-43.

竹效民,2009.试论现代经济危机的特点及成因[J].中共伊犁州委党校学报(3):51-54.

邹至庄,2005.中国经济转型[M].北京:中国人民大学出版社.

Asheim B T,Isaksen A,2002. Regional Innovation Systems:The Integration of Local "Sticky" and Global "Ubiquitous" Knowledge[J]. The Journal of Technology Transfer,27(1),77-86.

Domhoff G W,1998. Who Rules America?:Power and Politics in the Year 2000[M]. New York:McGraw-Hill Humanities,Social Sciences & World Languages.

Dye R,2001. Top Down Policymaking[M]. London:Chatham House Pub.

Fischer C S,1975. Toward a Subcultural Theory of Urbanism[J]. American Journal of Sociology,80(6),1319-1341

Geels F W,2007. Analysing the Breakthrough of Rock "n" roll (1930—1970)

Multi-regime Interaction and Reconfiguration in the Multi-level Perspective[J]. Technological Forecasting and Social Change,74(8):1411-1431.

Geels F W,Schot J,2007. Typology of Sociotechnical Transition Pathways[J]. Research Policy,36(3):399-417.

Hillery G A Jr,1955. Definition of Community:Area of Agreement[J]. Rural Sociology (20):111-113.

Kemp R,Schot J,Hoogma R,1998. Regime Shifts to Sustainability through Processes of Niche Formation:the Approach of Strategic Niche Management[J]. Technology Analysis & Strategic Management,10(2):175-198.

Mills C W,2000. The Power Elite[M]. Oxford:Oxford University Press.

Mohr H,1977. Structure & Significance of Science[M]. New York:Springe-Verlay:21-25.

Polanyi M,2013. The Logic of Liberty:Reflections and Rejoinders[M]. Chicago:University of Chicago Press.

Rajan R G,2006. Has Finance Made the World Riskier? [J]. European Financial Management,12(4):499-533.

Rotmans J,Kemp R,van Asselt M,2001. More Evolution than Revolution:Transition Management in Public Policy[J]. Foresight,3(1):15-31.

Schouls T, 1980. Political Responses to Capitalist Crisis:Neo-Marxist Theories of the State and the Case of the New Deal[J]. Politics & Society,10(2):155-201.

Schouls T,2011. Shifting Boundaries:Aboriginal Identity,Pluralist Theory, and the Politics of Self-government[M].Vancouver:UBC Press:16-39.

后 记

EPILOGUE

从2008年美国金融-经济危机爆发开始,世界范围内的发展转型进入诸多国家新一轮的决策议程中,美国的制造业回流与重振新工业体系计划、德国的工业4.0计划、日本的智能制造新国策以及中国的战略性新兴产业与"互联网+"规划,均涉及科技共同体如何立足发展转型的最新需求开启新的履职尽责路径问题。

2011~2014年,中国科学技术大学科学传播研究与发展中心在中国科学院规划战略局的支持下,承担该局委托的"科技、经济与社会协同发展研究"专项的"经济危机与社会转型视角下的中国科技共同体发展战略研究"课题。经过近三年的课题研究,形成了作为本书稿基础的研究报告。2015年以后,开始按照申报国家出版基金项目的要求,以新的理论和语境构思和撰写专著。2017年10月,名为《中国科技共同体协同创新发展研究》的书稿完成,成为《中国国家创新生态系统研究》丛书其中一本。

在研究项目阶段,汤书昆、孙文彬、周全、李林子、王明、常鹤、贺小桐、洪进等承担了较多的研究组织实施与报告撰写工作;在书稿撰写阶段,汤书昆、李林子、徐雁龙、周全承担了主要的修订与完善任务,在此一并说明。

汤书昆　李林子　徐雁龙

2017年10月